W. H. HUDSON
MÜSSIGE TAGE IN PATAGONIEN

DIE ÜBERSETZUNG WURDE DURCH EIN ARBEITSSTIPENDIUM
DES DEUTSCHEN ÜBERSETZERFONDS e. V. GEFÖRDERT.

W.H. HUDSON
MÜSSIGE TAGE IN PATAGONIEN
(Idle Days in Patagonia)

AUS DEM ENGLISCHEN ÜBERSETZT
VON RAINER G. SCHMIDT
Deutsche Erstausgabe
Copyright der deutschen Ausgabe: Achilla Presse

Erstes bis zweites Tausend 2010. Copyright für diese Ausgabe: Achilla Presse Verlagsbuchhandlung, Butjadingen. Cover und Layout von Mirko Schädel, Achilla Presse Butjadingen.
Gesetzt in der DTL Fleischmann.
Gedruckt bei FINIDR.
www.achilla-presse.de
Hauptstraße 80, 26969 Butjadingen
ISBN 978-3-940350-02-2

W. H. HUDSON
MÜSSIGE TAGE IN PATAGONIEN

AUS DEM ENGLISCHEN ÜBERSETZT
VON RAINER G. SCHMIDT

ACHILLA PRESSE VERLAGSBUCHHANDLUNG
BUTJADINGEN · DAS UFER DES RIO NEGRO

KAPITEL I
Endlich Patagonien!

Der Wind hatte die ganze Nacht über mächtig geblasen, und ich erwartete stündlich, daß der hin und her schwankende, sturmgeplagte alte Dampfer, in dem ich mich zum Rio Negro eingeschifft hatte, ein für alle Mal umschlagen und unterhalb dieses fürchterlichen Aufruhrs der Wasser zur Ruhe kommen würde. Denn das ächzende Geräusch seines schwer arbeitenden Rippenwerks und die wie ein überfordertes menschliches Herz pochende Maschine hatten mir das Schiff als ein lebendiges Wesen erscheinen lassen; und es war müde, sich zu mühen, und unterhalb des Tumults war Frieden. Doch gegen drei Uhr morgens schwächte sich die steife Brise allmählich ab, und ich zog Mantel und Stiefel aus und warf mich in meine Koje, um mir eine Mütze Schlaf zu holen.

Unser Schiff, das muß gesagt werden, war ein ganz kurioses Ding, das im Ruf stand, veraltet und stark beschädigt zu sein; es war von langer und schmaler Gestalt wie ein Wikingerschiff; und die Kabinen der Passagiere reihten sich wie kleine Holzhütten auf Deck aneinander: so häßlich wie sein Anblick war, so unsicher galt es als Reisegefährt. Um die Sache noch schlimmer zu machen: unser Kapitän, ein Mann von über achtzig Jahren, lag auf den Tod krank in seiner Kabine, denn in der Tat starb er nicht sehr lange nach unserem Malheur; unser einziger Maat schlief und überließ es der Mannschaft allein, den Dampfer an dieser gefährlichen Küste und in der dunkelsten Stunde einer stürmischen Nacht zu steuern.

Ich sank gerade in Schlummer, als eine Folge von heftigen Stößen, begleitet von seltsamen knirschenden und scheuernden Geräuschen und bebenden Bewegungen des Schiffes, mich veranlaßten, wieder aufzuspringen und zur Kabinentür zu stürzen. Die Nacht war immer noch schwarz und sternenlos, und es windete und regnete, aber über eine weite Fläche rings um unsherum war das Meer weißer als Milch. Ich trat nicht hinaus; dicht bei mir, auf halbem Wege zwischen der Kabinentür und dem Schanzkleid, wo unser einziges Boot befestigt war, standen drei Matrosen beieinander und redeten im Flüsterton. »Wir sind verloren«, hörte ich einen sagen; und ein anderer antwortete: »Ja, rettungslos verloren!« Genau in diesem Augenblick eilte der Maat, der aus dem Schlaf gerissen worden war, zu ihnen hinüber. »Gütiger Gott, was habt ihr mit dem Dampfer angestellt!« rief er streng aus; dann fügte er mit gesenkter Stimme hinzu: »Laßt das Boot herab – rasch!«

Ich schlich nach draußen und stand nicht weiter als fünf Fuß von den Leuten entfernt, ohne daß ich von ihnen in der Dunkelheit gesehen wurde. Nicht ein Gedanke an die Feigheit der Tat, auf die sie sich gerade einließen – denn es war ihre Absicht, sich selbst zu retten und uns unserem Schicksal zu überlassen – kam mir in dem Augenblick in den Sinn. Mein einziger Gedanke war, im letzten Augenblick, wenn sie es nicht mehr verhindern könnten, außer sie schlügen mich bewußtlos, mit ihnen ins Boot zu springen und mich zu retten oder andernfalls mit ihnen in dieser gräßlichen weißen Dünung unterzugehen. Doch eine andere Person, die erfahrener war als ich selbst und deren Mut sich in anderer und besserer Verfassung befand, war ebenfalls in der Nähe und lauschte. Es war der erste Ingenieur – ein junger Engländer aus Newcastle-on-Tyne. Als er sah, daß die Männer auf das Boot zueilten, schlich er, mit dem Revolver in der Hand, aus dem Maschinenraum und folgte ihnen heimlich; und als der Maat den Befehl gab, trat er mit der erhobenen Waffe vor und sagte mit einer ruhigen, aber entschlossenen Stimme, daß er den ersten Mann erschösse, der versuchen würde, dem Befehl zu gehorchen. Die Männer stahlen sich davon und verschwanden in der Düsternis. Ein paar Augenblicke später begannen die höchst beunruhigten Passagiere auf Deck zu strömen; als letzter erschien der alte Kapitän, der sich, weiß und hohläugig, von seinem Totenlager erhoben hatte, wie ein Geist mitten unter uns. Er hatte nicht lange dort gestanden, die Arme über der Brust verschränkt, ohne einen Befehl zu geben und den aufgeregten Fragen, welche die Passagiere an ihn stellten, Aufmerksamkeit zu schenken, als der Dampfer durch irgendeinen Glücksumstand von den Klippen freikam und weiterstampfte, um Raum in der siedenden, milchigen Dünung zu gewinnen; dann, ganz plötzlich, kam er aus ihr heraus und geriet in schwarzes und vergleichsweise ruhiges Wasser. Zehn oder zwölf Minuten fuhr er rasch und gleichmäßig weiter; dann, so wurde erzählt, habe er aufgehört sich zu bewegen, wir hätten im Sand des Strandes festgesteckt, obwohl in der tiefen Dunkelheit kein Strand sichtbar war, und mir kam es vor, daß wir immer noch hurtig weiterfahren würden.

Nun gab es keinen Wind mehr, und durch die jetzt rasch aufreißenden Wolken über uns erschienen die ersten willkommenen Anzeichen des Morgengrauens. Nach und nach wurde die Dunkelheit weniger stark; nur direkt über uns blieb noch etwas Schwarzes und Unveränderliches zurück – eine Portion sozusagen dieser pechschwarzen Düsternis, die kurz zuvor Meer und Luft als eins und ununterscheidbar hatte erscheinen lassen; doch als das Licht zunahm, veränderte sich diese Masse nicht, und schließlich sah man, daß es sich dabei um eine Reihe niedriger Hügel oder Sanddünen handelte, kaum einen Steinwurf vom Bug des Schiffes entfernt. Es war nur allzu wahr, daß wir fest im Sand steckten; und obwohl dieses Lager sicherer war für den

Dampfer als die schroffen Klippen, war die Position immer noch gefährlich, und ich entschied unverzüglich, an Land zu gehen. Drei weitere Passagiere entschlossen sich, mir Gesellschaft zu leisten; und als die Flut nunmehr gewichen war und das Wasser am Bug nur noch in Hüfthöhe stand, wurden wir mittels Tauen ins Meer hinabgelassen und wateten rasch zum Strand.

Es dauerte nicht lange, bis wir die Dünen erklommen hatten, um einen Blick auf das Land dahinter zu erlangen. Endlich Patagonien! Wie oft hatte ich es mir im Geiste ausgemalt, hatte mit heftigem Verlangen gewünscht, diese einsame Wildnis aufzusuchen, die weit abgelegen in ihrem ursprünglichen und trostlosen Frieden ruhte, unberührt von Menschen, fernab der Zivilisation! Dort lag sie mir vollständig vor Augen – die unverdorbene Einöde, die seltsame Empfindungen in uns erweckt; die ehemalige Wohnstatt von Riesen, deren Fußstapfen auf dem Meeresufer Magellan und seine Mannen erstaunten, als sie diese erblickten; und so gewannen sie für die Stätte den Namen Patagonien. Es gab auch weit im Innern den Ort namens Trapalanda und den von Geistern gehüteten See, an dessen Rand sich die Zinnen jener geheimnisvollen Stadt erhoben, die viele gesucht haben und keiner fand.

Es war jedoch nicht die Faszination alter Legenden, die mich anzog, nicht das Verlangen nach der Wüste, denn erst als ich sie gesehen und ihr Aroma gekostet hatte und dann, bei vielen folgenden Gelegenheiten, wußte ich, wieviel mir ihre Einsamkeit und Trostlosigkeit bedeuten würde, welch seltsames Wissen sie lehren würde und wie dauerhaft ihre Wirkung auf meinen Geist wäre. Nicht von diesen Dingen, sondern von der Leidenschaft des Ornithologen wurde ich gepackt. Viele der geflügelten Wanderer, die mir von meiner Kindheit her in La Plata vertraut waren, kamen als gelegentliche oder regelmäßige Besucher aus dieser grauen

Dornenwildnis. In manchen Fällen waren sie Zugvögel, die man nur sah, wenn sie sich niederließen, um ihre Flügel auszuruhen, oder die man fernab hörte, »wie sie sich klagend ihren Weg von Wolke zu Wolke bahnten«, vorwärtsgetrieben von jener geheimnisvollen, verblüffenden Begabung, die in ihren Erscheinungsformen allen anderen Phänomenen so wenig gleicht, daß sie inmitten natürlicher Dinge etwas Übernatürliches übermittelt. Einigen dieser Wanderer, ganz im besonderen solchen, die nur zum Teil oder in begrenztem Rahmen Vogelzüge unternehmen, hoffte ich, in Patagonien wiederzubegegnen, wenn sie ihre Sommerlieder singen und in ihren Sommerschlupfwinkeln brüten. Ich hoffte auch, eine neue Art zu entdecken, einen Vogel, so schön etwa wie der Wendehals oder der Steinschmätzer und ebenso lang auf Erden, aber der noch nie benannt und noch nie von einem würdigenden menschlichen Auge erblickt worden war. Ich weiß nicht, wie es bei anderen Ornithologen in der Zeit ihrer größten Begeisterung ist; von mir selbst kann ich sagen, daß ich oftmals nachts von einem neuen Vogel träume, den ich deutlich sehe; und solche Träume waren immer schön für mich, und es war schmerzlich, aus ihnen zu erwachen; doch erschien der Traumvogel sehr oft in einer bescheiden grauen Färbung oder in schlichtem Braun oder in einer anderen, gleichermaßen zurückhaltenden Farbe.

Vom Gipfel des sandigen Kamms aus sahen wir eine wellige Ebene vor uns, die einzig vom Horizont begrenzt und mit einem Teppich kurzen Grases bedeckt war, den die Sommersonne versengt hatte und der die spärlichen Tüpfel von ein paar dunkelblättrigen Büschen trug. Es war eine Öde, die immer eine Öde gewesen war, und genau aus diesem Grund war sie lieblicher zu schauen als alle Szenerien; und ihre uralte Stille wurde nur von dem gelegentlichen Ruf oder dem Gezwitscher eines kleinen Vogels unterbrochen, während die Morgenluft, die ich einatmete, durch einen schwachen vertrauten Duft zu einem Labsal wurde. Als ich meinen Blick senkte, bemerkte ich, daß im Sand zu meinen Füßen eine Nachtkerze wuchs, die mindestens zwanzig geöffnete Blüten auf ihren niedrigen, weit ausgebreiteten Seitensprossen trug; und diese, meine Lieblingsblume sowohl in Gärten als auch wildwachsend, war der liebliche Duftspender dieser Wildnis! Ihr feiner Wohlgeruch hatte mir anfangs und zuletzt viel bedeutet und ist mir von der Neuen bis zur Alten Welt gefolgt, um manchmal als etwas wie ein zweites, genaueres Gedächtnis zu dienen und um meinen Verstand mit einem hübschen Problem zu beschäftigten, dem ich am Ende dieses Buches ein Kapitel widmen werde.

Nachdem wir uns Überblick verschafft hatten, brachen wir in Richtung des Rio Negro auf. Bevor wir den Dampfer verließen, hatte uns der Kapitän ein paar Dinge gesagt. Während er uns anblickte, als sähe er uns nicht, sagte er, das Schiff sei irgendwo nördlich des Rio Negro gestrandet, seiner Meinung nach etwa dreißig Meilen nördlich, und wir würden gewiß einige Schäferhütten auf unserem Weg dorthin finden. Wir bräuchten uns also nicht mit Essen und Trinken zu belasten! Zunächst hielten wir uns dicht bei den Dünen, welche die Küste säumten, und stapften durch üppig wucherndes, wildes Süßholz – eine hübsche, etwa achtzehn Zoll hohe Pflanze mit dunkelgrünen, gefiederten Blättern und gekrönt mit Dolden von blaßblauen Blüten. Manche der Wurzeln, die wir aus dem lockeren Sandboden zogen, waren über neun Fuß lang. Alle Apotheken dieser Welt hätten sich von den Pflanzen, die wir an diesem Morgen sahen, einen Arzeneivorrat für ein paar Jahre anlegen können.

Meines Erachtens ist nichts so ergötzlich im Leben wie das Gefühl der Entspannung, des Entrinnens und der vollkommenen Freiheit, das man in einer weiten Einöde erfährt, wo der Mensch vielleicht noch nie gewesen war und jedenfalls keine Spur seines Daseins hinterlassen hat. Von diesem Gefühl war ich an diesem Morgen ganz eingenommen und es regte mich an; und ich war deshalb keineswegs begeistert, als wir in einiger Entfernung voraus die niedrigen Mauern eines halben Dutzends verdreckter Hütten erspähten. Meine Mitreisenden waren jedoch über die Entdeckung entzückt, und wir eilten weiter, da wir uns der Siedlung näher glaubten als wir angenommen hatten. Aber wir stellten dann fest, daß die Hütten unbewohnt waren, die Türen zertrümmert, die Brunnen ganz zugeschüttet und von wilden Süßholzpflanzen überwuchert.

Wir erfuhren in der Folge, daß ein paar wagemutige Schäfer sich mit ihren Familien an diesem entlegenen Fleck angesiedelt hatten und daß die Indianer etwa ein Jahr vor unserem Besuch über sie hergefallen waren und die junge Siedlung zerstört hatten. Sehr bald kehrten wir den zerfallenen Behausungen den Rücken zu, indes meine Gefährten lautstark ihre Enttäuschung zum Ausdruck brachten, während ich mich insgeheim glücklich fühlte, daß wir noch ein paar tiefere Züge aus dem Kelch der wilden Natur tun durften.

Nachdem wir ein gutes Stück gegangen waren, fanden wir einen schmalen Pfad, der südwärts von dem zerfallenen Dorf wegführte und, da wir ihn für den direkten Weg nach Carmen hielten, der alten Siedlung am Rio Negro, die über zwanzig Meilen vom Meer entfernt liegt, beschlossen wir sogleich, ihm zu folgen. Dieser Pfad führte uns weit vom Ozean weg. Vor Mittag verloren wir die niedrigen Sandhügel zu unserer Rechten aus den Augen und als wir weiter in das Innere eindrangen, wurden die schon von mir erwähnten dunkelblättrigen Büsche zahlreicherer. Durch das dichte, steife, dunkle Laub bot dieses Buschwerk auf der bleichen, sonnenverbrannten Ebene einen sonderbaren Anblick, als wären schwarze Felsen in unzähligen phantastischen Formen über den graugelben Grund verstreut. Keine großen Vögel waren zu erblicken; kleine waren jedoch sehr zahlreich und erfreuten die ausgedörrte Wildnis mit ihrem Minnesang. Höchst bemerkenswert unter den echten Sängern waren die patagonische Spottdrossel und vier oder fünf Finkenarten, von denen ich zwei noch nicht kannte. Hier begegnete ich zum erstenmal einem einzigartigen und sehr schönen Vogel – dem rotbrüstigen Pflanzenmäher (Phytotoma), ebenfalls ein Fink, aber nur dem Aussehen nach. Er ist ein Standvogel und sitzt augenfällig auf dem höchsten Zweig, wobei er sein rötliches Untergefieder zur Schau stellt; dabei gibt er gelegentlich, zum Zwecke des Gesangs, Töne von sich, die dem schwachen Meckern eines Zickleins gleichen; und, wenn er gestört wird, bewegt er sich in einer Folge von Sätzen von Busch zu Busch, wobei die Flügel ein lautes, summendes Geräusch hervorbringen. Höchst zahlreich und am interessantesten von allen waren die allgegenwärtigen *Dendrocolaptidae* oder auch Baumsteiger oder Kletterdrosseln, wie sie manchmal genannt werden – schlechte Flieger mit durchweg schlichtem, braunem Gefieder; ruhelos in ihren Gewohnheiten und geschwätzig, mit schrillen und durchdringenden oder klaren, volltönenden Stimmen. Eine die Erde bewohnende Art mit einem sandbraunen Gefieder, *Upucerthia dumetoria*, sauste vor uns auf dem Boden entlang; sie hatte das Aussehen eines kräftigen Miniatur-Ibisses mit sehr kurzen Beinen und einem übertriebenen Schnabel. Jeder Busch hatte seine kleine Kolonie von rötlich-braunen Buschschlüpfern, kleinen Vögeln der Familie *Synallaxis*, die sich ruhelos zwischen den Blättern bewegten, wobei sie sich gelegentlich nach Meisenart kopfunter von den Zweigen hängen ließen. Aus der Entfernung kamen ab und zu die durchdringenden Schreie des »Cachalote« (*Homorus gutturalis*), eines viel größeren Vogels Schreie, die wie der Ausbruch hysterischen Gelächters klangen. Alle diese »Baumsteiger« haben eine außerordentliche Leidenschaft fürs Bauen, und ihre Nester sind viel größer als die von kleinen Vögeln gewöhnlich verfertigten. Wo sie in großer Zahl vorkommen, sind die Bäume und Büsche manchmal mit ihren gewaltigen Bauwerken überladen, so daß sich einem der Gedanke aufdrängt, daß diese eifrigen kleinen Architekten sich gewiß mit einer nichtigen, wenig einträglichen Arbeit abgeben. Es kommt nicht nur vor, daß sich manch ein kleiner Vogel ein Nest baut, das so groß ist wie das eines Bussards, nur damit es ein halbes Dutzend erbsengroßer Eier enthält, die ganz bequem in einer Pillenschachtel ausgebrütet werden könnten; sondern oftmals macht sich auch, nach Vollendung des Nests, der Baumeister daran, es zu zerstören, um Material für den Bau eines zweiten Nestes zu gewinnen. Eine sehr verbreitete Art, der Bündelnister, *Anumbius acuticaudatus* (Phacelodomus rufifrons *Wied*), in der Landessprache unterschiedlich als »Dornenvogel«, »Holzfäller« und »Feuerholzsammler« bezeichnet, baut manchmal drei Nester im Laufe eines Jahrs, wobei jedes aus einem guten Armvoll von Reisern besteht. Das Nest des Bündelnisters ist jedoch ein unbedeutendes Bauwerk, verglichen mit dem des kurz zuvor erwähnten lärmenden Cachalote. Dieser Vogel, der in etwa die Größe einer Misteldrossel hat, wählt sich einen niedrigen Dornbusch mit weit auseinanderstrebenden Zweigen und in deren Mitte baut er aus Reisern ein Kuppelnest von vollkommener Kugelgestalt und mit einer Tiefe von vier bis fünf Fuß. Die Öffnung liegt seitlich nahe des Scheitelpunktes, und zu ihr hin führt eine schmale, gewölbte Galerie, die auf einem waagrechten Zweig ruht und etwa vierzehn Zoll lang ist. So fest gefügt ist dieses gewaltige Nest, daß es mir schwer fiel, eines aufzubrechen. Ich habe mich auch aufrecht auf die Kuppel gestellt und bin mit meinen Stiefeln auf ihr herumgetrampelt, ohne sie überhaupt zu beschädigen. Während meines Aufenthaltes in Patagonien entdeckte ich ein Dutzend dieser palastartigen Nester; und ich meine, daß sie wie unsere eigenen Häuser oder eher unsere öffentlichen Gebäude und wie einige Ameisenhügel und die Höhlen der Viscacha-Kolonien und die Biberdämme für die Ewigkeit gemacht sind.

Das einzige Säugetier, das wir sahen, war ein kleines Gürteltier, *Dasypus minutus,* das recht häufig vorkam; und frühmorgens, als wir noch frisch und voller Schwung waren, vergnügten wir uns damit, es zu jagen. Wir fingen einige davon, und einer meiner Kameraden, ein Italiener, tötete zwei und hängte sie sich mit der Bemerkung über die Schulter, daß wir sie braten und essen könnten, wenn wir vor Erreichen unseres Ziels hungrig würden. Wir wurden nicht so sehr von Hunger geplagt, aber gegen Mittag fingen wir an, ein wenig unter Durst zu leiden. Mittags sahen wir eine waagrechte Tiefebene vor uns, bedeckt mit langem, rauhem Gras von gelblich-grüner Farbe. Hier hofften wir, Wasser zu finden, und schon bald erspähten wir den weißen Schimmer einer Lagune, wie wir dachten, aber bei näherer Prüfung erwies sich das Weiß oder das Anzeichen von Wasser bloß als eine Salzausblühung auf einem öden Flecken Erde. Es war äußerst drückend auf dieser Tiefebene; kein Busch war zu entdecken, der uns Schutz vor der Sonne geboten hätte: alles war eine eintönige Ödnis von rauhem, gelblichem Gras, aus der, als wir weiterschritten, Unmengen von Stechmücken aufstiegen, die ein durchdringendes, höhnisches Willkommen posaunten. Die Herrlichkeit des Morgens, die uns anfangs derart bezaubert hatte, war aus der Natur geschwunden, und der Anblick, den die Landschaft bot, war fast abscheulich. Wir wurden auch allmählich müde, aber die Hitze und unser Durst und das unerträgliche Sirren der heißhungrigen Stechmücken ließen nicht zu, daß wir ruhten.

An diesem trostlosen Ort entdeckte ich als einzigen Gegenstand von Interesse einen kleinen Vogel von schlanker Gestalt und fahler gelblich-brauner Farbe. Auf einem Stengel über dem Gras sitzend, ließ er in regelmäßigen Abständen ein deutliches, langes, klagendes Pfeifen vernehmen, das fast eine Viertelmeile weit hörbar war; und dieser eine, nicht abgewandelte Ton war sein einziger Gesang oder Ruf. Machte man irgendeinen Versuch, sich ihm zu nähern, ließ er sich ins Gras fallen und verbarg sich mit einer Scheu, die an einem Wüstenort, wo kleine Vögel nie vom Menschen verfolgt worden waren, ganz ungewöhnlich ist. Es mochte vielleicht ein Zaunkönig oder Baumläufer oder Rohrsänger oder Pieper gewesen sein; ich vermochte es nicht zu sagen, so argwöhnisch verbarg er all seine schönen Geheimnisse vor mir.

Der Anblick einer Ansammlung von Sandhügeln, die etwa zwei oder drei Meilen zu unserer Rechten lagen, verleitete uns dazu, uns von dem schmalen Pfad, dem wir mehr als sechs Stunden gefolgt waren, abzuwenden: wir hofften, von der Höhe dieser Hügel das Ziel unserer Reise erkennen zu können. Als wir uns den Hügeln näherten, sahen wir, daß sie Teil eines Kammes waren, der sich endlos nach Süden und Norden erstreckte. Da wir folgerten, wir seien nun wieder in Nähe des Meeres, hielten wir es einhellig für den besten Plan, nach einem erfrischenden Bad dem Strand bis zur Mündung des Rio Negro zu folgen, wo es ein Lotsenhaus gab. Ein Marsch von einer Stunde führte uns zu dem Hügel. Welche Bestürzung erlebten wir, als wir seinen Gipfel erklommen hatten und nicht den offenen blauen Atlantik gewahrten, den wir so vertrauensvoll zu sehen erwartet hatten, sondern einen Ozean öder, gelber Sandhügel, die sich vor uns bis zu dem Punkt ausdehnten, wo Himmel und Erde sich in azurnem Dunst vermischten! Ich jedoch hatte kein Recht, jetzt zu murren, da ich an diesem Morgen mit dem Wunsch aufgebrochen war, einzig aus diesem Kelch der Wildnis zu trinken, der zugleich bitter und süß schmeckt. Aber ich war gewiß an diesem Tag der größte Dulder, da ich darauf bestanden hatte, mein weites Stoffponcho mitzunehmen, und dieses zu schleppen erwies sich als eine große Last; des weiteren waren meine Füße durch das Tragen schwerer Reitstiefel derart geschwollen und schmerzend, daß ich schließlich gezwungen war, diese Hemmnisse abzuwerfen und barfuß auf dem heißen Sand und Kies zu wandern.

Als wir den Hügeln den Rücken zukehrten, begannen wir reichlich erschöpft nach dem Pfad zu suchen, den wir aufgegeben hatten, und schlugen dabei eine Richtung ein, in der wir drei oder vier Meilen weiter als dort, wo wir ihn verlassen hatten, wieder auf ihn stoßen würden. Als wir dem hohen Gras entronnen waren, trafen wir wieder auf kieselige, gewellte Ebenen mit verstreuten dunkelblättrigen Büschen und Scharen kleiner singender und trillernder Vögel. Gürteltiere waren auch zu sehen, aber nun trippelten sie ungestraft vor uns über den Weg, denn wir hatten keine Neigung, sie zu jagen. Es war kurz vor Sonnenuntergang, als wir wieder auf den Pfad stießen; und obwohl wir über zwölf Stunden in der Hitze gegangen waren, ohne Essen oder Wasser zu uns zu nehmen, kämpften wir uns immer noch mühsam weiter. Erst als es dunkel wurde und als ein jäher kalter Wind, der uns das Gefühl vermittelte, wir seien steif und wund, vom Meer her aufkam, machten wir schließlich halt. Holz gab es im Überfluß, und wir machten ein großes Feuer und der Italiener briet die zwei Gürteltiere, die er den ganzen Tag geduldig getragen hatte. Als sie gar waren, rochen sie sehr verlockend; doch ich fürchtete, daß das fette, wohlschmeckende Fleisch nur den quälenden Durst verstärken würde, unter dem ich litt, und daher tröstete ich mich, während die anderen die Knochen abnagten, mit einer Pfeife und saß in nachdenklicher Stille beim Feuer. Nach dem Abendessen streckten wir uns beim Feuer aus, wobei wir uns mit nichts anderem bedeckten als mit meinem großen Poncho und, trotz der Härte unseres Lagers und des kalten Windes, der über uns wehte, gelang es uns, etwas erfrischenden Schlaf zu finden.

Um drei Uhr morgens waren wir wieder auf den Beinen und auf unserem Weg, schläfrig und mit wunden Füßen, doch fühlten wir uns glücklicherweise weniger durstig als am vorigen Tag. Als wir eine halbe Stunde gegangen waren, gab es ein willkommenes Anzeichen für das Nahen des Tages – nicht am Himmel, wo noch die Sterne mit mitternächtlichem Glanz funkelten, sondern weit vor uns stimmte ein kleiner Vogel ein wunderbar süßes und klares Lied an. Das Lied wurde in kurzen Abständen wiederholt und nach und nach wurde es von anderen Stimmen aufgegriffen, bis aus jedem Busch solche sanften, köstlichen Melodien drangen, daß ich über alles glücklich war, was ich auf meiner langen Wanderung durchgemacht hatte, da sie es mir ermöglicht hatte, diese erlesene Melodie der Wüste zu vernehmen. Dieser frühe Morgensänger ist ein bezaubernder grauer und weißer Fink, *Diuca minor,* der in Patagonien sehr verbreitet ist und die schönste Stimme aller Finkenvögel besitzt, die dort anzutreffen sind; und das will schon etwas bedeuten. Die *Diucas* waren bestimmt Propheten: schon bald erschienen die ersten fahlen Lichtstreifen im Osten, aber als das Licht zunahm, hielten wir vergeblich nach dem lang ersehnten Fluß Ausschau. Die Sonne ging auf derselben großen, gewellten Ebene auf, die ihre vertrauten dunklen Büsche und den Teppich aus verdörrtem Gras trug – diesen zerschlissenen Teppich, der unter sich den öden Sand und den Kieselboden zeigte, dem er sein karges Dasein abgewann.

Mehr als sechs Stunden schleppten wir uns verbissen über diese öde Ebene, wobei wir stark unter Durst und Erschöpfung litten, aber wir wagten es nicht, uns Ruhe zu gönnen. Schließlich wandelte sich allmählich das Aussehen der Landschaft: wir näherten uns der Siedlung am Fluß. Das spärliche Gras wurde noch spärlicher und die verkümmerten Büsche sahen wie abgeweidet aus. Unser schmaler Weg wurde auch an allen Ecken und Enden von Viehpfaden gekreuzt und verlor an Deutlichkeit, je weiter wir kamen, und verschwand schließlich ganz und gar. Dann sah man eine Viehherde, die sich in einem langen Zug ihren Weg in Richtung des offenen Landes bahnte. Hier begann auch ein hübscher, kleiner Baum namens chañar *(Gurliaca decorticans)* häufig aufzutreten, einzeln oder in kleinen Gruppen wachsend. Er war etwa sechzehn Fuß hoch, sehr anmutig, mit glattem, poliertem, grünen Stamm und fahlen graugrünen Mimosenblättern. Er trägt eine kirschgroße goldene Frucht mit einem besonders köstlichen Duft, doch wir hatten noch nicht die Jahreszeit für reife Früchte, und seine Zweige waren nur mit den großen Nestern des fleißigen »Holzfällers« beladen. Obwohl nun, Ende Dezember, die Eiersaison vorüber war, begann ich in meinem Lechzen nach einem Tropfen Naß die Nester herabzureißen und zu zerstören – keine leichte Aufgabe in Anbetracht ihrer Größe und ihrer soliden Bauweise. Ich wurde für meine Mühe durch das Auffinden dreier kleiner perlweißer Eier belohnt und, Dankbarkeit für kleine Wohltaten empfindend, zerbrach ich sie rasch auf meiner dürstenden Zunge.

Eine halbe Stunde später, etwa gegen elf Uhr, als wir uns langsam weiterschleppten, tauchte ein Reiter auf und trieb eine kleine Gruppe von Pferden in Richtung des Flusses. Wir grüßten ihn, und er ritt zu uns herauf und teilte uns mit, daß wir nur etwa eine Meile vom Fluß entfernt seien, und nachdem er unsere Geschichte vernommen hatte, begann er Pferde für uns einzufangen. Wir sprangen ihnen auf den bloßen Rücken und folgten ihm in einem schaukelnden Galopp über diese letzte glückliche Meile unserer langen Reise.

Wir kamen ganz unvermutet ans Ziel, denn als wir aus den Dickichten einer zwergwüchsigen Dornenhecke auftauchten, durch die wir hintereinander geritten waren, lag der herrliche Rio Negro vor uns. Nie schien ein Fluß einen schöneren Anblick zu bieten: breiter als die Themse bei Westminster, erstreckte er sich in beide Richtungen, bis er sich auflöste und im blauen Horizont verging; und seine niedrigen Ufer waren bekleidet mit all der Pracht von Hainen und Obst- und Weingärten und von Feldern mit reifendem Mais. Weit draußen in der Mitte der schnellen blauen Strömung schwammen Scharen von Schwarzhalsschwänen, und ihr weißes Gefieder schimmerte wie Schaum im Sonnenlicht; während direkt unter uns, kaum einen Steinwurf entfernt, das strohgedeckte Farmhaus unseres Führers stand; und der Rauch kräuselte sich friedlich aus dem Kamin der Küche. Ein Hain von großen, alten Kirschbäumen, die das Haus überwölbten, fügte sich zu dem Zauber des Bildes; und als wir durch das Tor hinabritten, bemerkten wir die vollreifen Kirschen, die wie glühende Kohlen inmitten des dunkelgrünen Blattwerks glänzten.

KAPITEL II

Wie ich ein Mann mit Muße wurde

Wenn alles gut gegangen wäre bei mir, wenn ich, wie ich es vorhatte, meine zwölf Monate am Rio Negro verbracht und den Vögeln dieses Distrikts zugesehen und zugehört hätte, wären diese hin und her springenden Kapitel, die als ein Bericht dessen bezeichnet werden könnten, was ich nicht tat, nie geschrieben worden. Denn ich wäre von meiner besonderen Aufgabe gänzlich beansprucht gewesen und dabei in eine so überaus entzückte Stimmung geraten, daß ich sie nicht hätte im Stich lassen dürfen, selbst nicht für einen Abstecher und eine Kostprobe der Freiheit; und die allzu genaue Beobachtung einer Klasse von Objekten hätte dazu geführt, daß alle anderen fern, dunkel und wenig interessant erschienen wären. Aber es sollte nicht so sein, wie ich es geplant hatte. Ein Unfall, der in Kürze zu schildern ist, setzte mich eine Zeitlang außer Gefecht; und es war nicht mehr möglich, das geflügelte Volk mit verstohlenen Schritten bis zu seinen Schlupfwinkeln zu verfolgen und sein Tun und Treiben durch einen Schirm aus Laub zu beobachten. Da ich an den langen, schwülen Hochsommertagen hilflos auf dem Rücken lag und ich die weiß getünchten Wände meines Zimmers als Landschaft und Horizont hatte und zwanzig oder doppelt so viel summende Stubenfliegen, die sich immerfort mit ihrem verschlungenen Lufttanz beschäftigten, als einzige Gesellschaft, war ich gezwungen, über eine Vielzahl von Themen nachzudenken und meinen Geist mit anderen Fragen als denen des Vogelzugs zu beschäftigen. Diese anderen Fragen glichen auch in mancher Hinsicht den Fliegen, die meine Wohnung teilten und mir doch, wie auch ich ihnen, stets fremd blieben, da zwischen ihrer Vorstellungswelt und meiner eine große, unverrückbare Kluft bestand. Kleine irdische Rätsel, die nicht schmerzhaft waren; huschende, sylphengleiche Wesen, die das Leben als Abstraktionen begannen und sich, wie die Imago aus der Made, zu wirklichen Gebilden entwickelten: Ich huschte stets mitten unter ihnen, während sie ihren verwirrenden Tanz ausführten, in Kreisen wirbelnd, sinkend und steigend, reglos schwebend, und die dann plötzlich, für einen Augenblick, gegen mich anrannten und meine Macht, sie zu ergreifen, verspotteten und wieder ziellos davonschossen. Verwirrt stieg ich dann aus dem Spiel aus, wie eine ermüdete Fliege, die zu ihrem Ruheplatz zurückkehrt, aber wie die rastende, zappelige Fliege wandte ich mich ihnen bald wieder zu; vielleicht, um zu sehen, daß sie alle in einer dichteren Ordnung kreisten und mit schnelleren Bewegungen neue, phantastische Figuren beschrieben, die in dünne schwarze Linien verwandelt waren, welche sich in alle Richtungen wieder und wieder kreuzten, als ob sich alle Fliegen verbündet hätten, um eine Reihe fremdartiger Schriftzeichen in die Luft zu schreiben, die alle zusammen einen fremdartigen Satz bildeten – das Geheimnis aller Geheimnisse! Zum Glück für den Fortschritt der Wissenschaften können nur sehr wenige dieser faszinierenden, schwer faßbaren Insekten des Hirns gleichzeitig vor uns erscheinen: in der Regel richten wir, wie ein Falke inmitten eines Taubenschwarms oder in einem unzählbaren Heer kleiner Feldfinken oder wie eine Libelle in einer dichten Wolke von Stechmücken oder unendlich kleinen Sandfliegen, unsere Aufmerksamkeit auf ein einzelnes Wesen. Falke und Libelle würden verhungern, wenn sie mehr als eines dieser Wesen gleichzeitig erbeuten wollten oder gar betrachten würden.

Ich begriff nichts und fand nichts heraus; dennoch waren diese Tage erzwungenen Nichtstuns nicht unglücklich. Und nachdem ich mein Zimmer verlassen hatte, wobei ich mit Hilfe eines kräftigen Stocks umherhumpelte, leistete ich, wenn ich mich in Häusern aufhielt, Männern und Frauen Gesellschaft und lauschte Tag für Tag der Erzählung ihrer kleinen, nicht mit Vögeln beschäftigten Angelegenheiten, bis mich diese zu interessieren begann. Aber nicht allzu stark. Ich konnte diese Leute stets ohne Bedauern verlassen, um auf dem grünen Rasen zu liegen, in die Bäume oder in den blauen Himmel zu starren und über alle erdenklichen Dinge zu grübeln. Mit dem Ergebnis, daß sich diese Gepflogenheit, als es keine Entschuldigung für Untätigkeit mehr gab, bei mir zu einer Gewohnheit entwickelt hatte – zu der Gewohnheit der Trägheit, die bei den Patagoniern ganz üblich war und zu dem milden Klima zu passen schien; und diese Gewohnheit und Stimmung behielt ich während der gesamten Zeit meines Aufenthaltes unter gelegentlichen, leichten Rückfällen bei.

Unser Wachleben ist manchmal wie ein Traum, der ziemlich logisch vor sich geht, bis der Reiz einer neuen Empfindung, die von außen oder innen kommt, ihn zeitweise in Verwirrung stürzt oder seine Wirkung außer Kraft setzt; wonach er wieder fortfährt, doch mit neuen Charakteren, Leidenschaften und Motiven und einem veränderten Thema.

Nachdem wir uns an Kirschen gütlich getan und uns auf der Estancia oder Farm ausgeruht hatten, bei der wir zum erstenmal auf die Küste getroffen waren, zogen wir zu der Kleinstadt El Carmen weiter, die es seit dem letzten Jahrhundert gegeben hat und die auf dem Hang eines Hügels oder Felsufers in Richtung des Flusses erbaut ist. Auf dem gegenüberliegenden Ufer, wo es weder Klippe noch Steilhang gibt und wo sich das tiefliegende, ebene, grüne Tal vier oder fünf Meilen lang bis zu dem grauen, öden Hochland erstreckt, liegt eine weitere Kleinstadt, die La Merced heißt. In diesen beiden Siedlungen verbrachte ich etwa vierzehn Tage und danach begab ich mich, in Gesellschaft eines jungen Engländers, der ein oder zwei Jahre in der Kolonie gewesen war, auf einen Achtzig-Meilen-Ritt flußaufwärts. Auf halbem Weg zu unserem Ziel quartierten wir uns in einer kleinen Blockhütte ein, die mein Gefährte ein Jahr zuvor selbst erbaut hatte; doch als er zu spät bemerkt hatte, daß der Boden nichts hervorbringen würde, gab er sie vor kurzem auf, wobei er seine Werkzeuge und anderes Zubehör verschlossen an Ort und Stelle zurückließ.

Ein seltsames Heim und Lager war diese kleine, primitive Hütte. Das Innere bot gerade genügend Raum, um es einem Mann von meiner Größe (sechs Fuß) möglich zu machen, aufrecht zu stehen und eine Katze darin umherzuschleudern, ohne ihr den Schädel an den aufrechten, grob geschälten Weidenholzpfählen, welche die Wände bildeten, zu zerschmettern. Doch in diesem begrenzten Raum war ein Magazin von Waffen und Werkzeugen aufgehäuft, das ausgereicht hätte, um eine kleine Gruppe von Ansiedlern zu befähigen, den Kampf mit der Wildnis aufzunehmen und eine Stadt der Zukunft zu gründen. Mein Freund hatte einen erfinderischen Geist und ein amateurhaftes Wissen von mancherlei Handfertigkeiten. Man konnte ihn dadurch glücklich machen, daß man ihm sagte, man habe einen Gegenstand aus Eisen oder Messing beschädigt – ein Gewehrschloß, eine Uhr oder irgend etwas Kompliziertes. Seine Augen würden dann glänzen, er riebe sich die Hände und wäre ganz begierig, seinen neuen Patienten in die Finger zu bekommen, um seine ärztliche Kunst an ihm zu erproben. Nun war er angehalten, all diesen seinen hölzernen und metallischen Freunden zwei oder drei Tage zu widmen, seine Meißel neu zu schärfen und bei seinen Sägen den Zahnarzt zu spielen; sie alle auszubreiten und zu zählen und sie liebevoll zu streicheln, wie ein Züchter seine Tierchen tätschelt und füttert und ölt, damit sie glänzen und glücklich aussehen. Diese Tätigkeiten gingen der Verpackung zum Transport voraus, welche auch ein recht langsamer Vorgang war.

Während ich meinen Freund bei seiner ergötzlichen Beschäftigung zurückließ, wanderte ich in der Nachbarschaft umher und machte eine Bestandsaufnahme der Vögel. Es war ein trostloser und einsamer Fleck, dessen einzige Bäume ein paar kahle und halbtote rote Weiden waren. Das Schilfrohr und die Binsen in den schwarzen, stehenden Teichen waren gelb und tot; und tot waren auch die Büschel rauhen, wergfarbenen Grases, während der Boden darunter weiß wie Asche war und allenthalben rissig durch die heiße Sonne und die lange Dürre. Nur der nahe Fluß war immer kühl und grün und schön.

An einem heißen Nachmittag schließlich saßen wir auf unseren Decken auf dem Lehmboden der Hütte und unterhielten uns über unsere Reise am nächsten Morgen und über die bessere Kost und weitere Wonnen, die wir am Ende des Tages im Haus eines englischen Siedlers, den wir besuchen wollten, antreffen würden. Während ich sprach, nahm ich einen Revolver in die Hand, um ihn zum erstenmal zu untersuchen; und mein Gefährte hatte gerade begonnen, mir zu erzählen, daß dies ein Revolver mit einer ganz besonderen Marotte sei, einer Überempfindlichkeit, die darin bestehe, daß er bei der geringsten Berührung oder gar beim Erzittern der Luft losgehe, wenn auf dem Hahn – er war gerade im Begriff, mir dies zu sagen, als das Ding mit einem schrecklichen Knall losging und mir eine Spitzkugel in das linke Knie jagte, etwa einen Zoll unterhalb der Kniescheibe. Der Schmerz war nicht beträchtlich und glich dem Gefühl, das durch einen kräftigen Schlag auf das Knie verursacht wird; doch bei dem Versuch aufzustehen stürzte ich zurück. Ich kam nicht auf die Beine. Dann begann das Blut in einem dünnen, aber stetigen Strom aus dem runden, symmetrischen Einschußloch zu rinnen, das unmittelbar in den Knochen des Gelenks zu führen schien, und nichts, was wir tun konnten, wollte helfen, diesem Strom Einhalt zu gebieten. Jetzt saßen wir hübsch in der Patsche! Sechsunddreißig Meilen von der Siedlung entfernt; und kein Transportmittel, auf das sich mein Freund besinnen konnte, bis auf einen Karren einige Meilen flußaufwärts, aber auf dem falschen Ufer! In seinem eifrigen Bestreben, etwas zu tun, glaubte oder hoffte er jedoch, daß der Karren möglicherweise über den Fluß zu schaffen wäre, und daher ließ er mich, nachdem er so aufmerksam war, eine Kanne Wasser neben mich zu stellen, auf meinen Satteldecken liegend zurück und bestieg, nachdem er die Tür von außen zugeschlossen hatte, um das Eindringen unwillkommener Herumtreiber zu verhindern, sein Pferd und ritt davon. Er hatte versprochen, daß er, mit oder ohne einem geräderten Ding, nicht lange nach Einbruch der Dunkelheit, zurück sein werde. Aber er kehrte die ganze Nacht nicht zurück; er hatte ein Boot und einen Bootsmann gefunden, der ihn auf das andere Ufer brachte, nur um zu erfahren, daß sein Plan undurchführbar war; und als er dann mit der enttäuschenden Nachricht zurückkehrte, fand er kein Boot vor, um wieder überzusetzen und war daher schließlich gezwungen, sein Pferd an einem Gebüsch festzubinden und sich hinzulegen, um bis zum Morgen zu warten.

Für mich kam die Nacht nur allzu bald. Ich hatte keine Kerze, und die verschlossene, fensterlose Hütte war stockdunkel. Mein verletztes Bein hatte sich entzündet und schmerzte erheblich, doch die Blutung hielt an, bis die Taschentücher, die wir um sie gebunden hatten, vollgesogen waren. Ich war vollständig bekleidet, und als die Nacht kühl wurde, zog ich, der Wärme wegen, meinen großen Stoffponcho über, der ein weiches, flauschiges Futter hatte. Ich gab es bald auf, meinen Freund zu erwarten, und ich wußte, daß es bis zum Morgen keine Linderung geben würde. Aber ich konnte weder einduseln noch denken und vermochte nur zu lauschen. Aufgrund dessen, was ich während dieser dunklen, angstvollen Stunden erfahren habe, kann ich mir vorstellen, wie bedeutsam der Hörsinn für die Blinden und für die Tiere sein muß, die in dunklen Höhlen leben. Um Mitternacht schließlich wurde ich durch ein schwaches, merkwürdiges Geräusch aufgeschreckt, das sich in der vollständigen Stille und Dunkelheit bemerkbar machte. Es war in der Hütte und dicht bei mir. Ich dachte zuerst, es gliche dem Geräusch, das ein Tau verursacht, wenn es langsam über den Lehmboden gezogen wird. Ich zündete ein Streichholz an, aber das Geräusch hatte aufgehört und ich sah nichts. Nach einer Weile vernahm ich es wieder, doch nun schien es draußen vor der Tür zu sein und sich um die Hütte zu bewegen; und ich schenkte ihm geringe Aufmerksamkeit. Es ließ bald nach, und ich hörte es nicht mehr. Danach herrschte solche Stille und Dunkelheit, daß die Hütte, in der ich ruhte, ein geräumiger Sarg hätte sein können, worin ich hundert Fuß unter der Erdoberfläche begraben worden war. Doch ich war nicht mehr allein – wenn ich es bloß gewußt hätte –, sondern hatte nunmehr einen Meßgenossen und Bettgefährten, der sich klammheimlich eingeschlichen hatte, um die Wärme des Umhangs und meiner Person zu teilen – einer mit einem breiten, pfeilförmigen Kopf, der mit runden, lidlosen Augen wie mit polierten gelben Achaten besetzt war; einer mit einem langen, geschmeidigen Leib ohne Gliedmaßen, in seltsame Abschnitte unterteilt und allenthalben undeutlich beschrieben mit geheimnisvollen Schriftzeichen in irgendeiner dunklen Tinte auf einem unbestimmten grau-gelben Grund.

Schließlich war, etwa zwischen halb drei und vier Uhr, ein höchst willkommener Klang zu hören – das vertraute Gezwitscher eines Pärchens von Gabeltyrannen aus einer benachbarten Weide; und nach einer Zwischenzeit der verträumte, sanft steigende und fallende, kehlige Gesang der Weißbürzelschwalbe. Ein hochgeschätzter und schöner Vogel ist dies, der sein frühes Lied ertönen läßt, das immerzu seine Kreise zieht in der dämmerigen Luft, wenn die Sterne zu verblassen beginnen; und sein Gesang scheint vielleicht lieblicher zu sein als alle anderen, weil er zeitlich mit dem Ansteigen der Temperatur und dem schnelleren Fließen des Blutes übereinstimmt – der inneren, allmorgendlich erfahrenen Auferstehung unseres persönlichen Lebens. Danach kommen die rotschnäbligen Grundfinken mit ihrem Gesang an die Reihe – eine seltsame, kollernde, ungestüme Darbietung, mehr ein Geschrei als ein Gesang. Sie sind hübsche Schilfvögel, olivgrün, mit braungelber Brust, mit langen Schwänzen und hellroten Schnäbeln. Die Pausen zwischen ihren krampfartigen Geräuschausbrüchen wurden von der schönen, zarten Melodie der kleinen braunen und grauen Haubensingammern gefüllt. Als letztes war der langgezogene, gemächliche, singende Ruf des braunen Aasfalken (Chimango) zu vernehmen, während er vorbeiflog, und ich wußte, daß der Morgen schön war im Osten. Nach und nach begann das Licht sich durch die Spalten zu zeigen, schwach zuerst wie zart gezeichnete, bleiche Linien auf einem schwarzen Grund, dann heller und breiter, bis auch ich ein trübes Zwielicht in der Hütte hatte.

Erst eine Stunde nach Sonnenaufgang kehrte mein Freund zurück, um mich immer noch voll Hoffnung anzutreffen und mit all meinen Möglichkeiten um mich herum, doch unfähig, mich ohne Hilfe zu bewegen. Er umschloß mich mit seinen Armen und half mir so auf die Füße, und als ich gerade aufrecht auf meinem gesunden Bein stand, indes ich mich schwer auf ihn stützte, glitt aus dem Poncho, der mir zu Füßen lag, eine große Giftschlange hervor, *Craspedocephalus alternatus*, in der Landessprache die *Schlange mit einem Kreuz* genannt. Wären die Arme meines Freundes nicht damit beschäftigt gewesen, mich zu stützen, hätte er die Schlange gewiß mit der ersten sich bietenden Waffe angegriffen und aller Wahrscheinlichkeit nach getötet, mit dem Ergebnis, daß ich danach auf immer an einer Art stellvertretendem Gewissensbiß gelitten hätte. Glücklicherweise brauchte sie nicht lange, bis sie sich aus dem Blickfeld und der Gefahr geschlängelt hatte und in einem Loch in der Wand verschwunden war. Weder war mir meine Gastfreundschaft bewußt gewesen noch hatte ich bis zu diesem Augenblick gewußt, daß mich etwas berührt hatte, und diese Tugend war von mir ausgegangen; doch der Gedanke erfreut mich, daß dieses verstohlene, tödliche Geschöpf, nachdem es die ganze Nacht bei mir gelegen und sein kühles Blut an meiner Wärme gewärmt hatte, unversehrt zu seinem Schlupfwinkel zurückkehrte.

Wenn ich von dieser Schlange mit einem fremdländischen Namen spreche, erinnere ich an die Tatsache, daß Darwin ihre Bekanntschaft vor etwa sechzig Jahren bei seinen patagonischen Streifzügen machte; und, indem er ihren grimmigen und abstoßenden Anblick beschreibt, bemerkt er: »Ich glaube, ich habe niemals etwas Häßlicheres gesehen, vielleicht mit Ausnahme der Vampyr-Fledermäuse.« (S. 104f) Er spricht von der großen Breite der Kiefer an der Basis, der dreieckigen Nase und dem senkrechten Schlitz der Pupille inmitten der fleckigen kupferfarbenen Iris und legt nahe, daß ihr häßliches und schreckliches Erscheinungsbild sich der Ähnlichkeit ihrer Gesichtsform mit dem menschlichen Antlitz verdankt.

Diese Vorstellung von der Häßlichkeit oder Widerwärtigkeit eines tieferstehenden Tiers aufgrund seiner Gesichtsähnlichkeit mit dem Menschen ist, wie ich glaube, nicht ungewöhnlich; und ich nehme an, daß der Grund, den man für diesen Eindruck anführen würde, der ist, daß ein Tier dieser Art wie eine abstoßende Kopie von uns selbst aussieht oder wie eine boshafte Parodie, die uns verhöhnen soll. Dies ist eine irrige Vorstellung oder auf alle Fälle nur eine Halbwahrheit, wie wir sogleich erkennen, wenn wir Tiere betrachten, deren Gesichtszüge mehr oder weniger menschenähnlich sind und doch keinen Abscheu erregen. Seehunde mögen angeführt werden – die Seejungfrauen und Meermänner der alten Seeleute; ebenso das Faultier mit seinem runden, einfältigen Gesicht, dem seine menschliche Gestalt einen irgendwie komischen und rührenden Anblick verleiht. Viele Affen erscheinen uns als häßlich, doch halten wir Lemuren für schön und bewundern höchlichst die Seidenäffchen, diese haarigen Knirpse mit lebhaften Vogelaugen. Und doch stimmt es, daß es in den Gesichtern dieser und vielleicht auch anderer Grubenottern und mancher Vampirfledermäuse, wie Darwin bemerkt, etwas Menschliches gibt; und daß das Entsetzen, das sie auslösen, dieser Ähnlichkeit geschuldet ist; was er nicht sah war, daß eher der Ausdruck als die Gestalt dasjenige ist, was erschreckt. Denn er ähnelt bei diesen Geschöpfen solchen Ausdrucksweisen, die bei unserer eigenen Spezies Furcht und Abscheu oder derart starkes Mitleid erregen, daß es schmerzlich ist – ähnelt Wildheit, verstohlener, lauernder Bösartigkeit, einem starren Blick der Angst oder Verzweiflung oder einer fürchterlichen Form des Wahnsinns. Jemand hat richtig und klug gesagt, daß es bei uns keine Häßlichkeit gibt bis auf den Ausdruck schlimmer Gedanken und Leidenschaften; denn diese schreiben sich ganz unzweifelhaft auf dem Gesicht ein.

Wenn ich eine Schlange dieser Art betrachte, und ich habe manch eine betrachtet, ist in mir die Vorstellung aufgekommen, daß ich etwas ansehe, was einst ein Mitmensch war, vielleicht einer jener grausamen, verzweifelten Kerle, denen ich an den Rändern der Zivilisation begegnet bin und die für ihre Verbrechen in die Gestalt der Schlange verwandelt und mit dem Fluch der Unsterblichkeit beladen worden sind.

In der Regel bereiten uns die täuschende Ähnlichkeit und die Selbstplagiate der Natur, wenn wir zufällig darauf stoßen, bloß Vergnügen, das durch Erstaunen oder einen Eindruck des Geheimnisvollen verstärkt wird; aber der Fall dieser Schlange bildet eine Ausnahme: trotz der Zärtlichkeit, die ich dem ganzen ophidischen Geschlecht gegenüber hege, ist die Empfindung nicht angenehm.

Kehren wir zurück. Mein Freund machte ein Feuer, um Wasser zu kochen, und nachdem wir etwas gefrühstückt hatten, galoppierte er wieder davon, diesmal in eine andere Richtung; er hatte sich schließlich daran erinnert, daß auf unserem Flußufer ein Siedler lebte, der einen Ochsenwagen besaß, und zu ihm ging er. Etwa um zehn Uhr kehrte er zurück, und kurz darauf folgte ihm der Mann mit seinem rumpelnden Karren, der von zwei Ochsen gezogen wurde. In diesem Fuhrwerk wurde ich, der ich arg unter der Hitze und dem Staub und dem Gerüttel auf dem holprigen, harten Weg litt, zur Siedlung zurückgebracht. Ochsen bewegen sich gemächlich, und wir waren den ganzen Tag und die ganze Nacht unterwegs und erreichten unseren Bestimmungsort erst, als der Osthimmel allmählich hell zu werden begann und sich die Schwalben von Tausenden von Schlafplätzen in weiten Kreisen in die stille, dämmrige Luft schwangen und sie mit ihrem Gezwitscher erschallen ließen.

Meine klägliche Reise endete am Missionshaus der South American Missionary Society im Dorf auf dem Südufer des Flusses, gegenüber der alten Stadt; und der Wechsel von dem holpernden Karren zu einem bequemen Bett war eine unsägliche Erleichterung und führte bald zu erquickendem Schlaf. Als ich später am Tag erwachte, sah ich mich in den Händen eines Herrn, der ebenso ein erfahrener Arzt wie ein Geistlicher war, einer, der mehr Kugeln herausoperiert und mehr gebrochene Knochen geflickt hatte als die meisten Ärzte, die nicht auf Schlachtfeldern praktizierten. Meine Kugel jedoch weigerte sich, entfernt oder gar in ihrem Versteck aufgespürt zu werden; und vierzehn Tage lang hatte ich jeden Morgen eine schlimme Viertelstunde, wenn mein Gastherr sich in meinem Zimmer zu zeigen pflegte, wobei er ein stilles Lächeln auf seinen Lippen hatte und in seinen Händen ein Bündel von Sonden hielt – oh, diese Sonden! – in allen Formen, Größen und Materialien – Holz, Elfenbein, Stahl und Guttapercha. Wenn diese schmerzlichen Momente vorüber waren und lediglich zu dem einen Ergebnis führten, daß eine Wunde, die heilen wollte, wiedergeöffnet wurde, gab es für mich nichts anderes zu tun als dazuliegen und, wie schon gesagt, die Fliegen zu beobachten und zu träumen.

Um dieses buntscheckige Kapitel zu beschließen, möchte ich jetzt bemerken, daß sogar einige der glücklichsten Augenblicke meines Lebens durch diese Umstände ausgelöst wurden, von denen man meinen möchte, sie hätten mich höchst unglücklich gemacht – durch schwere Unfälle und Krankheit, die mich entkräfteten und zur Last für Fremde machten; und durch Mißgeschick –

> Welches wie eine Kröte, häßlich und giftig,
> Dennoch ein kostbares Juwel in seinem Kopf trägt.

Vertraute Worte, doch hier neu gedeutet; denn dieses Juwel, das ich gefunden habe – die Liebe des Menschen zum Menschen und das ins Herz geschriebene Gesetz hilfreicher Freundlichkeit – ist es wert, über alle unsere Besitztümer hinaus gepriesen zu werden und ist das Schönste, was an Glanz alle Edelsteine der Steinschneidekunst übersteigt und ist von so unübertrefflicher Kraft, daß in seinem Licht sogar der Zyniker verstummt und sich schämt.

KAPITEL III

Tal des Schwarzen Flusses

Da ich mich immer noch im gastlichen Schatten des Missionshauses herumdrückte, bestand mein Hauptvergnügen während der frühen Februartage darin, das herbstliche Sammeln der Purpurschwalben – *Progne furcata* – zu beobachten, einer Art, die es an dieser Stelle in Hülle und Fülle gab und die in den Felsen über dem Fluß brütete; und auch, wie so viele Schwalben allerorten, unter den Dachrinnen von Häusern. Es ist ein großer, schöner Vogel, und sein gesamtes Obergefieder hat eine prächtige, schimmernde, dunkle Purpurfarbe, während seine Unterseite schwarz ist. In der Alten Welt sind solche großen Schwalben wie diese, samt anderen Angehörigen ihrer Gattung, nicht bekannt; und ein Besucher aus Europa würde wahrscheinlich, sähe er einen dieser Vögel zum erstenmal, ihn fälschlicherweise für einen Segler halten; doch hat er weder die schmalen, sichelförmigen Flügel des Seglers noch saust er in der wahnwitzigen Weise des Seglers durch die Luft; im Gegenteil fliegt er viel ruhiger und schlägt weniger rasche Haken als andere Schwalben. Dieser Vogel unterscheidet sich auch von den meisten Mitgliedern seiner Familie dadurch, daß er über einen festgelegten

Gesang mit verschiedenen abgewandelten Tönen verfügt, die gelegentlich ohne Hast und Eile gezwitschert werden, während der Vogel hoch in die Lüfte steigt: als ein Melodiensänger sollte er einen hohen Rang unter den Schwalbenvögeln einnehmen.

Die Bäume des Missionshauses erwiesen sich als sehr verlockend für diese Vögel; die hohen italienischen Pappeln fanden besonders Gefallen, was seltsam erscheint, denn in einem starken Wind (und gerade zu diesem Zeitpunkt war es sehr windig) stellt der schlanke, unruhige Baum wohl kaum einen Platz dar, auf dem sich ein Vogel gut niederlassen könnte. Dennoch pflegten sie die Pappeln aufzusuchen, wenn der Wind am heftigsten war; zunächst schwebten oder kreisten sie in einem gewaltigen Schwarm umher, dann, wenn sich die Gelegenheit bot, ließen sich ein paar gleichzeitig herabfallen, um, schlafenden Heuschrecken gleich, an den dünnen, senkrechten Ästen zu hängen, wobei sie sich dichter und dichter aufhäuften, bis die hohen Bäume schwarz waren von ihnen; dann traf eine heftigere Böe auf die hohen Wipfel und bog sie schwankend nach unten, und die Schwalben, von ihrem unsicheren Ruheplatz geweht, erhoben sich in einer Purpurwolke und zerstreuten sich schwatzend über den gesamten windigen Himmel, nur um wieder zurückzukehren und sich zu versammeln, schwebend und hängend wie zuvor.

Nahe des Flußufers im Gras liegend, pflegte ich sie stundenweise zu beobachten, wobei ich ihre Unruhe und Unentschiedenheit registrierte, die Sonderbarkeit und das wilde Wesen, wodurch sie dem Wind und den aufgewühlten Pappeln ähnlich wurden; denn irgend etwas Neues und Seltsames war gekomen, das sie beunruhigte – der flüchtige Hauch,

> Welcher in machtvoller Sprache, gespürt, nicht gehört,
> Die Vögel des Himmels unterweist.

Aber was das Wesen dieses Hauchs angeht, so befragte ich die Natur vergebens – denn sie ist die einzige Frau, die ein Geheimnis wahren kann, sogar vor einem Liebhaber.

Regen kam schließlich auf und fiel ohne Unterlaß während einer ganzen Nacht. Als ich am nächsten Morgen (am 14. Februar) nach draußen ging und zum Himmel aufschaute, der mit grauen, jagenden Wolken bedeckt war, sah ich einen Schwarm von vierzig oder fünfzig großen Schwalben eilends nordwärts ziehen; und nach diesen sah ich keine mehr; denn an diesem ersten feuchten Morgen hatte, bevor ich aufgestanden war, die Purpurwolke das Tal verlassen.

Ich vermißte sie sehr und wünschte, sie hätten ihre Abreise aufgeschoben, da es leichter und vielversprechender war, über das Geheimnis ihres Instinktes nachzugrübeln, wenn sie in meiner Nähe waren. Dieser Bruch im Fortgang ihres Lebens; der erzwungene Wechsel von Gewohnheiten; der Widerstreit zwischen zwei entgegengesetzten Regungen – den Banden des Ortes, die sie zurückhielten, was man in ihrem Tun sah und ahnte, und der Stimme, die sie fortrief, die immer gebieterischer sprach, die derart in ihnen wirkte, daß sie für Augenblicke außer sich waren – während ich all dies registrierte, es zu allen Stunden des Tags sah und hörte, schien ich der Entdeckung einer verborgenen Wahrheit näher als wenn sie nicht mehr zu sehen wären. Doch nun waren sie fort, und mit ihrem Wegziehen war meine letzte Entschuldigung dafür verschwunden, weiter untätig zu bleiben – an diesem Ort jedenfalls.

Ich trat aufs neue meine Reise flußaufwärts an und stattete einer etwa sechzig Meilen von der Stadt entfernten englischen Estancia einen langen Besuch ab. Ich verbrachte dort einen großen Teil meiner Zeit mit einsamen Streifzügen und kostete abermals vom »süßen und bitteren Kelch der wilden Natur.« Ihre Farbe war grau, ihre Stimmung ernst, während der Winter weiter vorrückte, und es gab nichts in dem Kelch, das die Phantasie entflammt hätte. Aber der Trunk war stärkend. Meine Ritte führten oft zu den Hügeln oder dem abgestuften Hochland außerhalb des ebenen Tals; doch meine Schilderung dieser grauen, trostlosen Einöde und ihrer Wirkung auf mich muß einem späteren Kapitel vorbehalten werden, wenn ich diesen Faden der Erzählung, obwohl er dünn ist und locker gehalten, fallen gelassen habe. In dem jetzigen und dem folgenden Kapitel werde ich mich mit den Erscheinungsbildern der Natur in dem Tal selbst befassen. Denn ich verweilte nicht allzu lang an einer Stelle, sondern während der Herbst-, Winter- und Frühjahrsmonate wohnte ich an verschiedenen Orten und besuchte die Flußmündung und angrenzende Ebenen auf beiden Ufern, zog dann wieder etwas mehr als einhundert Meilen weit flußaufwärts.

Auf dieser Strecke ändert sich das Tal nicht sehr in seinem Aussehen; man kann es als das flache, fünf oder sechs Meilen breite Bett eines früheren Flusses beschreiben, das in die Hochebene eingeschnitten ist, wobei der jetzt vorhandene Fluß – ein schneller, tiefer, zwei- oder dreihundert Yards breiter Strom – sich in seiner Mitte schlängelt. Aber er bleibt nicht in der Mitte; mit seinen Windungen nähert er sich mal im Norden mal im Süden der Hochebene und berührt an manchen Stellen die äußersten Grenzen des Tals und schneidet sogar in die wallartige Vorderseite des Hochlandes ein, welches dann über der Strömung eine schroffe Klippe bildet, die an einigen Stellen hundert Fuß hoch ist.

Der Fluß war mit Cusar-leofú oder Schwarzer Fluß von den Eingeborenen gewiß falsch benannt worden, außer die Bezeichnung bezog sich nur auf seine Schnelligkeit und seinen gefährlichen Charakter; denn seinem Aussehen nach ist er, wie sein amazonischer Namensvetter, überhaupt nicht schwarz. Das Wasser, das von den Anden aus ein Land von Stein und Kies durchfließt, ist wunderbar rein, von der Farbe hellen Seegrases. In mancher Beleuchtung wirkt es so grün, daß man, wenn man es in einem Glasgefäß schöpft, verwundert feststellt, daß es verändert ist, nicht mehr grün, sondern kristallen wie Tau- oder Regentropfen. Zweifelsohne ist der Mensch von Natur aus wissenschaftlich und findet heraus, warum Dinge nicht das sind, was sie zu sein scheinen, und kommt allen Geheimnissen auf den Grund; aber seine ältere, tiefere, ursprüngliche, immer noch fortwährende Natur ist nichtwissenschaftlich und mythisch, und, trotz Vernunft, wundert er sich über den Farbwechsel; – dieser ist ein Wunder, eine Kundgabe des geistigen Lebens und der Kraft, die allen Dingen innewohnt.

Der Fluß hat auch seine trüben Tage, obwohl es wenige sind und sie weit auseinander liegen. Als ich eines Morgens zum Wasser hinabging, war ich erstaunt, es nicht mehr so schön gefärbt wie am Vorabend vorzufinden, sondern in stumpfem Rot – rot vom Rot der Erde, die ein angeschwollener Nebenfluß hunderte von Meilen westlich in seine Strömung gegossen hatte. Diese Veränderung währt nur ein oder zwei Tage, wonach der Fluß wieder grün und rein wird.

Das Tal bot am Ende eines langen, heißen, windigen Sommers ein äußerst trockenes und verödetes Erscheinungsbild. Wie man mir sagte, hatte das Land drei Jahre lang unter Regenmangel gelitten: an manchen Stellen waren sogar die Wurzeln des trockenen, toten Grases fortgeweht worden, und wenn der Wind heftig war, hing den ganzen Tag über eine Wolke gelben Staubes über dem Tal. An solchen Plätzen starben die Schafe Hungers; den Rindern und Pferden ging es besser, da sie hinaus ins Hochland zogen, um die Büsche abzuweiden. Das Erdreich des Tals ist dünn, da es hauptsächlich aus Sand und Kies besteht, dem ein wenig pflanzlicher Humus beigemengt ist; und seine ursprüngliche Vegetation bestand aus rauhen, ausdauernden Gräsern, krautigen Sträuchern und Binsen: die Haustiere, die von den weißen Siedlern eingeführt wurden, zerstörten diese langsam wachsenden Gräser und Pflanzen und, wie es in den meisten gemäßigten, von Europäern kolonisierten Zonen der Erde geschah: die wohlriechenden, rasch wachsenden, kurzlebigen Gräser und Kleesorten der Alten Welt schossen in die Höhe und nahmen das Erdreich in Besitz. Hier jedoch hat sich, infolge der Kargheit des Bodens, des äußerst trockenen Klimas und der Heftigkeit der im Sommer vorherrschenden Winde, die neu eingeführte Vegetation nur als ein dürftiger Ersatz für die alte erwiesen und verschwand. Sie erstarkt nicht genug, um die spärliche Feuchtigkeit zu halten, sie ist zu kurzlebig, und die zarten, rasch zugrunde gehenden Würzelchen halten die Erde nicht zusammen wie die zähe, faserige Decke der alten Gräser. Die Hitze verbrennt sie zu Staub und Asche, der Wind weht sie davon, Halm und Wurzel, und mit ihr das Erdreich der Oberfläche, wobei er an manchen Stellen den gelben darunterliegenden Sand freilegt mitsamt allem, was von alters her darin begraben war. Denn diese Entblößung der Oberfläche hatte zu dem Ergebnis geführt, daß die Stätten unzähliger Dörfer der früheren Talbewohner ans Tageslicht gebracht wurden. Ich habe im Verlauf eines einstündigen Spaziergangs ein Dutzend solcher Dorfstätten besucht, so zahlreich waren sie. Wo das Dorf stark bevölkert oder eine lange Zeit über besiedelt gewesen war, bestand der Boden aus einer vollständigen Schicht aus bearbeiteten Steinen, und unter diesen Bruchstücken fand man Pfeilspitzen, Feuersteinklingen und Schaber,

Mörser und Stößel, große Rundsteine mit einer Rinne in der Mitte, Stücke aus hartem, poliertem Stein, die als Ambosse dienten, durchbohrte Muschelschalen, Scherben von Töpferwaren und Tierknochen. Mein Gastgeber äußerte eines Tages, daß das Tal in diesem Jahr nichts außer einer reichen Ernte an Pfeilspitzen hervorgebracht habe. Der Anthropologe könnte nicht ein günstigeres Jahr oder eine bessere Ernte erwünscht haben. Ich sammelte eine große Zahl dieser Gegenstände; und etwa drei- oder vierhundert von mir aufgelesene Pfeilspitzen befinden sich jetzt, wie ich glaube, in der berühmten Pitt-Rivers-Sammlung. Aber ich war übervorsichtig. Die schönsten meiner Schätze, die merkwürdigsten und schönsten Gegenstände, die ich sammeln konnte, waren größerer Sicherheit wegen gesondert verpackt worden und gingen unglücklicherweise beim Transport verloren – ein harter Schlag, der mich mehr verletzte als die Wunde, die ich am Knie bekommen hatte.

In einigen der Dörfer fand ich im Boden, nicht mehr als ein paar Yards von den früheren Standorten der Hütten entfernt, Knochenablagerungen von Tieren, die als Nahrung verwendet worden waren. Sie stammten vom Nandu, vom Guanako, Hirsch, Pekari, vom *Dolichotis* oder patagonischen Hasen, vom Gürteltier, vom Sumpfbiber oder Coipu *(Myiopotamus coypú)*, vom Viscacha *(Lagostomus trichodactylus)* und von anderen kleinen Säugetieren und Vögeln. Am häufigsten waren die Knochen des kleinen Meerschweinchens *(Cavia australis)* und des Tukotuko *(Ctenomys megallanica)*, eines kleinen Nagetiers mit den Gewohnheiten des Maulwurfs.

Eine höchst interessante Tatsache war es, daß die Pfeilspitzen, die ich in verschiedenen Dörfern aufsammelte, von zwei völlig verschiedenen Arten waren – die großen und grob gearbeiteten, die den paläolithischen

Pfeilspitzen Europas ähnelten, und die höchst vollendeten oder neolithischen Pfeilspitzen von verschiedenen Formen und Größen, die aber bei den meisten Exemplaren zwischen eineinhalb und zwei Zoll lang waren. Das waren also die Überreste der beiden großen Perioden der Steinzeit, deren letzte bis zur Entdeckung und Besiedlung des Landes durch die Europäer dauerte. Die Waffen und anderen Gegenstände der späten Periode waren am reichlichsten vorhanden und kamen im Tal vor: die gröberen, älteren Waffen wurden auf den Berghängen gefunden, dort wo der Fluß in die Hochebene schnitt. Die Stelle, wo ich die meisten von ihnen auflas, war bis zu einer Tiefe von sieben oder acht Fuß verschüttet gewesen; nur wo das Wasser nach starken Regenfällen große Mengen von Sand und Kies weggespült hatte, wurden die Pfeilspitzen zusammen mit anderen Waffen und Werkzeugen freigelegt. Diese tief vergrabenen Siedlungen waren zweifelsohne sehr alt.

Um zur modernen Arbeit zurückzukehren: ich war entzückt, in verschiedenen Dörfern Spuren von etwas wie Arbeitsteilung zu finden; von der Individualität des Arbeiters und von einem deutlichen künstlerischen und ästhetischen Geschmack. Zu diesem Schluß wurde ich durch die Entdeckung einer Siedlungsstätte bewogen, an der keine großen Rundsteine, Klingen und Schaber und keine großen Pfeilspitzen des gewöhnlichen Typus gefunden wurden. Die einzigen Pfeilspitzen an dieser Stelle waren etwa einen halben Zoll lang und wurden wahrscheinlich dazu verwendet, kleine Vögel und Säugetiere zu erlegen. Sie waren nicht nur winzig, sondern auch ganz vorzüglich gearbeitet: fein ausgezackt und ausnahmslos aus einem schönen Stein gefertigt – aus Kristall, Achat und grünem, gelbem und hornfarbenem Flint. Es war unmöglich, ein halbes Dutzend dieser Kleinode der Farbe und Handwerkskunst in der Hand zu halten und nicht zugleich von der Vorstellung erfüllt zu sein, daß Schönheit ebenso ein Ziel für den Arbeiter gewesen war wie Nützlichkeit. Zusammen mit diesen schönen Pfeilspitzen fand ich lediglich einen kleinen, sehr spitzen Dolch aus rotem Stein und mit kreuzförmigem Heft, der etwa vier Zoll lang war und so dünn und fast so wohlgerundet wie ein gewöhnlicher Bleistift.

Bei dieser Nachforschung versuchte ich manchmal, mir ein wenig das häusliche und außerhäusliche Leben der lange verschwundenen Bewohner auszumalen. Die heutigen Indianer mögen von gleicher Rasse und gleichem Blut sein, die direkten Nachfahren der Steinhandwerker in Patagonien; aber sie sind zweifelsohne so verändert und haben so viel eingebüßt, daß ihre Vorfahren sie nicht kennen oder als Verwandte anerkennen würden. Hier wie in Nordamerika hat die Berührung mit einer überlegeneren Rasse sie erniedrigt und für ihre Vernichtung gesorgt. Etwas von ihrem wilden Blut wird weiterhin in den Adern derer fließen, die ihre Stelle eingenommen haben; aber als Volk werden sie von der Erde getilgt sein, in ein paar Jahrzehnten ebenso vollständig ausgelöscht wie die Erbauer der Erdhügel im Tal des Mississippi und wie die Völker, welche die Waldstädte Yucatans und Mittelamerikas errichteten. Die früheren Menschen im patagonischen Tal waren allein mit der Natur: sie stellten ihre eigenen Waffen her und versorgten sich selbst, waren von irgendeinem äußerlichen Einfluß unberührt und wußten nichts von einer Welt jenseits ihres Tals und dem angrenzenden unbewohnten Hochland. Und doch, selbst wenn ich von diesem undeutlichen, begrenzten, flüchtigen Blick aus urteilte, den ich durch die von mir aufgesammelten Waffen und Bruchstücke auf ihr verschwundenes Leben gehabt hatte, schien es mir offenbar, daß der Geist bei ihnen nicht gänzlich untätig war und daß sie sich langsam zu einem höheren Stand vorarbeiteten.

Über diese Tatsache hinaus vermochte ich nicht zu gehen: alle Bemühungen, mehr zu erfahren oder mir mehr vorzustellen, führten, wie alle solche Bemühungen enden müssen, zum Mißerfolg. Bei einer anderen Gelegenheit, wie ich in einem späteren Kapitel zu zeigen vorschlage, kam mir die gewünschte Schau der Vergangenheit, ohne daß ich sie gesucht und erwartet hätte, und eine Zeitlang sah ich die Natur, wie der Wilde sie sieht, und wie er sie in dieser Steinzeit sah, so grübelte ich darüber, nur ohne das übernatürliche Denken, das einen so großen Raum in seinem Geist einnahm. Durch Denken können wir, meiner Überzeugung nach, keinen Fortschritt in diese Richtung machen, einfach weil wir von uns aus nicht unserer eigenen Persönlichkeit, unserer Umgebung, unserem Blick auf die Natur entrinnen können.

Nicht nur waren meine Bemühungen müßig, sondern allein schon an das Thema zu denken hatte manchmal die Wirkung, einen Schatten, etwas Melancholisches auf mein Gemüt zu senken, eine Stimmung, die dem Nachforschen höchst abträglich ist, da sie bewirkt, daß »alle Dinge ermatten und erlahmen.« In solch einer Stimmung pflegte ich mich zu einer des halben Dutzends alter Begräbnisstätten in der Nähe des Hauses, worin ich mich aufhielt, zu begeben. Am liebsten ging ich zu der größten und bevölkertsten, wo ein halber Morgen Land dicht übersät war mit zerfallenden Skeletten. Durch eingehende Suche konnte man auch hier ein paar Pfeilspitzen und Ornamente finden, die zusammen mit den Toten begraben worden waren. Und hier saß ich dann oder ging auf dem heißen, öden, gelben Sand umher – dem treulosen Sand, dem das bittere Geheimnis vor so langer Zeit vergeblich anvertraut worden war; dabei schritt ich behutsam voran, um ja nicht einen freigelegten Schädel mit meinem Fuß zu berühren, obwohl der Huf des nächsten wilden Wesens, das vorbeikam, ihn wie ein Gefäß aus zerbrechlichem Glas zerschmettern würde. Die polierte, blendend weiße Oberfläche solcher Schädel, die am längsten der Sonne ausgesetzt waren, reflektierten das Mittagslicht so vollkommen, daß ihr Anblick fast die Augen schmerzte. An Orten, wo sie in rauhen Mengen lagen, hielt ich an, um sie aufzuheben und nacheinander zu untersuchen, nur um sie behutsam wieder hinzulegen; und wenn ich manchmal einen in meiner Hand hielt, schüttete ich den gelben Sand heraus, der ihre Höhlung füllte; und wenn ich dem schimmernden Strom beim Niederfallen zusah, waren mir allein die nichtigsten der nichtigen Gedanken und Mutmaßungen zu eigen.

KAPITEL IV

Ansichten des Tals

Für eine kurze Weile zurück zu diesen Golgathas, die ich oftmals im Tal besuchte, nicht als Sammler oder Archäologe und in keinem wissenschaftlichen Geist, sondern anscheinend nur, um in traurigen Gedanken zu schwelgen. Wenn ich durch den Blick in die leere Höhlung eines dieser zerbrochenen, unbestatteten Schädel imstande gewesen wäre, wie in einem Zauberspiegel ein Bild der Welt zu sehen, wie es einst in dem lebendigen Gehirn existierte, was hätte ich dann gesehen? Solch eine Frage würde oder könnte, denke ich mir, nicht durch den Anblick eines gebleichten, zerbrochenen menschlichen Schädels in irgendeiner anderen Gegend angeregt werden. Aber in Patagonien erscheint dies nicht wunderlich oder bloß müßig oder ganz grillenhaft wie Buffons Vorstellung einer geometrischen Figur, die dem Gehirn einer Honigbiene aufgeprägt ist. Im Gegenteil kommt es einem dort als natürlich vor;

und die Antwort darauf ist einfach, und nur eine einzige Antwort ist möglich.

In der Höhlung wäre ein farbiges Band erschienen, das sich von Seite zu Seite erstreckt; mit grauen Rändern, die nach außen schwächer und blauer werden und schließlich ganz verblassen; zwischen den grauen Rändern wäre das Band grün; und längs dieses grünen Mittelbandes würde, nicht immer die Mitte einhaltend, eine gewundene, glänzende Linie erscheinen, gleich einer Schlange mit schimmernder Haut, die in Ruhe auf dem Gras liegt. Denn der Fluß muß für die Ureinwohner des Tals die eine große, zentrale, unvergeßliche Tatsache in der Natur und im Menschenleben gewesen sein. Wenn sie ursprünglich als Nomaden oder Siedler aus einem Land jenseits der Anden ihre Traditionen hierher gebracht hatten und auch ein übernatürliches System, das seine Gestalt und Farbe von einer unterschiedlichen Natur hatte, so waren diese verändert, wenn nicht gar völlig aufgelöst und fortgespült worden in diesem schnellen, ewigen, grünen Strom, an dessen Ufer die Siedler fortwährend von Generation zu Generation lebten und alle alten Dinge vergaßen. Der glänzende Fluß war immer in Sicht, und wenn sie ihm den Rücken zukehrten und aus dem Tal aufstiegen, sahen sie nur graue Trostlosigkeit – eine Öde, in der das Leben für den Menschen unmöglich war – die im blauen Dunst des Horizonts verschwamm; und jenseits davon war nichts. Auf diesem grauen Streifen, an den Rändern des unbekannten Jenseits, konnten sie nach Schildkröten suchen und ein paar wilde Tiere jagen und ein paar wilde Früchte sammeln und hartes Holz und Dornen für Waffen; und dann zum Fluß zurückkehren wie Kinder zu ihrer Mutter. Alle Dinge wurden in seinen Wassern gespiegelt, der unendliche blaue Himmel, die Wolken und die göttlichen Körper; die Bäume und das hohe Gras auf seinen Ufern und ihre dunklen

Gesichter; und genau so wie sie in ihm gespiegelt wurden, so wurde seine Strömung in ihren Vorstellungen gespiegelt. Dadurch, daß er des Flusses derart glänzendes und bleibendes Bild andauernd gesehen hatte, wäre der Greis, der durchs Alter blind geworden ist, seiner Blindheit nicht bewußt. Der Fluß bedeutete also mehr für ihn als alle anderen Dinge und Kräfte in der Natur; der Inka mochte Sonne und Blitz und Regenbogen verehren; für den Bewohner des Tals war der Fluß mehr als diese, das mächtigste Ding in der Natur, das segensreichste und sein höchster Gott.

Ich weiß es nicht und keiner kann es wissen, ob diese früheren Bewohner im Tal irgendwelche Abkömmlinge hinterließen, irgendwelche Überlebenden dieser Zeit, die mit ihrer Steinbearbeitung einige Spuren eines sich aufhellenden Geistes hinterließen. Wahrscheinlich nicht; die wenigen Indianer, die jetzt das Tal bewohnen, sind höchstwahrscheinlich neuzeitliche Siedler eines anderen Stamms oder Volks; doch überrascht es mich nicht zu hören, daß einige dieser halb zahmen, halb christianisierten Wilden nicht lange vor meinem Besuch dem Fluß einen weißen Stier geopfert hatten, den sie auf dem Ufer erschlugen und dessen warmen, blutenden Körper sie in die Strömung warfen.

Selbst die europäischen Siedler sind in ihren Seelen nicht unberührt geblieben von den besonderen Bedingungen, unter denen sie leben, und von dem Fluß, von dem sie abhängig sind. Als ich zum erstenmal diesen Gefühlszustand gewahrte, was sehr bald geschah, war ich geneigt, ein wenig darüber zu lachen, welch gewaltigen Raum der Fluß in der Vorstellung aller Menschen einnahm; doch nachdem ich ein paar Monate an seinen Ufern gelebt hatte, bedeutete er für mich kaum weniger als für andere, und ich empfand etwas wie Scham, wenn ich mich an meinen früheren Mangel an Ehrerbietung erinnerte, als ob ich einen Scherz über etwas Heiliges gemacht hätte. Und bis zum heutigen Tag kann ich an den patagonischen Fluß nicht bloß als einen der Flüsse denken, die ich kenne. Verglichen mit ihm erscheinen andere Flüsse als gewöhnlich, ohne höheren Zweck als den, Mensch und Tier mit Wasser zu versorgen und, Kanälen gleich, als Transportmittel zu dienen.

Eines Tages kam zu dem Haus, in welchem ich nahe der Stadt lebte, eine einheimische Dame zu Besuch und brachte ihre sechs reizenden, blauäugigen Kinder mit. Während wir, die Älteren, im Wohnzimmer saßen und Maté schlürften und redeten, kam einer der jüngsten, ein gescheit aussehender Junge von neun Jahren, vom Spielen herein, und, als er in meine Nähe kam, belustigte ich ihn eine Weile mit allerlei Geschichten und Erzählungen über Tiere und Vögel. Er fragte mich, wo ich lebe. Mein Zuhause, sagte ich, liege in den Pampas von Buenos Aires, weit nördlich von Patagonien.

»Ist es nahe am Fluß«, fragte er, »direkt am Ufer wie dieses Haus?«

Ich erklärte, daß es auf einer großen, grasbewachsenen, horizontalen Ebene liege, und daß es dort keinen Fluß gebe und daß ich, wenn ich zu Pferd auszöge, kein Tal hinauf und hinab reiten müßte, sondern in alle Richtungen davongaloppieren könnte – nach Norden, Süden, Osten oder Westen. Er lauschte mit einem Blinzeln in den Augen, dann rannte er mit einem fröhlichen Lachen hinaus, um sich den anderen bei ihrem Spiel anzuschließen. Es war, als hätte ich ihm gesagt, daß ich oben in einem Baum lebe, der in die Wolken wachse, oder unter dem Meer oder etwas ähnlich Unmögliches; für ihn war es lediglich ein Scherz. Seine Mutter, die dabeisaß, hatte uns zugehört, und als der Junge lachte und hinauslief, bemerkte ich ihr gegenüber, daß es für ein Kind, das in diesem Tal geboren wurde und immer dort lebe, eingeschlossen von dem dornigen, wasserlosen Hochland, unvorstellbar sei, daß Leute an anderen Orten außerhalb eines Tals und abseits eines Flusses leben könnten. Sie schaute mich mit einem verstörten Ausdruck in ihren Augen an, als ob sie versuchen würde, etwas geistig zu sehen, was ihre Augen noch nie erblickt hatten – etwas tatsächlich aus dem Nichts zu erschaffen. Sie stimmte mir mit ein paar zögernden Worten zu, und ich spürte, daß ich ins Fettnäpfchen getreten war; denn erst dann entsann ich mich der Tatsache, daß sie ebenfalls im Tal geboren worden war – als Urenkelin eines der ursprünglichen Begründer der Siedlung – und wahrscheinlich ebenso unfähig wie das Kind war, sich andere Bedingungen vorzustellen als diejenigen, an die sie immer gewohnt war.

Es beeindruckte mich, daß die Kinder hier ein sehr gesundes, glückliches Leben haben, insbesondere diejenigen, deren Zuhause in den engen Teilen des Tals liegt und die jeden Tag ins dornige Hochland wandern können auf der Suche nach Vogeleiern und anderen hübschen Dingen und nach den wilden Düften und den kleinen Abenteuern, die den ganz Jungen so viel bedeuten. Die größte Beute an Vogeleiern macht man bei denen des Rebhuhnartigen Steißhuhns *(Notoprocta perdicaria)*, des schön gefleckten und geschopften Schmucksteißhuhns *(Calodromas elegans)*, das ein Dutzend Eier legt, die so groß wie die eines Haushuhns sind und dunkelgrüne, polierte Schalen haben; und des kleineren *Nothura darwini*, dessen Eier farblich von Weinrot bis Purpurrot oder der Farbe von Leber variieren. Im Sommer und Herbst sind süße Früchte und Harze nicht selten. Ein graublättriger, krautiger Strauch ist wegen seines Saftes sehr begehrt, der aus dem Stengel quillt und zu Kügelchen und Klumpen verhärtet, die wie weißer Zucker aussehen und schmecken. Es gibt einen kleinen, scheibenförmigen Kaktus, der dicht an der Erdoberfläche wächst und gut bewehrt ist mit scharfen

Stacheln; er trägt eine wohlschmeckende, rosa-gelbe Frucht. Es gibt auch einen großen, vier oder fünf Fuß hohen Kaktus, der so dunkelgrün ist, daß er unter den fahlgrauen Büschen fast schwarz erscheint. Er trägt eine prächtige karminrote Blüte und eine karminrote Frucht, die fade ist und nicht als verzehrenswert betrachtet wird; doch da sie von so schöner Farbe ist, bietet ihr Anblick ausreichendes Vergnügen. Die Pflanze ist nicht sehr verbreitet und man sieht nicht allzu viele Früchte, selbst wenn man den ganzen Tag umherstreift:

> Wie wertvolle Steine sind sie dünn gesät.

Der Chañar trägt eine Frucht von der Größe einer Kirsche und hat, wie eine Kirsche, einen Stein im Innern; er besitzt ein weißes Fruchtfleisch und eine goldene Haut; der Geschmack ist eigentümlich und köstlich und wird anscheinend von den Vögeln höchst geschätzt, so daß die Kinder wenig davon bekommen. Eine andere Wildfrucht ist die des Chilenischen Wegdorns (*Condalia spinosa*), des dunkelblättrigen Busches, der im ersten Kapitel erwähnt wurde. Seine ovalen Beeren sind kleiner als Johannisbeeren, doch gibt es sie in solch rauhen Mengen, daß sich die ausladenden Spitzen der Büsche im Herbst in dunkle Klumpen verwandeln. Es gibt zwei Spielarten, eine karminrot, die andere purpurschwarz wie Schlehen und Brombeeren. Sie haben einen strengen, aber nicht unangenehmen Geschmack, und die Kinder sind derart versessen auf sie, daß ihre kleinen Lippen wie bei den Unschuldslämmern gänzlich befleckt und rot von dem wunderbaren Saft sind.

Die Anziehungskraft des Flusses (um zu diesem Thema zurückzukehren) wird wahrscheinlich durch die vorherrschenden Grau-, Grün- und Brauntöne der

Natur auf seinen beiden Ufern verstärkt. Er hat die mächtige Wirkung des Glanzes, der uns in den Bann schlägt, wie es der Falter tut, und das Auge wird zu ihm hingezogen wie zu einem Weg von schimmerndem Silber – das heißt von Silber unter gewissen atmosphärischen Bedingungen und von poliertem Stahl unter anderen Bedingungen. Zu gewöhnlichen Zeiten gibt es keinen anderen Glanz in der Natur, der den Blick ablenkt und die Aufmerksamkeit teilt. Nur zweimal im Jahr, für einen kurzen Zeitraum im Frühjahr und wieder im Herbst, herrscht gleichsam ein gewaltiger Schwall strahlender Farbe im Pflanzenwuchs und erfreut den Blick. Die häufigste der graublättrigen Pflanzen, die auf den Hochlanden längs der Talränder wachsen, ist der Chañar *(Gurliaca decorticans)*, der Gestalt nach ein Baum, aber der Größe nach kaum mehr als ein Busch. Im späten Oktober trägt er eine Unmasse traubenförmig angeordneter Blüten, welche in Gestalt, Größe und mit ihrer gelben Farbe der Ginsterblüte gleichen. Zu dieser Jahreszeit zeigt das Hochland längs des Tals ein seltsam fröhliches Erscheinungsbild. Nochmals gibt es Gelb im Herbst – das tiefere Gelb von Xantophyll –, wenn die Blätter der roten Weiden, die an den Flußufern wachsen, ihre Farbe zu verändern beginnen, bevor sie herabfallen. Diese Weide *(Salix humboltiana)* ist der einzige große Wildbaum in dem Land; doch ob er hier vor der Ankunft der Spanier wuchs oder nicht, weiß ich nicht. Aber als ein großer Baum von hundertjährigem, majestätischem Wuchs ist sein Dasein nun besiegelt, denn er bildet einen passenden Ruhesitz und Ausguck für die im Tal häufigen Harpyien und Grauadler und für die noch häufigeren gemeinen Geier und Geierfalken oder Caranchos *(Polybori)* und für den hoch sitzenden, edlen Schwarzzügelibis *(theristicus caudatus);* Heimstatt und Zuhause auch des magellan'schen Uhus und der gefleckten Wildkatze

(*Felis geoffroyi*); und auf einem waagrechten Ast von ihm könnte sogar der Puma bequem dreißig oder vierzig Fuß über dem Erdboden liegen. Da er weiches Holz hat, kann er ganz leicht abgesägt werden; und ist er gefällt und zu Flößen auf dem Fluß zusammengebunden, flößt man ihn stromab, um die Bewohner mit billigem Holz zum Heizen, Bauen und zu anderen Zwecken zu versorgen.

An der höchsten Stelle, die ich auf meinen Streifzügen längs des Flusses erreichte, etwa hundertzwanzig Meilen von der Küste entfernt, gab es einen sehr ausgedehnten Hain oder Wald von diesen Weiden, viele der Bäume waren sehr groß und einige aufgrund des Alters abgestorben. Ich besuchte diesen Ort mit einem englischen Freund, der etwa zwanzig Meilen weiter flußab wohnte, und ich verbrachte eineinhalb Tage damit, etwa bis zu den Hüften durch die hohen, rauhen Gräser und Binsen unter den schauerlichen, laublosen Bäumen zu stapfen, denn es war mitten im Winter. Es herrschte das schlimmste Wetter, das ich je in dem Land erlebt hatte, denn es war schneidend kalt; dazu kamen ein heftiger Wind und häufige Regen- und Graupelschauer. Aus dem üppigen Gras unten ragten die rauhen, feuchten Stämme der Bäume hoch und gerade auf wie schwarze Säulen, und auf den höheren Ästen saßen unzählige Rabengeier (*Cathartes atratus*) und warteten den ganzen fürchterlichen Tag lang auf schönes Wetter, um zur Futtersuche fortzufliegen.

Auf dem Boden tritt dieser Geier nicht vorteilhaft in Erscheinung, insbesondere wenn er sich, hin und her hüpfend, wie ein Bussard gebärdet und wenn er sich mit seinen Gefährten über einen Kadaver zankt: aber wenn er in der Höhe sitzt und sein kleiner, nackter, runzeliger Kopf und Hals und sein horniger Krummschnabel ganz deutlich abgegrenzt über der breiten schwarzen Oberfläche des gefalteten Flügels zu sehen sind, bietet er keinen üblen Anblick. Da ich kein Verlangen hatte, Geier zu jagen und sonst nichts sah, schoß ich auch nichts.

Am zweiten Tag sattelten wir kurz nach Mittag unsere Pferde und traten unseren Heimritt an; und obwohl der Wind immer noch kräftig blies und den Fluß am gegenüberliegenden Ufer in einer langen Schaumbahn aufpeitschte und in Abständen Regen- und Graupelschauer brachte, erwies sich dies als ein sehr angenehmer Ritt, einer, der in der Erinnerung alle anderen von mir unternommenen Ritte überstrahlt. Wir ritten in schnellem Galopp längs des Norufers, und nie hatte das graue Patagonien schlichter und trauriger grau ausgesehen wie an diesem Nachmittag. Der Boden hatte, außer an den Stellen, wo das Wintergras sich über ihn ausgebreitet hatte, durch den Regen, der ihn durchnäßt hatte, eine Farbe von dunklerem Braun angenommen und das buschige Hochland ein tieferes Grau als je, während der ganze gewaltige Himmel stürmisch und düster war. Doch nach einer Weile begann die sinkende Sonne durch die Spalten hinter uns zu scheinen, während vor uns auf den wilden jagenden Wolken ein Regenbogen in derart lebhaften Farben erschien, daß wir beim Anblick solcher Schönheit laut aufschrien. Denn fast eine Stunde lang ritten wir mit diesem prachtvollen Anblick immerzu vor Augen; Hain auf Hain von laublosen, schwarzrindigen Weiden zu unserer Rechten und Hügel auf Hügel, grau und dornig, zu unserer Linken, so zogen wir in unserem raschen Ritt dahin, während große Schwärme von Hochlandgänsen fortwährend vor uns aufstiegen, und ihr schrilles Pfeifen mischte sich mit feierlichen, tief brummenden Rufen; und der Bogen wässerigen Feuers war immer noch am Leben, verblaßte nun, da der flüchtige Überrest dünner und dünner wurde, dann, als er gerade im Begriffe schien zu verschwinden, erhellte sich der Bogen abermals in einer neuen und wundervolleren

Pracht und spannte und weitete sich beständig zu größeren Ausmaßen, während die Sonne tiefer am Himmel sank.

Ich glaube nicht, daß die Farben wirklich lebhafter waren als bei zahllosen anderen Regenbögen, die ich gesehen habe; ich glaube, das umfassende Grau von Erde und Himmel in dieser grauen Winterszeit, in einer Gegend, wo die Farbe von der Natur so sparsam verwendet wird, war es, was diesen so äußerst schön erscheinen ließ, so daß sein Anblick uns berührte wie Wein.

Die Augen, sagt Bacon, sind immer höchst entzückt von einer lebendigen Stickerei auf einem traurigen und düsteren Grund. Dies lehrte uns der grüne und violette Bogen auf dem schiefergrauen Dunst. Aber die Natur ist zu klug,

> Um die schöne Spitze seltener Freude abzustumpfen.

Der Tag übernatürlichen Glanzes und Prunks kommt erst nach vielen Tagen, die bloß natürlich sind und von einer neutralen Farbe. Man lauert und wartet auf ihn, und wenn er kommt, ist er wie der Tag eines großen Festes und großer Freude – der Tag, als Frieden gestiftet wurde, als unsere Liebe zurückgekehrt war, als uns ein Kind geboren wurde. Solche Anblicke sind wie bestimmte Töne, die uns nicht nur mit ihrer reinen und schönen Klangfarbe entzücken, sondern in uns Gefühle erwecken, die wir weder ergründen noch analysieren können. Sie sind vertraut, doch fremder als die fremdesten Dinge und besitzen eine Schönheit, die nicht irdisch ist, als ob ein geliebter Freund, der seit langem tot ist, als ein Verklärter vom Himmel zu uns zurückgeblickt hätte. Es kommt mir seltsam vor, daß die Inkas, soweit wir es wissen, die einzigen waren, die den Regenbogen anbeteten.

An einem Herbstabend des Jahres wurde ich nahe der Stadt Zeuge einer außergewöhnlichen und ganz herrlichen Sonnenuntergangswirkung. Der Himmel war klar bis auf ein paar Wolkenklumpen weit unten im Westen; und diese nahmen, einige Zeit nachdem die Sonne verschwunden war, lebendige und glühende Farben an, während der blaßgelbe Himmel dahinter leuchtender wurde und Flammen glich. Während ich nicht weit vom Ufer entfernt stand und westwärts über den Fluß schaute, wechselte das Wasser von Grün zu einer intensiv karminroten Farbe, die sich in beiden Richtungen so weit ausbreitete, wie das Auge reichte. Die Flut lief ab, und in der Flußmitte, wo die Wasseroberfläche durch die Strömung in Wellen aufgerauht wurde, bebte und funkelte er gleich einem karminroten Lodern, während er nahe dem gegenüberliegenden Ufer, wo Reihen hoher italienischer Pappeln ihren Schatten auf die Wasseroberfläche warfen, violett war. Diese Erscheinung währte fünf oder sechs Minuten, dann wurde das Karminrot allmählich dunkler, bis es verschwand. Ich habe oft von solch einem Phänomen gelesen und gehört, und viele Personen haben mir versichert, daß sie es »mit eigenen Augen« erlebt hätten. Aber was sie erlebt haben, das weiß man nicht. Ich habe oft gesehen, wie die Oberfläche von Wasser, des Ozeans, eines Sees oder Flusses, beim Sonnenuntergang von einer rosigen Farbe überzogen wurde; aber einige Zeit nach Sonnenuntergang zu sehen, wie die Wasser eines Flusses sich in Blut und karminrotes Feuer verwandeln, wobei diese Erscheinung währte, bis die Dämmerung nahte und Erde und Bäume durch den Kontrast schwarz wirkten, das war mir nur bei dieser Gelegenheit einmal zuteil geworden; und ich stelle mir vor, daß irgendein Fluß auf der Erde, wäre er bekannt dafür, häufig ein solches Erscheinungsbild zu bieten, ebenso berühmt werden würde wie der Chimborazo und die Niagarafälle und Pilger von weit her anzöge, die ihn sehen wollten.

Zwischen der Stadt und dem Meer, auf einer Strecke von etwa zwanzig Meilen, liegt das Tal im wesentlichen auf dem Südufer des Flusses; auf dem Nordufer kommt die Strömung dem Hochland sehr nahe und unterspült es an einigen Stellen. Ich besuchte das Meer über beide Wege und ritt auf beiden Seiten des Flusses in einem gewissen Abstand längs der Küste. Nördlich des Flusses bestand der Strand aus Kies und Sand; an ihn schlossen sich niedrige Sanddünen an, die sich endlos ausdehnten; aber auf dem Südufer, außerhalb des Tals, blickte ein schroffer, gewaltiger Steilhang auf den Ozean. Ein kleines Abenteuer, das ich mit einem Kondor hatte, dem einzigen Vogel dieser Art, den ich in Patagonien traf, wird eine Vorstellung von der Höhe dieser steilen Felswand geben. Ich ritt mit einem Freund längs der Klippe, als der majestätische Vogel auftauchte, hinabschoß und in einer Höhe von vierzig Fuß über unseren Köpfen schwebte. Mein Gefährte hob sein Gewehr und feuerte, und wir hörten das laute Prasseln des Schusses auf dem starren Gefieder der breiten, reglosen Flügel. Es besteht kein Zweifel daran, daß etwas von der Ladung in sein Fleisch gedrungen war, indes er rasch über den Rand der Klippe hinabsauste und unseren Blicken entschwand. Wir stiegen von unseren Pferden ab und, zum Rand der fürchterlichen Klippe kriechend, schauten wir in die Tiefe, konnten aber nichts von dem Vogel sehen. Wir stiegen wieder auf und ritten etwas weiter als eine Meile, bis wir, am Ende der Klippe angelangt, uns an ihren Fuß begaben und über den schmalen Sandstreifen, der bei Ebbe zutage tritt, zurückgaloppierten. Als wir die Stelle erreichten, wo der Vogel verschwunden war, bekamen wir ihn wieder zu Gesicht, wie er am Eingang einer kleinen Höhle in der Stirnseite der Felswand nahe des Gipfels saß und, in dieser Höhe erblickt, nicht größer als ein Bussard wirkte. Er war weit außer Schußweite und in Sicherheit und, falls er nicht tödlich verwundet war, konnte er sich über diese trostlose Küste schwingen und sich das nächste halbe Jahrhundert lang mit Geiern und Grauadlern um die Kadaver gestrandeter Fische und Seehunde balgen.

Nahe der Flußmündung gibt es eine kleine, flache Insel, die etwa eine halbe Meile lang ist und zum größten Teil einen dichten Bewuchs von rauhem Gras und Binsen trägt. Sie wird von einer Herde Schweine bewohnt; und obwohl der Bestand dieser Tiere nicht zunimmt, sind sie in der Lage gewesen, ihre Existenz für einen langen Zeitraum fortzuführen, ohne daß ihre Zahl sich verringerte, und dies trotz der gelegentlichen Fluten, welche die gesamte Insel überschwemmen, und trotz der Vielzahl hungriger Adler und Caranchos, die immer Ausschau halten nach versprengten Ferkeln. Als vor vielen Jahren einige Gauchos eine Herde halbwilder Kühe auf dem benachbarten Festland nahe des Strandes trieben, nahm eine Färse Zuflucht zum Wasser und es gelang ihr, zur Insel zu schwimmen, wo sie für ihren Besitzer verloren war. Etwa ein Jahr später wurde dieses Tier von einem Mann gesehen, der auf die Insel gegangen war, um Binsen zum Dachdecken zu schneiden. Die Kuh und die Schweine, etwa fünfundzwanzig oder sechsundzwanzig an der Zahl, lagen in festem Schlaf in einer kleinen Grasmulde, wo er sie fand, die Kuh war der Länge nach auf dem Boden ausgestreckt, die Schweine gruppierten sich oder eher häuften sich um sie; denn sie waren alle offenbar bestrebt, mit ihren Köpfen auf ihr als einem Kissen zu ruhen, so daß sie fast unter ihnen verborgen war. Bald gewahrte einer aus dem Getümmel, der wachsamer war als seine Gefährten, die Anwesenheit des Beobachters und gab Alarm, worauf sie alle wie ein einziges Tier aufsprangen und in einem Binsendickicht verschwanden. Die Kuh, derart dazu verurteilt, »allein, aber doch nicht allein« zu leben, wurde in der Folge zu verschiedenen Gelegenheiten von den Binsenschneidern gesehen, immer mit ihren unbändigen Anhängern, die sich wie eine Leibwache um sie scharten. Dies währte einige Jahre fort, und der Ruf der Kuh, die zur Anführerin und Königin der wilden Inselschweine geworden war, verbreitete sich nach draußen ins Tal; dann begab sich ein menschliches Wesen, das nicht »gefühlsduselig« war, mit einer geladenen Muskete zu ihrem kleinen Königreich, und es gelang ihm, sie zu finden und zu erlegen.

Entgegen dem, was uns beigebracht wurde, drängt sich uns manchmal der Gedanke auf, daß der Mensch ein wenig tiefer steht als die Tiere.

Nachdem man diese Begebenheit vernommen hat, wird man sich nicht sofort mit gutem Appetit zu gebratenem Rind oder Schweinefleisch niedersetzen.

KAPITEL V

Ein Hund in Verbannung

Auf dem englischen Landgut oben am Fluß, wo ich mich derart lange aufhielt, gab es etliche Hunde, einige von ihnen Exemplare des landläufigen Hundes, der keiner Rasse angehört und in ganz Argentinien zu finden ist: ein glatthaariges Tier, das stark in der Farbe schwankt, aber meistens rot oder schwarz ist; und auch in der Größe sehr variiert, aber meistenteils etwa so groß wie ein Schottischer Schäferhund oder Collie ist. Es gab auch ein paar andere, Hunde von guter Rasse, und diese waren besonders interessant für mich, weil sie nicht gezähmt oder irgendwie abgerichtet waren und sie auch nicht entsprechend ihrer speziellen Abstammung verwendet wurden. Sie waren sich selbst überlassen und schlugen sich mit den anderen durch, was zu einem ziemlich merkwürdigen Ergebnis führte. Der einzige unter ihnen, der sich zur Anpassung an die neuen Umstände als fähig erwiesen hatte, war ein Collie – ein schönes, reinrassiges Tier.

Der landläufige Hund kann alles und nichts; er ist ein großer Liebhaber der Jagd, aber ein schlechter Jäger; ein großartiger Gassenmeister, ein guter Wachhund und Töter von Raubzeug; ein gleichgültiger Hütehund, aber unschätzbar beim Sammeln und Treiben von Vieh. Über diese Dinge hinaus, die er sich aneignet, kann man ihm wirklich nichts Nützliches beibringen, obwohl man unter beträchtlicher Mühe imstande wäre, etwas Zierendes hinzuzufügen wie etwa Pfötchengeben und auf einen Mantel oder Stock aufzupassen, die ihm anvertraut wurden. Er ist ein Allerweltstier, Enkel des Schakals und Cousin ersten Grades des europäischen Köters und des orientalischen Streuners. Diesem primitiven oder nur leicht verbesserten Typus von Hund kommt der Collie von allen Hunderassen, die wir schätzen, vielleicht am nächsten; und wenn er auf die Natur zurückgeworfen ist, dann ist er »ganz da« und nicht gehemmt wie es der Jagdhund und andere Spielarten aufgrund tief verwurzelter besonderer Instinkte sind. Dieses Einzeltier jedenfalls schloß sich ganz von selbst dem rauhen Leben und Wirken seiner neuen Gefährten an, und durch seine Kühnheit und seine unerschöpfliche Energie wurde er ihr Anführer und Ranghöchster, insbesondere beim Jagen. Über alles liebte er es, einen Fuchs zu jagen; und wurde während eines Ritts im Tal einer aufgeschreckt, vertrieb der Collie jedesmal alle einheimischen Hunde und fing und tötete den Fuchs selbst. Wenn sich diese Hunde alle zusammen auf ein wildes Leben verlegt hätten, so glaube ich nicht, daß der Collie schlechter dabei weggekommen wäre als die anderen.

Bei den Greyhounds sah es völlig anders aus. Es gab vier, allesamt reinrassig; und da sie niemals nach draußen zur Jagd mitgenommen wurden und nicht wie der Collie an der üblichen Arbeit des Hauswesens beteiligen konnten, waren sie völlig nutzlos und gewiß keine Zierde. Als ich sie zum erstenmal bemerkte, waren sie bedauernswerte Wesen, dünn wie Skelette, so lahm, daß sie kaum gehen konnten, und überall durch Dornen verwundet und zerkratzt. Man sagte mir, daß sie auf eigene Faust ins dornige Hochland jagen gegangen seien, und dies sei das Ergebnis. Drei oder vier Tage blieben sie untätig und schliefen die ganze Zeit, außer wenn sie in die Küche hinkten, um gefüttert zu werden. Tag für Tag verbesserte sich ihr Zustand; ihre Kratzer verheilten, ihre aufgerissenen Flanken wurden glatt und glänzend, und sie erholten sich von ihrer Lahmheit; doch kaum gesundet, waren sie, bevor es bemerkt wurde, an einem Morgen verschwunden. Sie waren in der Nacht ausgebüxt, um wieder auf dem Hochland zu jagen. Sie blieben zwei Nächte und einen Tag fort, kehrten dann zurück und sahen sogar noch geschwächter und elender aus als ich sie zum erstenmal gesehen hatte; und sie erholten sich langsam von ihren Verletzungen und ihrer Erschöpfung; und als es ihnen wieder gut ging, waren sie wieder auf und davon; und so ging das während der gesamten Zeit meines Besuches in einem fort. Diese Hunde wären, hätte man sie sich selbst überlassen, bald zugrunde gegangen.

Ein weiteres Mitglied dieser etwas gemischten Hundegemeinschaft war ein Apportierhund, einer der schönsten, die ich je sah, ziemlich klein und mit einem fast vollendeten Kopf. Sein stark gelocktes Fell ließ ihn auf eine kurze Entfernung wie einen Hund wirken, der aus einem Ebenholzblock geschnitzt war, von einer Oberfläche mit fast symmetrischen Knorren. Major – so lautete sein Name – hätte gut eine Skulptur abgegeben. Er war alt, aber weder zu fett noch zu träge; manchmal ging er mit den anderen Hunden ins Freie, doch offenbar konnte er nicht Schritt halten, da er nach ein paar Stunden immer allein zurückkehrte und ziemlich trostlos aussah.

Ich hatte immer eine Schwäche für Hunde dieser Rasse; nicht wegen des Beistands, den sie mir leisteten, sondern weil ich sie für angemessenere Begleiter hielt als Hunde anderer Arten, wenn ich schon einen Hund an meiner Seite zu haben wünschte. Sie sind weder stumpfsinnig noch hektisch, aber bereit, sich in eine ruhige Stimmung zu finden und einen niemals durch andauerndes, ungeduldiges Hecheln um Beachtung zu verärgern. Ein Hund, der überschwenglich ist, viel Aufhebens macht und sich nie zurücknehmen kann, wende ich ein: er erzwingt eure Aufmerksamkeit und weist euch einen untergeordneten Platz zu: ihr seid sein Begleiter und er nicht eurer.

Majors Erscheinungsbild reizte mich von Anfang an, und er antwortete seinerseits freudig auf mein Entgegenkommen und schloß sich mir sogleich an, wobei er mir auf Schritt und Tritt folgte, als ob er fürchtete, mich auch nur für eine Minute aus den Augen zu verlieren. Mein Gastgeber warnte mich jedoch flugs davor, ihn zur Jagd mitzunehmen, da er alt und blind sei und darüber hinaus zu seltsamen Launen neige, die ihn nutzloser als nutzlos machten. Er sei früher ein hervorragender Apportierhund gewesen, teilte er mir mit, aber selbst in seinen besten Tagen hätte man ihm nicht ganz trauen können, und nun sei er nichts als hundserbärmlich.

Ich konnte kaum an die Blindheit glauben, da sie in seinen braunen, klugen und ernsten Augen nicht zu sehen war und da er immer quicklebendig schien und an allem, was um ihn herum vorging, interessiert; doch indem ich Versuche anstellte, fand ich heraus, daß er kaum weiter als sechs Zoll über seine Nase hinaus sehen konnte; aber sein Hör- und Geruchssinn waren so gut und leiteten ihn so sicher, daß niemand bei oberflächlichem Umgang seine Sehschwäche entdeckt hätte.

Danach konnte ich natürlich mit dem Apportierhund nichts mehr weiter anfangen, als ihm einen Klaps auf den Kopf zu geben und ein freundliches Wort an ihn zu richten, wann immer er mir gerade über den Weg lief. Aber das genügte dem alten Major nicht. Er war ein Hund voller Jagdlust und Energie und hatte, trotz seines Alters, einen ungeschmälerten Glauben an seine eigenen Kräfte, und wenn ein Jägersmann ins Haus gekommen war und ihm bedachtsam freundliche Beachtung geschenkt hatte, konnte und wollte er nicht glauben, daß das alles sein sollte. Tag für Tag hing er der Täuschung an, daß er mich bei meinen Spaziergängen und kleinen Jagdausflügen in die nähere Umgebung begleiten dürfe; und jedesmal, wenn ich ein Gewehr herabnahm, stürzte er unter so vielen Bekundungen der Freude und mit solch flehenden Blicken und Bewegungen von seinem Posten bei der Tür hervor, daß es mir schwerfiel, ihn zurechtzuweisen. Es war traurig, wie er da vor einem stand und zuerst ein Ohr spitzte, dann das andere und sich mühte, die hemmenden Nebel zu durchdringen, die zwischen seinen armen, kurzsichtigen Augen und meinem Gesicht lagen, um darin irgendein Zeichen des Nachgebens zu entdecken.

Offenkundig war dieser alte Major nicht glücklich, trotz allem, was er zur Beglückung hatte: obwohl er gut gefüttert und fett war und von jedermann am Ort mit der größten Freundlichkeit behandelt wurde, und obwohl alle anderen Hunde im Umkreis des Hauses mit jenem instinktiven Respekt zu ihm aufschauten, den sie stets dem ältesten oder stärksten oder gebieterischsten Mitglied zollten, war sein Herz immer unruhig und unbefriedigt. Er konnte kein untätiges Leben ertragen. Es gab in der Tat nur eine Methode, mit der er seine überschüssige Energie abreagieren konnte oder durfte. Das war dann, wenn wir zum Fluß hinabgingen, um nachmittags zu baden, und wenn wir uns (ein paar von uns) damit vergnügten, riesige Holzklötze und tote Äste in die Strömung zu werfen. Sie waren groß und schwer und wurden weit hinaus in einen der schnellsten Flüsse der Welt geschleudert, aber Major wäre lieber vierzig Mal und mehr umgekommen – hätte er vierzig Leben zum Wegwerfen gehabt – bevor er es zugelassen hätte, daß einer dieser nutzlosen Klötze verloren ging. Aber das war verschwendete Energie, und Major hätte es nicht besser wissen können, wenn er an der Königlichen Bergakademie mit Auszeichnung promoviert hätte, folglich machten ihn seine Anstrengungen im Fluß nicht glücklich. Sein Unglücklichsein fing an, mir aufs Gemüt zu schlagen, und ich verließ nie das Haus, ohne daß mich dieses stumme, flehende Gesicht noch eine Stunde danach heimsuchte, bis ich es nicht mehr ertragen konnte. Major hatte gewonnen, und seine grenzenlose Wonne und Dankbarkeit zu erleben, als ich mein Gewehr schulterte und ihn zu mir rief, war eine Freude, die viele tote Vögel wert war.

Während unserer ersten paar Expeditionen geschah nichts Bedeutsames. Major benahm sich recht ungestüm, dachte ich, aber er war folgsam und darauf erpicht, Gefallen zu erregen, und ich hatte den Eindruck, daß er zu lange vernachlässigt worden war und daß er sich bald beruhigen würde, um seinen Teil der Arbeit in einer nüchternen, geschäftsmäßigen Weise zu erledigen.

Dann kam ein Tag, an dem Major sich mit Ruhm bedeckte. Ich stieß eines Morgens auf eine kleine Schar Flamingos in einer Lagune; sie standen etwa fünfundsiebzig oder achtzig Yards vom Ufer entfernt im Wasser und dösten ruhig vor sich hin. Glücklicherweise war die Lagune von einem dichten, etwa fünfzehn Yards breiten Feld hoher Binsen gesäumt, so daß ich mich den Vögeln nähern konnte, ohne von ihnen gesehen zu werden. Im Fieber einer entzückten Erregung schlich ich mich bis zu den Binsen heran; nicht weil es in diesem Distrikt wenige Flamingos gegeben hätte, sondern weil ich bemerkt hatte, daß einer der Vögel vor mir der größte und schönste Flamingo war, auf den mein Blick je gefallen war, und ich hatte lange darauf gebrannt, mir ein ganz vollkommenes Exemplar zu verschaffen. Vermutlich zitterte meine Hand erheblich; nichtsdestoweniger stürzte der Vogel bei meinem Schuß herab; und wie rasch verwandelte sich dann die Freude, die ich empfand, in Verzweiflung, als ich auf die weite Fläche von Schlamm, Schilf und Wasser blickte, die ihn von mir trennte! Wie sollte ich je seiner habhaft werden? denn nur, wenn man sein Leben aufs Spiel setzt, wagt man sich in eine dieser langen, flußartigen Lagunen des Tals, da sich unter dem Wasser eine Schlammschicht befindet, die so weich ist wie geronnene Sahne und tief genug, um eines Riesen Grab zu sein. Ich dachte an Major, aber nicht einen Augenblick lang glaubte ich, daß er, armer Hund!, der Aufgabe gewachsen sei. Als ich feuerte, schoß er hastig nach vorn und kam vor die Wand dichter Binsen, wo er sich eine Weile hoffnungslos abmühte, und dann watete er zu mir zurück. Da gab es jedenfalls nur eines zu tun. »Dorthin, Major«, rief ich, nahm einen Lehmklumpen und warf ihn so weit ich konnte in Richtung des treibenden Vogels, und als wir den Brocken aufklatschen hörten, stürzte sich der Hund wiederum ins Wasser und vor die Binsen. Nach einer gewaltigen Anstrengung gelang es ihm, sie zu durchqueren und als er sah, daß er in tiefem Wasser war, bewegte er sich geradewegs drauflos und schwamm dann allmählich überallhin, bis er, als er von dem Vogel Wind bekam, dem Geruch folgte und das

Tier fand. Dies war der leichteste Teil der Aufgabe, da der Vogel sehr groß war, und als Major mit ihm zurück zu den Binsen gelangte, und ich hörte, wie er sie krachend und mühsam durchquerte, schnaubend und keuchend, als sei er halb erstickt, war ich sicher, daß mein Flamingo, sollte ich ihn überhaupt je bekommen, hoffnungslos beschädigt sein mußte. Schließlich tauchte er auf, derart erschöpft durch seine Anstrengungen, daß er kaum stehen konnte, und legte mir den Vogel zu Füßen. Nie hatte ich ein solch prächtiges Exemplar gesehen! Es war ein alter, äußerst fetter Hahn, der sechzehn Pfund wog, doch Major hatte ihn aus diesem Sumpf der Verzweiflung herausgebracht, ohne seinen Balg zu zerfetzen oder sein erlesen schönes, karminrotes, rosenfarbenes und leicht errötendes weißes Gefieder zu beschmutzen! Hätte er sich nicht selbst derart mit Schlamm beschmiert, hätte ich ihn aus Dankbarkeit in meine Arme genommen; doch er schien hoch zufrieden zu sein mit den Worten des Lobs, die ich ihm zukommen ließ, und in glücklicher Gemütsverfassung brachen wir heimwärts auf, wobei sich jeder sehr zufrieden mit dem anderen fühlte – und mit sich selbst.

Als ich an diesem Abend beim Feuer saß und nach dem Dinner meinen Kaffee und eine Pfeife mit dem stärksten Cavendish höchlich genoß, erzählte ich die Abenteuer des heutigen Tags, und darauf erfuhr ich von meinem Gastgeber zum erstenmal etwas von Majors Vorleben und bemerkenswerter Geschichte.

Er war von Geburt aus ein schottischer Hund und hatte früher dem Earl von Shetland gehört; und da er sich als ein äußerst geschickter und gut aussehender junger Hund erwies, hielt man eine Zeitlang große Stücke auf ihn; doch gab es einen Tropfen bösen Blutes in Majors Herz und in einem Moment der Versuchung verleitete es ihn zu Hetzjagden, wegen derer er schließlich zu einem schmählichen Tod verurteilt wurde; er entrann ihm, um ein Pionier der Zivilisation in der Wildnis zu werden und um zu zeigen, aus welchem Stoff er gemacht war – sogar in hohem Alter und als sein Augenlicht ihn im Stich gelassen hatte. Schafe zu töten war sein Verbrechen; er hatte die schnellfüßigen Cheviotschafe und die schwarzgesichtigen Schafe auf den Hügeln und Heidelandschaften gejagt; er hatte ihr Blut geschmeckt und entdeckt, daß es süß war, und der alte Wildhundinstinkt kochte in seinem Herzen. Die neue Freude nahm sein ganzes Wesen in Besitz und fegte im Nu jede Zurückhaltung beiseite. Im Grunde war das wilde Leben das einzig wirkliche Leben, und was scherte Major das, was für die meisten das größte Glück war, und was an neumodischen Vorstellungen von Arbeitsteilung, bei der ihm ein derart bescheidener Teil zugewiesen war! Sollte er ein belangloses Dasein als Apportierhund fristen und Vögel heranschleppen, die vorher von einem dämlichen Jagdhund oder Setter aufgestöbert und dann von einem Mann mit einem Gewehr erschossen worden waren – wobei der Vogel schließlich von keinem der beiden gefressen wurde; und sollte er, als Entgelt für seinen Anteil an der Arbeit, mit Leichtfutter und Hundekuchen abgespeist werden und mit Fleisch vom einem Rind, das irgendwo weit weg von einem Metzger getötet wurde? Fort mit solch komplizierten Verhältnissen! Ein derart künstliches System sollte ihn nicht ersticken; er möchte sein eigenes Schaf auf Feld und Flur töten und es roh und warm nach guter alter Art fressen und das Leben genießen, wie es gewiß jeder Hund mit Mumm schon vor tausend Jahren genossen hatte.

Dergleichen durfte auf einem gut geführten Landgut nicht gestattet werden; und da man dachte, daß Ketten und Sklaverei für einen Hund von Majors Tatendrang weniger erträglich wären als der Tod, war er von nun an zum Tod verurteilt.

Nun geschah es, daß ein Gentleman, der all dies vom Wildhüter des Earls gehört hatte, sich auf der Stelle, bevor das fürchterliche Urteil vollstreckt worden war, daran erinnerte, daß einer seiner Freunde, der gerade nach Patagonien auswanderte, ein paar tüchtige Hunde mit sich zu nehmen gedachte, und da er meinte, dieser Apportierhund würde ein annehmbares Geschenk darstellen, erbat er sich ihn. Er bekam ihn vom Wildhüter und schenkte ihn seinerseits seinem Freund, und so entging Major der Bestrafung und erreichte zur festgesetzten Zeit, nachdem er unterwegs viel gesehen und ohne Frage über vieles nachgedacht hatte, sein Ziel. Ich sagte absichtlich, daß Major wahrscheinlich eine Menge nachdachte, denn in seiner neuen Heimat gab er seiner verbrecherischen Lust auf Schafblut nicht ein einziges Mal nach; doch wann auch immer ihm die Herde über den Weg lief, was oft genug geschah, wandte er sich entschlossen beiseite und stahl sich so schnell wie möglich aus dem Bereich ihres Blökens.

Alles, was ich von meinem Gastgeber hörte, trug nur dazu bei, daß ich eine noch höhere Meinung von Major hatte, und als ich daran dachte, was er an diesem Tag vollbracht hatte, faßte ich den Gedanken, daß die ruhmreichste Periode seines Lebens gerade erst angebrochen sei, daß er nun am Beginn einer ganzen Reihe von Heldentaten stehe, im Vergleich mit denen die größten Taten aller Apportierhunde in anderen Ländern zur Bedeutungslosigkeit herabsänken.

Ich habe nun von Majors zweiter bedeutender Heldentat zu berichten, und bei dieser Gelegenheit waren die Vögel Gänse.

Die Hochlandgänse sind ein Leckerbissen, und es war unsere Gewohnheit, aus einer kalten Gans oder aus irgendwelchen Überresten der Speisekammer ein frühes Frühstück zu bereiten. Kalte, gesottene Gans und Kaffee, oftmals ohne Brot – das klingt merkwürdig, aber ich werde diese köstlichen frühen patagonischen Frühstücke nicht vergessen.

Nun waren diese Gänse, obgleich es sie zu dieser Jahreszeit in Hülle und Fülle gab, äußerst wachsam und schwierig zu erlegen; und da ihnen sonst niemand nachstellte, obwohl alle laut murrten, wenn es keine Gans zum Frühstück gab, war ich immer sehr froh, einen Schuß auf sie abzugeben, wenn ich mit dem Gewehr draußen war.

Eines Tages sah ich einen großen Schwarm, der sich auf einer niedrigen Schlammbank in einer der Lagunen versammelt hatte, und unverzüglich ging ich mit List ans Werk, um in Schußweite zu gelangen, ohne sie aufzustören. Glücklicherweise waren sie im Zustand großer Erregung und ergingen sich in einem unaufhörlichen lauten Geschrei, als ob irgend etwas, das für die Hochlandgänse höchst bedeutsam war, diskutiert würde, und in der allgemeinen Aufregung vernachlässigten sie ihre Sicherheit. Weitere Gänse kamen in kleinen Schwärmen fortwährend aus verschiedenen Richtungen herbei und verstärkten den Lärm und die Unruhe; und indem ich mich oftmals auf Händen und Knien vorwärts bewegte und über unebenen Boden kroch, gelang es mir, auf siebzig Yards an sie heranzukommen, und ich feuerte mitten in den Schwarm. Die Vögel erhoben sich mit einem gewaltigen Flügelrauschen und lärmendem Geschrei, wobei sie fünf aus ihrer Schar zappelnd in dem flachen Wasser zurückließen. Major setzte ihnen rasch nach, aber zwei von den Fünfen waren nicht ernsthaft verletzt und schwammen davon, so daß er sie nicht mehr erreichen konnte; zu den anderen wurde er durch das fürchterliche Flügelschlagen geführt, das sie in ihrem Todeskampf im Wasser vollführten; und er transportierte eine nach der anderen nicht zu seinem erwartungsvollen Herrn, sondern zu einer kleinen Insel etwa einhundertzwanzig Yards vom Strand entfernt. Kaum hatte er sie alle beisammen, begann er, zu meiner unaussprechlichen Verwunderung und Bestürzung, an ihnen zu zerren, wobei er die ganze Zeit über in einer gespielten Wut knurrte und mit der Schnauze bündelweise Federn ausriß, die er in Wolken über seinem Kopf zerstreute. Auf meine Rufe antwortete er, indem er mit seinem Schwanz wedelte und vergnügtes, lebhaftes, kurzes Bellen von sich gab, um sich dann wieder zu den toten Vögeln zu flüchten. Er schien mir zu sagen, so deutlich, als ob er Worte gebraucht hätte, daß er mich gut genug hören würde, aber nicht geneigt sei, zu gehorchen, daß er es sehr vergnüglich finde, mit den Gänsen zu spielen und vorhabe, sich nach Herzenslust zu ergötzen.

»Major! Major!« rief ich, »du gemeiner, undankbarer Hund! Ist das dein Dank für meine ganze Freundlichkeit, dafür, daß ich mich mit dir angefreundet habe, als andere schlecht von dir redeten und dich zu Hause einsperrten und dich mit geringschätziger Vernachlässigung behandelten! Oh, du miserables Tier, wie viele herrliche Frühstücke zerstörst du mit diesen schurkischen Zähnen!«

Vergebens tobte und drohte ich und sagte ihm, daß ich nie mehr mit ihm sprechen würde, daß ich ihn verprügeln würde, daß ich Hunde gesehen hätte, die für weniger erschossen wurden als für das, was er tat. Ich brüllte seinen Namen, bis ich heiser war, aber alles war zwecklos. Major kümmerte sich nicht um mein Brüllen und fuhr damit fort, an den Gänsen zu zerren. Als er schließlich seines Spiels überdrüssig wurde, sprang er unverfroren ins Wasser und schwamm zu mir zurück, während er die Gänse liegen ließ. Mit einem Stock in der Hand wartete ich auf ihn, während ich darauf brannte, Rache zu üben und den starken Vorsatz hatte, ihn genau in dem Moment, wo er mich erreichte, zu packen und zu verprügeln. Zum Glück hatte er eine lange Strecke zu schwimmen und bevor er das Land erreichte, begann ich zu überlegen, daß ich, wenn ich ihn rauh, mit Schlägen empfangen würde, niemals die Gänse bekäme – diese drei prächtigen weißen und kastanienbraunen Gänse, die zu erlegen mich soviel Arbeit gekostet hatte. Ja, ich dachte, es wird besser sein zu heucheln und diplomatisch zu sein und ihn gnädig zu empfangen, und dann wird er vielleicht überzeugt sein und zurückgehen und die Gänse holen. Mitten in diesen Plänen kam Major an und setzte sich mir gegenüber nieder, ohne sich zu schütteln, denn offenbar begann er, einige Gewissensbisse zu verspüren.

»Major«, sagte ich, indem ich mich mit einer sanften, freundlichen Stimme an ihn wandte und seinen feuchten schwarzen Kopf tätschelte, »du hast mich sehr schlecht behandelt, aber ich werde dich nicht bestrafen – ich gebe dir eine weitere Chance, alter Hund. Nun, Major, guter und gehorsamer Hund, gehe und bringe mir die Gänse.« Damit schob ich ihn sacht in Richtung Wasser. Major verstand mich und ging hinein, wenn auch in einer etwas gleichgültigen Art, und schwamm zur Insel zurück. Als er sie erreichte, ging er zu den Gänsen hinauf, prüfte sie kurz mit seiner Nase und setzte sich hin, um nachzudenken. Ich rief ihn, aber er schenkte mir keine Beachtung. Mit welch großem Bangen erwartete ich seine Entscheidung!

Schließlich schien er einen Entschluß gefaßt zu haben; er erhob sich, schüttelte sich energisch und – kann man es glauben? – begann abermals, an den Gänsen zu zerren! Er spielte nun nicht nur mit ihnen und streute die Federn umher und bellte, sondern zerbiß und zerriß sie in grausamer Weise. Als er sie so ziemlich in Stücke gerissen hatte, schwamm er wiederum zurück, aber diesmal kam er ein großes Stück entfernt von mir an Land, da er, wie ich annehme, wußte, daß ich mich jetzt partout nicht mehr sanft mit ihm unterhalten würde; und indem er sich durchs Schilf verdrückte, schlich er allein nach Hause. Als ich später das Haus erreichte, ging er mir sorgsam aus dem Weg.

Ich glaube, daß er, als er das zweite Mal zu den Gänsen ging, wirklich die Absicht hatte, sie herauszuschaffen, doch da er sie so verstümmelt sah, dachte er, daß er mich schon hoffnungslos verärgert habe, und er beschloß daher, sich die Arbeit des Schleppens zu ersparen. Das arme Tier wußte nicht, daß es als ein Zeichen der Reue verstanden worden wäre und man ihm vergeben hätte, wenn er sie geholt hätte. Aber es war unmöglich, ihm nun zu vergeben. Alles Vertrauen in ihn war ganz und gar und für immer verschwunden, und von diesem Tag an betrachtete ich ihn als ein armes, erniedrigtes Geschöpf; und wenn ich seinem abgewandten Gesicht jemals eine Zärtlichkeit zukommen ließ, so tat ich es in der Haltung eines Mannes, der einem unglücklichen Bettler auf der Straße eine Münze hinwirft; und es war eine Genugtuung für mich, daß Major zu wissen schien, was ich von ihm dachte.

Doch all dies geschah vor Jahren, und jetzt kann ich bloß mit freundlichen Gefühlen nach diesem alten, blinden Apportierhund schauen, der meine Gänse so schlecht apportierte. Ich kann sogar über mich selbst lachen, einen untilgbaren Anthropomorphismus zugelassen zu haben, indem ich mich dazu hinreißen ließ, mich an unsere gemeinsamen Abenteuer zu erinnern und sie zu beschreiben. Doch in diesem Fall ist solch ein Fehler fast entschuldbar, denn er war wirklich ein bemerkenswerter Hund, der unter anderen Hunden hervorragt, wie es ein talentierter Menschen unter seinen Mitmenschen tut. Ich bezweifle, daß irgendein anderer Apportierhund, unter solchen Umständen und durch solch ein Gebrechen behindert, diesen herrlichen Flamingo hätte apportieren können; aber zusammen mit dieser trefflichen Eigenschaft gab es die angeborene

Fähigkeit, auf Abwege zu geraten, ein jäher Rückfall ins Stadium des unverantwortlichen Wildhundes – die Schlechtigkeit, um sich an menschliche Worte zu halten, die ihn in die Verbannung geschickt hatte und ihn am Ende zu einer so interessanten und mitleiderregenden Gestalt machte.

KAPITEL VI

Der Krieg mit der Natur

Während meines Aufenthalts am Rio Negro erreichten mich Briefe und Zeitungen nur in gewaltigen Abständen. Einmal verbrachte ich ziemlich genau zwei Monate, ohne eine Zeitung zu Gesicht zu bekommen. Ich erinnere mich, daß ich am Ende dieser Zeit, als mir eine vorgelegt wurde, gierig nach ihr griff und hastig die Spalten oder eher die Schlagzeilen auf der Suche nach aufrüttelnden Nachrichten aus dem Ausland zu mustern begann und daß ich sie nach ein paar Minuten wieder hinlegte, um jemandem zuzuhören, der in dem Raum redete, und daß ich schließlich den Ort verließ, ohne überhaupt die Zeitung zu lesen. Ich nehme an, daß ich sie zuerst mechanisch ergriff, genau so wie eine Katze, selbst wenn sie nicht hungrig ist, sich auf eine Maus stürzt, die ihr über den Weg rennt. Es war einfach das Überbleibsel einer alten Gewohnheit – ein Streich, der dem Geist von der unbewußten Erinnerung gespielt wurde, vergleichbar mit dem Handeln eines Menschen, der ein ganzes Leben lang in einer Hütte gewohnt hat und der, wenn er in das Portal einer Kathedrale eintritt oder unter einem hohen Torweg geht, sich unwillkürlich duckt, um ja nicht mit der Stirn an einen eingebildeten Türsturz zu stoßen. Beim Verlassen des Raums, in dem ich die ungelesene Zeitung beiseite gelegt hatte, war ich mir bewußt, daß mich das frühere Interesse an den Angelegenheiten der Welt im allgemeinen in großem Maße verlassen hatte; doch schien der Gedanke nichts Herabsetzendes zu haben und ich war überhaupt nicht erschrocken bei dieser neu entdeckten Gleichgültigkeit, obwohl ich bis dato immer tiefes Interesse an den Zügen auf dem großen politischen Schachbrett der Welt gezeigt habe. Wie hatte ich diese fünfzig oder sechzig Tage verbracht, fragte ich mich selbst, und aus welchem Zauberkelch hatte ich den Vergessenstrunk, der eine solch große Veränderung bei mir bewirkt hatte, geschlürft? Die Antwort war, daß ich aus dem Kelch der Natur getrunken hatte, daß ich meine Tage in Frieden verbracht hatte. Es schien mir dann auch, daß die Leidenschaft für Politik, das ständige Lechzen des Geistes nach etwas Neuem, am Ende nur ein fiebriges, künstliches Gefühl ist, eine notwendige Begleitung vielleicht der Bedingungen, unter denen wir leben, von dem man sich aber rasch erholt, wenn man ihm nicht mehr Vorschub leisten kann, genau so wie ein Trunkenbold, wenn er von der Versuchung ferngehalten wird, eine gesunde Spannkraft des Körpers wiedererlangt und zu seiner Überraschung bemerkt, daß er imstande ist, ohne die Hilfe von alkoholischen Getränken zu leben. Es gehört nicht viel dazu, daß man von diesem freien und angenehmen Zustand abfällt; im letzten Fall kehrt der befreite Mann zur Flasche zurück, im ersten zum eifrigen Studium von Leitartikeln und den hitzigen Äußerungen derjeniger, welche die Politik zu ihrem Geschäft machen. Ich kann mich nicht rühmen, daß ich mich nie des Rückfalls schuldig gemacht habe; dennoch war die Lektion, welche die Natur mir in diesem einsamen Land erteilte, nicht völlig verschwendet, und solange ich in dieser Geistesverfassung war, fand ich es sehr angenehm. Ich war erfreut zu entdecken, daß die Anreize, die vielen täglichen Telegrammen und ausgiebiger Erörterung unwahrscheinlicher Aussichten abgewonnen wurden, nicht nötig waren, um mein Gemüt vor Lethargie zu bewahren. Dinge, um die ich mich bis jetzt wenig gekümmert hatte, nahmen nun meine Gedanken ein und verschafften mir eine angenehme Erregung. Wie neu und wie menschlich erschien es, ein lebhaftes Interesse an den Annalen des Dorfes zu haben, an dem häuslichen Leben, den einfachen Freuden und den Bemühungen der Menschen, mit denen ich lebte! Solch ein Gefühl kann in einem hohen Maße nur von der Seele erfahren werden, die aufgehört hat, sich über die Pläne Rußlands, die Haltung der Hohen Pforte und über das Zusammentreten oder die Auflösung von Parlamenten zu ärgern. Als die Orientalische Frage für mich ihre alte Faszination verloren hatte, entdeckte ich in der kleinen Gemeinschaft von Männern und Frauen am Rio Negro eine Welt, die groß genug war für meine Sympathien. Hier hatte mehr als ein Jahrhundert die Kolonie existiert, abgeschnitten sozusagen von aller Gemeinschaft mit anderen Christen durch hunderte Meilen Wüste, umgeben von einer großen, wasserlosen und von Dornen bewachsenen Wildnis, die nur von Pumas, Straußen und umherziehenden wilden Volksstämmen bevölkert war. In dieser romantischen Isolation verbrachten die Siedler ihr ganzes Leben, streiften in der Kindheit über das bewaldete Hochland; und hatten im späteren Leben immer nur eine einzige Wolke an ihrem ansonsten sonnenbeschienenen Horizont – die Angst vor dem Roten Mann, und waren immer bereit, zu den Waffen zu eilen und ihre Pferde zu besteigen, wenn die Kanone ihren lauten Alarm vom Fort donnern ließ.

Diese weißen Fremdlinge müssen notgedrungen einen Krieg bis aufs Messer erlebt haben – Krieg nicht nur mit den wilden Stämmen, die einen unendlichen Groll gegen die Räuber ihres Erbes hegen, sondern auch Krieg mit der Natur. Denn wenn der Mensch beginnt, den Boden zu bebauen, Haustiere einzuführen und eine größere Anzahl von Wildtieren zu töten als er zur Ernährung braucht – und der zivilisierte Mensch muß all dies tun, um die Bedingungen zu schaffen, die er für seine Existenz als notwendig erachtet –, dann stellt er sich in diesem Augenblick der Natur entgegen und hat danach durch sie zahllose Drangsale zu erdulden. Nachdem der Siedler ein Jahrhundert in dem Tal gewohnt hat, hat er seine Position so gefestigt, daß er nicht mehr daraus vertrieben werden kann. Fünfundzwanzig Jahre früher war es immer noch für einen großen Kaziken möglich, in die Stadt zu galoppieren, mit seinem silbernen Harnisch zu klirren und seine Lanze zu schwingen, um unter lauten Rachedrohungen seinen noch nicht bezahlten jährlichen Tribut an Vieh, Messerklingen, Indigo und Koschenille einzufordern. Nun ist der Geist des Roten Mannes gebrochen; an Zahl und Mut nimmt er ab. Während des letzten Jahrzehnts sind die Wüstenstätten reichlich mit seinem Blut bewässert worden und in nicht allzu langer Zeit wird die alte Blutrache vergessen sein, denn er wird aufgehört haben zu existieren.

Die Natur, jedoch nun ohne seine Hilfe, hält immer noch den Zwist aufrecht, führt die Elemente ins Feld, samt Vogel, Tier und Insekt, damit sie gegen den verhaßten weißen Störenfried antreten, dessen Lebensweise nicht mit ihrem Weg in Einklang steht.

Es gibt die tierischen Widersacher. Pumas machen die Siedlung unsicher. Zu allen Jahreszeiten suchen ein paar dieser scheuen, aber zugleich kühnen Räuber die Flußufer heim, doch im Winter kommt eine sehr große Zahl magerer und hungriger Einzeltiere vom Hochland herab, um Schafe und Pferde zu schlagen, und es ist äußerst schwierig, ihnen bis in ihre Schlupfwinkel in den dornigen Dickichten, die das Tal überragen, nachzuspüren. Man sagte mir, daß nicht weniger als hundert

Pumas im Jahr von den Schäfern und Herdenbesitzern getötet würden. Die Verwüstungen durch Heuschrekken sind weitaus umfangreicher. Im Sommer ritt ich oftmals über Meilen von Land, wo sie durch ihre Masse die Erde buchstäblich mit einem Teppich überzogen; in Wolken stiegen sie vor mir auf und machten mit ihren Flügeln ein Geräusch wie das Brausen eines Windes. Man sagte mir, es sei immer das gleiche; jedes Jahr erschienen sie an der gleichen Stelle im Tal, um die Ernten und Weideplätze zu zerstören. Ferner gab es dort Vögel vieler Arten und in hellen Scharen. Für einen unbeschäftigten Jäger, dem das Land schnurz ist, war das ein Paradies. An einer Stelle bemerkte ich, daß sämtlicher Weizen vernichtet war, die meisten Halme waren entblößt und geknickt und boten ein höchst merkwürdiges Erscheinungsbild; ich war überrascht, von dem Besitzer der verwüsteten Felder zu hören, daß die Schuldigen in diesem Fall die Wasserhühner gewesen waren. Tausende dieser Vögel kamen jede Nacht vom Fluß herauf, und trotz allem, was er zu tun vermochte, um sie zu verscheuchen, gelang es ihnen, sein Getreide zu vernichten.

Zu beiden Seiten der langen, zerstreut liegenden Siedlung breitet sich die unbewohnte Wüste aus – unbewohnbar in der Tat, denn sie ist ohne Wasser und hat einen unfruchtbaren, kieseligen Grund, der bloß eine dornige Vegetation von zwergwüchsigen Bäumen hervorbringt. Sie dienen jedoch für Myriaden geflügelter Geschöpfe als Brutplatz; und keine Jahreszeit vergeht, ohne daß sie ihre hungrigen Legionen der einen oder anderen Art ins Tal hinabschicken. Während meines Aufenthaltes waren Tauben, Enten und Gänse die größten Feinde der Farmer. Als die Zeit der Aussaat begann, kamen die Tauben *(Columba maculosa)* in hellen Scharen, um das Korn aufzufressen, das hier breitwürfig gesät wird. Auf manchen Farmen machte man den

Versuch, sie zu erschießen und zu vergiften, während auf anderen Hunde abgerichtet wurden, um die Vögel vom Acker zu jagen; doch trotz all dieser Maßnahmen wurde die Hälfte der Saat, die man der Erde anvertraut hatte, aufgefressen. Wenn das Getreide voll ausgereift und zur Ernte bereit war, kamen die braunen Gänse *(Dafila spinacauda)* zu Millionen, um sich an den Körnern gütlich zu tun. Früh im Winter war die Ankunft der wandernden Hochlandgans *(Chloephaga magellanica)* gefürchtet. Es ist kaum möglich, sie von den Feldern fernzuhalten, wenn der Weizen jung ist oder gerade zu sprießen beginnt; und ich habe oftmals Schwärme dieser Vögel gesehen, die in aller Ruhe direkt im Schatten jener flatternden Vogelscheuchen fraßen, die zu ihrer Abschreckung aufgestellt waren. Noch größeren Schaden sogar fügen sie dem Weideland zu, wo sie oft so zahlreich auftreten, daß sie die Erde von dem zarten, jungen Klee entblößen und so die Schafe ihrer einzigen Nahrung berauben. Auf manchen Gütern waren berittene Jungen beschäftigt, welche die Ebenen absuchten und die Schwärme mit lautem Brüllen vertrieben; aber ihre Bemühungen waren ganz nutzlos; frische Armeen von Gänsen strömten fortwährend auf ihrem Weg nach Norden herein und machten aus dem Tal einen gewaltigen Lagerplatz, bis kaum ein Grashalm für das zugrunde gehende Vieh blieb.

Aus einem Abstand betrachtet, in behaglichen Heimen, wird dieser Kampf des Menschen mit den zahllosen zerstörerischen Kräften der Natur immer als der große Nachteil beim freien Leben des Siedlers betrachtet – der bittere Tropfen im Kelch, der seinen Geschmack verdirbt. Das ist eine falsche Vorstellung, obwohl sie gewiß von den meisten, die wirklich in diesen Kampf verwickelt sind und es wissen sollten, als wahr aufrechterhalten würde. Dies ist merkwürdig, aber nicht unerklärlich. Unsere Auffassungen insgesamt werden im Hinblick auf viele Dinge abgewandelt und verändert, während wir im Leben voranschreiten, und die Erfahrung weitet sich aus, aber in den meisten Fällen finden die alten Ausdrucksformen immer noch Verwendung. Wir nennen schwarz weiterhin schwarz, weil uns dies beigebracht wurde und weil wir es immer schwarz nannten, obwohl es nun purpurn oder blau oder andersfarbig erscheinen mag. In der Kinderstube, von Lehrern und aus Büchern, die hinter dem Ofen geschrieben wurden, lernen wir eine Art entmannter Sprache, und sie hat uns zu dienen. Sie erweist sich als falsch, aber ihr Falschsein wird vielleicht nie deutlich erkannt; die Natur emanzipiert uns und die Empfindung verändert sich, aber über diese Sache gab es nie ein bewußtes Nachdenken, und das Denken ist unbestimmt. Man hört jemand von den Mühen und Stürmen seines frühen oder früheren Lebens erzählen, und ohne Einspruch nimmt er den Ausdruck von Sympathie und Mitleid von seinen Zuhörern entgegen; doch er weiß in seinem Herzen, obschon sein Hirn vernebelt sein könnte und es im allgemeinen auch ist, daß dieses genau die Dinge waren, die ihn anregten, daß sein Leben ohne Würze gewesen wäre, wenn er sie entbehrt hätte. Für den gesunden Menschen oder für den Menschen, dessen männliche Instinkte noch nicht in den künstlichen Bedingungen, in denen wir leben, zum Verschwinden gebracht worden sind, ist ein gewisser Streit, wenn nicht körperlicher, so doch geistiger Art, wesentlich fürs Glück. Es ist ein Grundsatz der Natur, daß nur durch Streit Stärke aufrechterhalten werden kann. Sobald irgendeine Spezies dem enthoben ist oder zu sehr beschützt wird, setzt Degeneration ein. Doch für den Zustand der tieferstehenden Tiere, was ihre relative Trägheit oder Lebhaftigkeit betrifft, interessieren wir uns nicht. Es ist angenehm, daß man glauben kann, daß sie alle in gewissem Sinne glücklich sind, obwohl es schwer zu glauben ist, daß sie im selben Grade glücklich sind. Das Faultier zum Beispiel, jenes im Übermaß beschützte Säugetier, schmiegt sich in tiefem Schlaf an seinen Ast, während die Wildkatze sich selbst schützen muß und immer und ewig alle ihre natürlichen Anlagen scharf und blank poliert halten muß. Im Hinblick auf den Menschen, der die Fähigkeit hat, sich selbst zu analysieren und in seiner eigenen Vorstellung alle Vorstellungswelten zu sehen, liegt der Fall ganz anders, und es ist wichtig für uns, die Wahrheit zu kennen. Viele, sehr viele Seiten, Kapitel und sogar Bücher mögen über dieses Thema geschrieben worden sein, aber zum Glück ist es nicht notwendig, sie zu schreiben, da jeder leicht die Wahrheit aufgrund seiner eigenen Erfahrung ausfindig machen kann. Diese wird ihm sagen, was ihn letztendlich am meisten befriedigte – die rauhen oder die angenehmen Tage in seinem Leben; und was den höchsten Wert hatte – das Wohl, für das er kämpfte, oder das, was ihm auf eine andere Weise zufiel. Selbst als ein Kind oder als ein kleiner Junge, vorausgesetzt diese frühen Jahre wurden unter recht natürlichen Bedingungen verbracht, dienten die Schläge und blauen Flecken und Kratzer und Stiche durch aufgebrachte Hummeln, die er erlitt, einzig dazu, einen Geist anzustacheln, dem etwas von bewußter Kraft und Glück innewohnte; und darin war das Kind der Vater des Mannes. Aber das Thema, das mich nun besonders interessiert, ist das Leben des Siedlers in einem neuen und rauhen Gebiet; und es scheint, daß die größten, die echtesten und, in vielen Fällen, die einzigen Freuden einer solchen Existenz gewöhnlich als Leiden geschildert werden; und man mag mich entschuldigen, wenn ich bei diesem Thema in einiger Ausführlichkeit verweile.

Wenn Mills Lehrsatz stimmt, daß unser ganzes Glück aus Täuschung erwächst, daß das Leben für denjenigen, der die Dinge zu sehen vermag, wie sie sind, eine unerträgliche Last ist, dann mag es nur als eine grausame Freundlichkeit erscheinen, dem Emigranten die Warnung ins Ohr zu flüstern: »Das, was du ausziehst zu suchen, wirst du nicht finden.«

Das heißt nicht, daran sei erinnert, daß er nicht das Glück finden wird, das wie Regen und Sonnenschein, obschon in bescheidenerem Maße, allen Menschen gleich zukommt; es wird nur gesagt, daß er die besondere Form des Glücks, nach der er Ausschau hält, nie erlangen wird. Aber man braucht nicht bange zu sein, die Warnung zu flüstern oder gar hinauszuposaunen, denn, dies sei zuvor bemerkt, er wird sie ohnehin nicht glauben oder ihr lauschen. Sein Sinn ist fest auf die drei herrlichen Gewinne gerichtet, die ihn in die Ferne locken – Abenteuer, Ruhm, Gold. Diese hellen und schimmernden Äpfel sind vielleicht zu Hause ebenso alltäglich wie in der Fremde und werden ebenso leicht geerntet; aber der junge Enthusiast, der fünf- oder zehntausend Meilen entfernte Küsten durch sein geistiges Teleskop überblickt, sieht sie offenbar an viel niedrigeren Ästen hängen und stellt sich vor, daß er sich nur über den Ozean befördern muß, um sie zu pflücken. Um diese Metapher fallen zu lassen: das Abenteuer an einem solch entlegenen Ort wird alltäglich sein wie die Luft, die er atmet und verschafft ihm nebenbei so viel stärkendes Vergnügen, während er vorwärts kommt, um sich anderer, befriedigenderer Dinge zu bemächtigen. Von dem gewandten Verstand, dem wackeren Gemüt und den willigen Händen, die für die Bewohner der britischen Inseln kennzeichnend sind, wird er sich gewiß bald deutlich unterscheiden können – durch jenes hübsche Stückchen Ordensband, das die meisten Menschen allzu bereitwillig tragen.

Dies ist jedoch nur eine Sache von zweitrangiger Bedeutung; der Hauptgewinn wird immer das gelbe

Metall sein. Da er weiß, wie viel man mit ihm zu Hause, wo es sehr hoch geschätzt wird, anstellen kann, wird er sich bis zu seiner Rückkehr mit einem reichlichen Vorrat eindecken. Über die genaue Art und Weise, auf dem es zu beschaffen ist, wird er sich keine Sorgen machen, bis er sein Ziel erreicht. Es wird ihm vielleicht durch geschäftliche Kanäle zufließen; in den meisten Fällen hält er es für angenehmer, es in gediegenem Zustand während der Spaziergänge draußen im Wald aufzulesen. Die einfältigen Eingeborenen, immer bereit, einer ausgefallenen Neigung zu willfahren, werden ihm helfen, es einzusammeln; und es schließlich, gegen eine kleine Aufmerksamkeit in Form von bunten Perlen und Taschenspiegeln, in großen Säcken und Körben zum Ort der Einschiffung befördern. Das soll nicht heißen, daß der Einwanderer in allen Fällen seine besondere Täuschung in solchen strahlenden Farben malt; mag er auch sein Bild abtönen, bis es farblich mit seiner persönlichen Schöpfung übereinstimmt – so wird es dennoch ein Traum und ein Trugbild bleiben. Weder an diesen Dingen, die er nie erlangen wird, noch indem er sich dem Traum weiter hingibt, wird er seine Freude finden, sondern an etwas ganz anderem.

Ich spreche nicht von dem großen Prozentsatz von Einwanderern, die dazu verurteilt sind, überhaupt keine Freude und kein Gedeihen zu finden. Dem Jüngling von leidenschaftlichem, großzügigen Charakter, der in einer fernen Stadt angekommen ist, wo alle Menschen frei und gleich sind und man nicht die steifen Konventionen der Alten Welt kennt, fällt es vielleicht am schwersten zu glauben, daß sich keine Hand ausstrecken wird, um ihn aufzuheben, wenn er ausgleitet; daß sobald er diese gewöhnlichen Worte ausspricht: »Ich bin mit meinem Latein am Ende«, unverzüglich alle die lächelnden Gesichter um ihn herum wie durch Zauberhand verschwinden werden; daß die paar Sovereigns, die überhaupt in seiner Tasche bleiben, wie eine Kette sind, die jeden Tag um ein Glied gekürzt wird und ihn von einem schrecklichen Schicksal zurückhält ... Verweilen wir nicht länger an dieser moralischen Schädelstätte, sondern folgen wir diesem klugen und mutigen Jüngling, der, das Gesicht vom Mantelkragen umhüllt, unversehrt die giftige Atmosphäre des Anlegeplatzes durchquert und Tausende Meilen forteilt, wo auch immer

>Vor ihm wie eine blutrote Flagge

der Traum flattert und glänzt, der ihn in die Ferne lockt. Und nun am Ende seiner Reise kommt die Wirklichkeit, um ihn mit groben Händen anzufassen und ihn rauh zu schütteln. Bevor er sich ganz von diesem Schock erholt hat, verharrt diese rote Fahne nicht, auf die seine verträumten Augen so lange gestarrt haben, sondern wandert immer weiter, um schließlich wie eine Sonnenuntergangswolke am fernen Horizont zu verschwinden. Er vermißt sie dennoch nicht besonders. Das Wirkliche geht ihm oft durch den Kopf. Wenn ein Mann gegen die Wellen ankämpft, erforscht er nicht neugierig die vor ihm liegende Landschaft und klagt, daß es dort keine prächtigen Blumen auf den Bäumen gebe. Neue Erfahrung tritt an die Stelle verschwundener Träume, die, wie Wasserlilien, nur auf stehenden Teichen blühen. Hier gibt es keine der unzähligen Hilfsmittel, um die Behaglichkeit zu gewährleisten, die er von der Kindheit her gewohnt war und die er fast als spontane Erzeugnisse der Erde betrachtete; hier ist keine Hand, um hundert notwendige Dienste auszuführen, so daß dieser verwöhnte Herr gezwungen ist, sich seine Stiefel selbst zu wichsen, seine Ochsen oder Pferde selbst zu zähmen und vor den Pflug zu spannen, seinen Hammel selbst zu schlachten und zuzubereiten.

Es gibt tatsächlich nichts hier außer der rauhen Natur, die sich dagegen sträubt, unterworfen zu werden; während er, um sie zu unterwerfen und seine eigenen Bedingungen zu schaffen, nur ein paar weiche, schwache Hände zur Verfügung hat.

Wie hart ist dann das Los des Siedlers für einen, der frisch aus der weichen und reibungslosen Zivilisation kommt und nicht an Handarbeit gewöhnt ist! Hinter ihm liegen körperliches Behagen und schöne Träume; vor ihm liegt die Aussicht auf lange Jahre unermüdlicher, harter Plackerei; und jeder Tag macht ihn mehr und mehr unfähig zu einer Rückkehr zum sanften Leben der Vergangenheit; während sonst nichts dabei herausspringt, als daß er genügend Nahrung zum Stillen seines Hungers haben wird und einen primitiven Schutz vor extremer Hitze und Kälte, vor den Sturzbächen des Winterregens und den blendenden Staubwolken des Sommers. Ja, er ist glücklich. Für die verschwundenen beträchtlichen Bequemlichkeiten gibt es einen Ausgleich, der seine rauhe Existenz mit einem schönerem Glanz vergoldet als dem irgendeiner Hoffnung auf künftigen Wohlstand, die er immer noch im Sinn behalten mag. Von dem Augenblick an, da der Siedler in die Wüste aufgenommen ist, hat er das Gefühl, in einen Widerstreit verwickelt zu sein; und es gibt keinen damit vergleichbaren Gefühlszustand, der es vermöchte, einen Mann zur Anstrengung all seiner Kräfte zu veranlassen und ihm ein gesundes und dauerhaftes Interesse am Leben einzuflößen. Diesem Gefühl gesellt sich der Zauber der Neuheit hinzu, bewirkt durch diese endlose Folge von Überraschungen, welche die Natur für den Pionier bereithält – eine Erfahrung, die dem ländlichen Leben in Gegenden unbekannt ist, die schon lange bewirtschaftet wurden. Je größer die Nachteile und Schwierigkeiten sind, auf die man trifft, desto stärker tragen sie diesen Zauber in sich, und werden sie seiner beraubt, haben sie nur noch halbe Kraft, so daß der Mut sinkt.

Der junge Enthusiast, der in London hurtig Lebewohl sagt und sich um seine Ausrüstung kümmert, wird vielleicht darüber lachen, denn sein Trugbild ist ihm immer noch lieb und wert. Doch ich will ihn nicht entmutigen; ich will ihm im Gegenteil von einem Rinnsal reinen Wassers erzählen, dort draußen, wo er hingeht, wo er, viele künftige Jahre lang, sich jeden Tag erfrischen wird und lernen wird zu fühlen (wenn nicht gar zu denken und zu sagen), daß dies das lieblichste Bächlein ist, das es gibt.

Das ist rauhes Auskommen mit der unbearbeiteten oder nur teilweise bearbeiteten Natur, doch darin liegt eine wunderbare Faszination. Die geduldige, schwerfällige, aber immer gehorsame Packeselin, die klaglos weitertrottet, obgleich sie oft mit verdrießlichem Gesicht bei der Arbeit ist – Tag für Tag, Jahr für Jahr; die sich nie auflehnt, nie gegen ihren schlimmen männlichen Aufseher murrt, obwohl ihr manchmal die Kraft so sehr versagt, daß sie die zugewiesene Arbeit nicht ausführen kann – dies ist die Natur zu Hause in England. Wie seltsam, dieses schwerfällige, unwandelbare Geschöpf jenseits der Meere in ein unberechenbares, launenhaftes Wesen verwandelt zu sehen, das man nicht gänzlich beherrschen wird, eine schöne, eigensinnige Undine, die einen mit ihrer Ursprünglichkeit erfreut und die am liebreizendsten ist, wenn sie am meisten neckt; ein Wesen der Extreme, stets lachend oder weinend, abwechselnd Tyrann und Sklave; die heute das Werk von gestern zerschmettert; die jetzt mit Freude mehr tut als von ihr verlangt wird; bald die tollwütige Füchsin, die ihre tückischen Zähne in die Hand gräbt, die sie schlägt oder liebkost. All diese raschen, unfaßbaren Wechsel, selbst wenn sie für unsere Pläne höchst störend und zerstörerisch sind, beschäftigen unseren Geist und rufen Hunderte verborgener Energien hervor, deren Entdeckung eine Freude ist. Aber man hat noch nicht alle ihre Tiefen ausgelotet; und wenn man ihr oftmaliges fröhliches Lächeln sieht, kann man sich nicht vorstellen, wie lang ihr grimmiger Groll sie hinreißen kann. Manchmal, als ob sie zu jähem Wahnsinn durch die Schändlichkeiten angetrieben wäre, denen man sie aussetzt – auf ihre Bäume einzuhauen, ihr wie ein Kissen ruhendes Erdreich umzustülpen und ihr Gras und ihre Blumen niederzutreten – hüllt sie sich selbst in ihre finsterste, schrecklichste Erscheinung und, wie eine schöne Frau, die in ihrer Wut keinen Blick für ihre Schönheit hat, reißt sie ihre stattlichsten Bäume mit den Wurzeln heraus und, indes sie das Erdreich gar von der Erde schaufelt, wirbelt sie es empor, um dem Himmel in eine schrecklichere Düsternis zu hüllen. Und wenn die Dunkelheit nicht entsetzlich genug ist, entzündet sie das gewaltige Chaos, das sie geschaffen hat, in einer Lohe unerträglichen Lichts, während die feste Welt durch ihren zornigen Donner in ihren Grundfesten erschüttert wird. Wenn Zerstörung anscheinend im Begriffe ist, über den Menschen und all seine Werke hereinzubrechen, wenn man niedergeworfen am Boden liegt und in äußerster Angst bereit ist unterzugehen, seht, dann haben sich die wechselnden Launen und die wütende Leidenschaft erschöpft, und es ist keine Spur mehr von ihnen vorhanden, wenn man aufschaut, einzig um ihrem friedlichen, beruhigenden Lächeln zu begegnen. Diese erhabenen Stimmungen sind jedoch nicht häufig und bald vergessen; der Mensch beginnt allmählich, die Drohungen einer Katastrophe geringzuschätzen, die nie eintritt, und zieht abermals aus, die alten Bäume niederzustrecken, den Boden umzustülpen und seine Herden auf ihrem Gras und ihren Blumen zu weiden. Er wird das wilde Wesen zuletzt unterwerfen, doch noch nicht; viele Jahre wird er sich abmühen, um ihre alte liebliche Vormacht in Dienst zu nehmen; er kann nicht auf einen Schlag die alte Ordnung verändern, an der sie hartnäckig hängt, wie der Rote Mann an seinem wilden Leben. Ihr Versuch, den Menschen zu erschrecken, ist fehlgeschlagen. Er lacht über ihre Schreckensmaske – er weiß, daß es nur eine Maske ist; und diese erstickt sie und kann nicht mehr ertragen werden. Sie wird sie abwerfen und auf andere Weise mit ihm kämpfen. Sie wird sich seinem Joch beugen und gefügig sein, nur um ihn am Ende zu verraten und zu besiegen. Tausend seltsame Listen und Überraschungen wird sie ersinnen, um ihn zu piesacken. In hundert Gestalten wird sie in seinen Ohren summen und sein Fleisch mit Stacheln stechen; sie wird mit dem Duft von Blumen seinen Ekel erregen und ihn mit süßem Honig vergiften; und wenn er sich zur Ruhe niederlegt, wird sie ihn mit der plötzlichen Erscheinung eines Paars lidloser Augen und einer flatternden, gespaltenen Zunge aufschrecken. Er streut die Saat aus und wenn er Ausschau hält, ob die grünen Spitzen erscheinen, tut sich die Erde auf und, seht, eine Armee langköpfiger, gelber Heuschrecken kommt hervor! Sie, die unsichtbar neben ihm ging, hatte ebenfalls ihre wundersame Saat zusammen mit ihm ausgestreut. Er wird nicht von ihr zerschmettert werden: er tötet ihre gestreiften und gefleckten Geschöpfe; er legt ihre Sümpfe trocken; er verzehrt ihre Wälder und Prärien durch Feuer, und ihre wilden Wesen gehen in Myriaden zugrunde; er überzieht ihre Ebenen mit Viehherden und läßt Kornfelder wogen und Obstgärten mit fruchttragenden Bäumen. Sie verbirgt ihren bitteren Zorn in ihrem Herzen, heimlich geht sie in der Dämmerung des Tages hinaus und stößt auf den Hügeln in ihre Trompete, um ihre unzähligen Kinder ihr zur Hilfe zu sammeln. Sie ist in schwerer Bedrängnis und bittet ihre Kinder, die sie lieben, zu kommen und sie zu befreien.

Und untätig kann man sie nicht nennen. Von Norden und Süden, von Osten und Westen kommen sie in Heeren kriechender Wesen und in Wolken, die den Himmel verdunkeln. Mäuse und Grillen schwärmen in den Feldern; Tausende von frechen Vögel reißen seine Vogelscheuchen in Stücke und tragen die Strohfüllung weg, um ihre Nester zu bauen; jedes grüne Ding wird verschlungen; die Bäume, ihrer Rinde beraubt, stehen wie große weiße Skelette auf den kahlen, verödeten Feldern, zerbrochen und versengt von der erbarmungslosen Sonne. Wenn der Mensch verzweifelt ist, kommt Errettung; Hungersnot befällt die mächtige Schar seiner Feinde; sie fressen sich gegenseitig auf und gehen ganz und gar zugrunde. Immer noch ist er am Leben, um seinen Verlust zu bejammern; um immer noch zu kämpfen, unbezwungen und entschlossen. Sie bejammert ebenfalls ihre verlorenen Kinder, die nun, da sie tot sind, nur dazu dienen, den Boden fruchtbar zu machen und ihrem unversöhnlichen Feind neue Kraft zu verleihen. Und auch sie ist unbezwungen; sie trocknet ihre Tränen und lacht wieder; sie hat eine neue Waffe entdeckt, für die er lange Zeit braucht, um sie ihren Händen zu entwinden. Aus vielen kleinen, bescheidenen Pflanzen macht sie die mächtigen schädlichen Kräuter; sie sprießen in seinen Fußstapfen, folgen ihm überallhin und nehmen seine Felder wie Schmarotzer in Besitz, saugen ihre Feuchtigkeit auf und töten ihre Fruchtbarkeit ab. Überall, wie durch ein Wunder, wird der Mantel üppiger, grüner, schädlicher Blätter ausgebreitet, wird mit prächtigen Blumen überhäuft, die nur bittere Samen und giftige Früchte hervorbringen. Er kann sie morgens abschneiden, und in der Nacht werden sie wieder wachsen. Mit ihrem geliebten Unkraut kann sie seine Tatkraft ermüden und sein Herz brechen; sie wird ruhig in einiger Entfernung sitzen und lachen, während er des hoffnungslosen Kampfes müde wird; und wenn er schließlich bereit ist, zu ermatten, wird sie wiederum ausrücken und auf den Hügeln in ihre Trompete stoßen und ihre zahllosen Kinder bitten zu kommen und anzugreifen und ihn vollständig zu zerstören.

Dies ist kein bloßes Phantasieporträt, denn die Natur selbst saß dafür in der Wüste Modell, und es wurde in echten Farben gemalt. Dieses ist der Widerstreit, zu dem der Siedler aufbricht – Widerstreit, so vielfältig in seinen Geschicken, so voll großer und plötzlicher Wechselfälle, die von seiner Seite so viel Wachsamkeit und Strategie erfordern. Wenn die Träume, mit denen er sich auf den Weg macht, nie verwirklicht werden, ist er in dieser Hinsicht nicht schlechter daran als andere. Für einen, der in der Ebene geboren wurde und aufwuchs, ist die ferne Gebirgskette immer eine Region der Verzauberung; wenn er sie erreicht, ist der Glanz dahin; die opalisierenden Farbtöne und die blauen, ätherischen Schatten des Mittags, die violetten Farben des Sonnenuntergangs sind verschwunden. Außer einem ungeschlachten Gewirr aufgetürmter Felsen gibt es danach nichts mehr; doch obwohl es nicht das ist, was er erwartet hatte, zieht er schließlich die Rauheit des Gebirges der Eintönigkeit der Ebene vor. Der Mann, der seinen Lebensweg dadurch beendet, daß er von seinem Pferd stürzt oder weggerissen wird und ertrinkt, wenn er einen angeschwollenen Fluß durchwatet, hat in den meisten Fällen ein glücklicheres Leben als der verbracht, der in einem Kontor oder Speisezimmer an Schlagfluß stirbt; oder der, welcher das Ende findet, das Leigh Hunt so unendlich schön vorkam (und was mir so unaussprechlich hassenswert erscheint): sein weißes Gesicht auf das offene Buch vor sich sinken zu lassen. Gewiß war sein Überdruß der Welt gegenüber geringer gewesen, und man hat nie gehört, wie er über die Nichtigkeit aller Dinge wimmerte und schluchzte.

KAPITEL VII
Leben in Patagonien

Von dem geifernden Krieg, der im letzten Kapitel beschrieben wurde, mit Wolken von geflügelten Wesen als Hauptfeind, wollen wir wieder zu jenem ernsteren Widerstreit mit feindlichen Menschen zurückkehren, in den die isolierte kleine Kolonie während des Jahrhunderts ihrer Existenz so oft verwickelt worden war. Ich möchte eine Episode aus ihrer ereignisreichen Geschichte erzählen, denn in diesem Fall hatte sich der Patagonier einmal einem ausländischen und zivilisierten Feind zu widersetzen. Die Geschichte ist, selbst in den romantischen Annalen Südamerikas, so seltsam, daß sie fast unglaublich erscheint. Die Haupttatsachen sind jedoch in historischen Dokumenten zu finden. Die hier wiedergegebenen Einzelheiten wurden den Lippen von Personen abgelauscht, die am Ort leben und die von Kindheit an mit der Geschichte vertraut waren.

Sehr früh in diesem Jahrhundert erlangten die Brasilianer die Überzeugung, daß sie im argentinischen Staat einen entschiedenen Gegner ihrer aggressiven und räuberischen Politik hatten, und viele Jahre lang führten sie Krieg gegen Buenos Aires und boten alle ihre schwachen Kräfte in Einsätzen zu Land und auf See auf, um ihren lästigen Nachbarn zu zerschmettern, bis sie 1828 schließlich den Streit aufgaben. Während dieses Kriegs hatten die Kaiserlichen die Idee, die patagonische Siedlung El Carmen zu erobern, von der sie wußten, daß sie ganz ungeschützt war. Drei Kriegsschiffe wurden mit einer großen Zahl von Soldaten ausgesandt, um diese unbedeutende Eroberung auszuführen, und sie erreichten den Rio Negro zur festgesetzten Zeit. Eines der Schiffe kam auf der Sandbank vor der Flußmündung, die sehr problematisch ist, zu Schaden; und dort wurde es schließlich ein vollständiges Wrack.

Den beiden anderen gelangt es, sicher in den Fluß zu kommen. Die Truppen in der Stärke von fünfhundert Mann wurden an Land gesetzt und losgeschickt, um die Stadt, die zwanzig Meilen vom Meer entfernt liegt, einzunehmen. Gleichzeitig fuhren die Schiffe flußaufwärts, obwohl kaum angenommen wurde, daß ihre Mitwirkung erforderlich wäre, um einen so schwachen Ort wie Carmen zu erobern. Zum Glück für die Siedler hatte die kaiserliche Armada Schwierigkeiten mit der Navigation, und eines der Schiffe fuhr etwa auf halbem Wege zur Stadt auf eine Sandbank; das andere bewegte sich allein weiter, einzig, um dann anzukommen, als mit der Landstreitmacht schon alles vorbei war. Da diese Streitmacht feststellte, daß sie ihren Marsch unmöglich in Nähe des Flusses fortsetzen konnte, und zwar aufgrund der steilen Hügel, die von Tälern und Schluchten unterbrochen wurden und mit einem dichten Wald von Dornsträuchern bedeckt waren, war sie zu einem Umweg gezwungen, der sie mehrere Meilen vom Wasser entfernte. Die Nachricht von der nahenden Armee erreichte bald El Carmen, und alle wehrfähigen Männer, die man herbeirufen konnte, ließ man rasch im Fort antreten. Ihre Zahl belief sich nur auf siebzig, aber die Patagonier waren entschlossen, sich zu verteidigen. Frauen und Kinder wurden ins Fort geschafft; Gewehre wurden geladen und in Stellung gebracht; dann hatte der Kommandant einen glücklichen Einfall, und alle kräftigen Frauen wurden dazu gebracht, sich in Männerkleidung auf den Wällen zu zeigen. Soldatenattrappen, die man in aller Eile aus Holzklötzen, Kissen und anderen Materialien zusammenbastelte, wurden auch ab und zu aufgestellt; so daß die in Sicht gekommenen Brasilianer überrascht waren, vor sich auf den Wällen vier- oder fünfhundert Mann zu sehen, wie sie meinten. Von dem erhöhten Gelände hinter der Stadt, wo sie haltgemacht hatten, überblickten sie den Fluß mehrere

Meilen weit, aber die erwarteten Schiffe waren noch nicht in Sicht. Der Tag war drückend heiß und wolkenlos gewesen, und dieser Marsch von etwa dreißig Meilen durch die wasserlose Wüste hatte die Männer erschöpft. Wahrscheinlich hatten sie während der Fahrt an Seekrankheit gelitten; jedenfalls waren sie nun irre vor Durst, ausgelaugt und nicht in einer angemessenen Verfassung, um eine offenbar derart stark verteidigte Stellung anzugreifen. Sie beschlossen, sich zurückzuziehen und ein oder zwei Tage zu warten und dann im Verein mit den Schiffen den Ort anzugreifen. Zur Freude und Verwunderung der Patagonier wich ihr fürchterlicher Feind, ohne einen Schuß abzufeuern. Ein weiterer glücklicher Einfall kam dem Kommandanten zu Hilfe, und sobald die Brasilianer hinter der Erhebung verschwunden waren, wurden seine siebzig Mann eilig ausgeschickt, um alle im Tal weidenden Pferde zu sammeln und ins Fort zu bringen. Als die Eindringlinge etwa drei oder vier Stunden auf ihrem mutlosen Rückweg waren, war der Donner unzähliger Hufe hinter ihnen zu vernehmen, und als sie zurückschauten, gewahrten sie eine große Armee, die einen Angriff auf sie unternahm, wie sie sich in ihrem Entsetzen vorstellten. Das waren ihre siebzig Feinde, über einen gewaltigen Halbmond verteilt, in dessen Einbuchtung über tausend Pferde in einer wahnsinnigen Geschwindigkeit dahingetrieben wurden. Die Brasilianer empfingen ihren Pferdefeind mit einer Musketensalve; aber obwohl viele Pferde getötet oder verwundet wurden, drängten die gellenden, wahnwitzigen Schreie der Treiber sie immerzu weiter und, vor Panik blind, trampelten sie in ein paar Augenblicken die Eindringlinge nieder. Unterdessen feuerten die Patagonier in das wirre Gemenge von Pferden und Menschen; und durch einen einzigartigen Glücksfall – zur damaligen Zeit hielt man es für ein Wunder – wurde der Kommandeur der kaiserlichen Truppen durch eine verirrte Kugel erschossen; dann warfen die Männer ihre Waffen nieder und ergaben sich auf Gnade und Ungnade – fünfhundert disziplinierte Soldaten des Kaiserreichs den siebzig armen Patagoniern, zumeist Farmern, Händlern, Handwerkern. Jene verhungernden Kerle, die mit schäumenden Mündern nach Wasser anstatt um Gnade winselten, gereichten dem Kaiserreich nur zu sehr geringer Ehre. Nachdem sie ihre Musketen über die Ebene verstreut liegen ließen, waren sie als Gefangene hinab zum etwa vier Meilen entfernten Fluß marschiert und erreichten ihn just an einer Stelle, wo das Ufer zwischen dem Papageienfelsen einerseits und dem Haus, in dem ich wohnte, andererseits schräg abfällt. Wie eine vor Durst wahnsinnig gewordene Viehherde stürzten sie ins Wasser, trampelten sich in ihrer Eile gegenseitig nieder, so daß viele erstickten, während andere, von der hinter ihnen wogenden Menge zu weit nach vorne getrieben, durch die Strömung weggerissen wurden und ertranken. Als sie zur Genüge getrunken hatten, wurden sie wie Vieh nach El Carmen getrieben und im Fort eingeschlossen. Abends erschien das Schiff vor der Stadt und, da es dem Ufer auf der gegenüberliegenden Seite zu nah kam, lief es auf Grund. Die Männer im Schiff wurden schnell von dem Unglück in Kenntnis gesetzt, das über die Landstreitmacht hereingebrochen war; unterdessen begannen die entschlossenen Patagonier, die sich zwischen den Bäumen auf dem Ufer verborgen hatten, das Deck mit Musketenkugeln zu beschießen; die Brasilianer sprangen, entsetzt um ihr Leben bangend, ins Wasser und schwammen an Land; und als sich die Dunkelheit herabsenkte, krönten die Siedler ihr tapferes Tagwerk mit der Einnahme des kaiserlichen Kriegsschiffs *Itaparica*. Zweifelsohne war es bald in Stücke zerrissen, da gutes Baumaterial am Rio Negro ziemlich teuer war; ein Teil des Wracks liegt jedoch immer noch im Fluß, und oftmals, wenn bei Niedrigwasser diese alten braunen Spanten wie die trostlosen fossilen Rippen eines gigantischen Ungeheuers aus dem Pliozän über die Wasseroberfläche ragten, bin ich aus meinem Boot gestiegen und stellte mich auf sie, wobei ich ein Gefühl großer Genugtuung empfand. So war die schreckliche Wolke des Kriegs geplatzt, und durch Beherztheit und List und die Bereitschaft, im richtigen Augenblick anzugreifen, bewahrte sich die kleine Kolonie vor der Schande, von dem niederträchtigen Kaiserreich der Tropen erobert zu werden.

Während meines Aufenthaltes in dem Haus neben der Papageienklippe war einer meiner Nachbarn, für den ich ein großes Interesse hegte, ein Mann namens Sosa. Er war für eine fast übernatürliche Sehschärfe berühmt, hatte eine große Erfahrung mit dem wilden Leben im Grenzgebiet und war in den Zeiten des Indianerkriegs stets als ein Kundschafter beschäftigt. Er war auch ein berüchtigter Pferdedieb. Seine Neigungen zum Pferdediebstahl waren unausrottbar; und man mußte ihn, wegen seiner Nützlichkeit, weitgehend gewähren lassen. Er war in der Tat ein Fuchs, angeheuert, um in den Zeiten der Gefahr als Wachhund für die Kolonie zu wirken; und obwohl die Opfer seiner zahlreichen Diebstähle stets eifrig darauf bedacht waren, persönliche Rache an ihm zu üben, hatte ihn sein füchsischer Scharfsinn bis jetzt befähigt, ihnen allen zu entrinnen. Mein Interesse an ihm erwuchs aus der Tatsache, daß er der Sohn eines Mannes war, dessen Name in der argentinischen Geschichte eine Rolle spielt. Sosas Vater war ein ungebildeter Gaucho – ein Mann der Ebenen –, der mit derart scharfen Sinnen ausgestattet war, daß seine Fertigkeiten des Hörens und Sehens und sein Richtungssinn auf den eintönigen Pampas gewöhnlichen Wesen fast wunderbar vorkamen. Da er auch andere Eigenschaften besaß, die einem Anführer von Menschen in einer halbwilden Region angemessen waren, stieg er mit der Zeit zum Führer des südwestlichen Grenzgebietes auf, wo ihm seine zahlreichen Siege über die Indianer ein so großes Ansehen verliehen, daß der Neid des Diktators Rosas – des Neros von Südamerika, wie er von seinen Feinden genannt wurde – geweckt wurde, und auf sein Betreiben wurde Sosa mittels eines Gifttranks beseitigt. Der Sohn, obwohl er in jeder anderen Hinsicht ein degeneriertes Wesen war, erbte seines Vaters wunderbare Sinnesschärfe. Ein Beispiel seiner Scharfsichtigkeit, von dem ich hörte, machte auf mich einen sehr wunderlichen Eindruck. 1861 hatte Sosa es für klug gehalten, eine Jahreszeit über aus der Kolonie zu verschwinden, und in der Gesellschaft von fünf oder sechs weiterer Gauchos – ebenso Gesetzesbrecher, die zur Wüste Zuflucht genommen hatten – vergnügte er sich längs des Rio Colorado mit der Straußenjagd. Am 12. März kampierten die Jäger neben einem Wäldchen von Weiden im Tal, und als sie gegen neun Uhr dieses Abends rings ums Feuer saßen und ihr Straußenfleisch brieten, sprang Sosa plötzlich auf und hielt einige Augenblicke lang seine geöffnete Hand hoch über seinen Kopf. »Es weht kein Windhauch«, rief er aus, »doch die Blätter der Bäume zittern. Was kann dies bedeuten?« Die anderen starrten auf die Bäume, konnten aber keine Bewegung sehen und fingen an zu lachen und ihn zu verspotten. Bald darauf setzte er sich wieder hin, da er bemerkte, daß das Beben aufgehört hatte; aber während des weiteren Abends schien er äußerst verstört. Er äußerte mehrmals, daß ihm in seiner bisherigen Erfahrung solch eine Sache noch nie passiert sei, denn, so sagte er, er könne einen Windhauch verspüren, bevor die Blätter ihn verspürten, und es hätte keinen Wind gegeben; er fürchtete, daß es ein warnendes Anzeichen sei für irgendein Unglück, das ihre Gruppe plötzlich überraschen werde.

Das Unglück war nicht für sie bestimmt. An diesem Abend, als Sosa entsetzt aufsprang und auf die Blätter wies, die den anderen regungslos erschienen, ereignete sich das Erdbeben, das die ferne Stadt Mendoza zerstörte, die bei ihrem Einsturz zwölftausend Menschen zu Tode quetschte. Daß sich die unterirdische Welle nach Osten zur Plata und südlich nach Patagonien hinein ausdehnte, wurde später bekannt, denn in den Städten Rosario und Buenos Aires blieben die Turmuhren stehen und in Carmen und am Rio Negro wurde ebenfalls eine leichte Erschütterung verspürt.

Da mein Gastgeber, der mit Vornamen Ventura hieß, von Geburt ein Patagonier war und nicht weit über fünfzig Jahre zählte, mußte er, wie ich mir vorstellte, Tausende erzählenswerter Dinge gesehen haben, und ich bestürmte ihn häufig, etwas von seinen frühen Erfahrungen in der Siedlung zu erzählen. Doch irgendwie ließ er sich gleichbleibend in Reminiszenzen an Liebesabenteuer und Kartenspiele treiben, von denen zumindest einige auf ihre Weise interessant waren, doch war es nicht die Art von Erinnerungen, die ich zu hören wünschte. Das Reich seiner Affekte war zwischen Cupido und Karten aufgeteilt; und offenbar war alles, was er in fünfzig ereignisreichen Jahren gesehen oder erfahren hatte und was nicht in irgendeiner Verbindung mit diesen beiden Gottheiten stand, glattweg vergessen – von ihm weggeworfen wie die Kippen der unzähligen Zigaretten, die er sein ganzes Leben lang geraucht hatte. Einmal jedoch kam ihm ein wirklich interessantes Abenteuer aus seiner Knabenzeit zufällig in den Sinn. Eines Abends kehrte er von Carmen, wo er den Tag verbracht hatte, nach Hause zurück und während des Abendessens erzählte er mir folgende Geschichte.

Als er etwa sechzehn Jahre alt war, wurde er eines Tages mit vier anderen – drei Burschen wie er und einem Mann mittleren Alters namens Marcos, der sie beaufsichtigte – mit einer Herde von Pferden losgeschickt, die an einem Ort fünfundzwanzig Meilen flußaufwärts zum Einsatz beim Militär angefordert wurden. Denn zu dieser Zeit hatte jeder auf Wink und Ruf des Kommandanten der Kolonie zur Verfügung zu stehen. Auf dem halben Weg zu ihrem Ziel gab es einen Korral oder Viehpferch, der zwei- oder dreihundert Yards vom Fluß, aber meilenweit von jeder Behausung entfernt lag. Sie trieben ihre Tiere in den Korral und als sie gerade, nachdem sie die von ihnen gerittenen Tiere abgesattelt und freigelassen hatten, frische Pferde einfangen wollten, da erspähten sie eine Schar Indianer, die einen Angriff auf sie unternahmen. »Folgt mir, Jungs!« rief Marcos, denn es war keine Zeit zu verlieren, und sie stürmten zum Fluß davon und warfen beim Laufen ihre Kleider ab. Binnen kurzem waren sie im Wasser und schwammen um ihr Leben, während die Schreie der Wilden ihnen in den Ohren schallten. Der Fluß war an dieser Stelle etwa achthundert Fuß breit, hatte eine starke Strömung, und zwei der Burschen wagten es nicht, ihn zu durchqueren, sondern entkamen, indem sie wie ein Paar Wasserratten oder verwundete Enten unter dem Schatten des Ufers entlangtauchten und entlangschwammen, und sie versteckten sich schließlich in einiger Entfernung in einem Schilffeld. Die anderen, die von Marcos angeführt wurden, schwammen, da sie wie die meisten Patagonier gute Schwimmer waren, beherzt zu dem gegenüberliegenden Ufer. Aber als sie sich ihm näherten und sich zu beglückwünschen begannen, daß sie entkommen waren, sahen sie sich plötzlich einer weiteren Gruppe berittener Indianer gegenüber, die ein paar Yards hinter dem Ufersaum standen und ruhig ihre Ankunft abwarteten. Sie machten kehrt und schwammen wieder zur Flußmitte: jetzt begann einer von ihnen, ein junger Kerl namens Damian, auszurufen, daß er müde würde und versänke, wenn Marcos ihn nicht retten würde. Marcos sagte, er solle sich selbst retten, wenn er es könnte; Damian, der ihm erbitterte Vorwürfe wegen seiner Selbstsucht machte, erklärte, daß er zu dem Ufer, von dem er losgeschwommen sei, zurückkehren und sich den Indianern ausliefern werde. Natürlich machten die anderen keinen Einwand, da sie außerstande waren, ihm zu helfen; und daher verließ Damian sie, und als die Indianer ihn nahen sahen, stiegen sie von ihren Pferden ab und kamen zum Ufer hinunter, die Lanzen in ihren Händen. Natürlich wußte Damian sehr wohl, daß sich Wilde selten mit einem männlichen Gefangenen belasten, wenn sie sich gerade auf dem Kriegspfad befinden; doch er war ein gescheiter Junge, und obwohl der Tod durch Erdolchen schmerzvoller war als der Tod durch Ertrinken, gab es immer noch die geringe Chance, daß seine Häscher Mitleid mit ihm haben könnten. Von dem Moment an, wo er seine Kameraden verließ, begann er tatsächlich, sie um Gnade anzuflehen. »Indianer! Freunde! Brüder!« rief er laut vom Wasser aus. »Tötet mich nicht: im Herzen bin ich ein Indianer wie ihr selbst und kein Christ. Meine Haut ist weiß, ich weiß; aber ich hasse meine eigene Rasse, ihnen zu entrinnen war immer mein einziges Verlangen gewesen. Mit den von mir geliebten Indianern in der Wüste zu leben, das ist mein einziger Herzenswunsch. Verschont mich, Brüder, nehmt mich mit euch, und ich werde euch mein ganzes Leben lang dienen. Laßt mich mit euch leben, mit euch jagen, mit euch kämpfen – besonders gegen die verhaßten Christen.«

In der Flußmitte hob Marcos sein Gesicht und lachte heiser, als er diese beredte Ansprache hörte; obwohl er erwartete, den armen Damian im allernächsten Augenblick von Speeren durchbohrt zu sehen, konnte er nicht umhin zu lachen. Sie schauten zu, wie er ankam und immer noch laut um Gnade rief, wobei er sie durch seine rhetorischen Fähigkeiten hochgradig in Erstaunen versetzte, denn Damian hatte bis dato von dieser Art von Begabung kein Aufhebens gemacht. Die Indianer faßten ihn bei den Händen und zogen ihn aus dem Wasser, gingen dann mit ihm, indem sie ihn umringten, zum Korral, und von diesem Augenblick an verschwand Damian aus dem Tal; denn bei einer später veranstalteten Suche nach ihm konnten nicht einmal seine von Geiern und Füchsen sauber abgenagten Gebeine gefunden werden.

Nachdem sie ihren Kameraden zum letzten Mal gesehen hatten und sich mit äußerster Anstrengung über Wasser hielten, wurden Marcos und Ventura durch die rasche Strömung flußabwärts getragen, bis sie ein Eiland in der Flußmitte erreichten. Mit dem Treibholz, das sie auf ihm fanden, bauten sie ein Floß, wobei sie die Hölzer mit langen Grashalmen und Binsen miteinander verbanden, und auf diesem trieben sie stromabwärts zu dem bewohnten Teil des Tals und entkamen schließlich auf diese Weise.

Der Grund, weshalb mir mein Gastgeber diese Geschichte anstelle seiner üblichen Liebesintrigen oder Spielerabenteuer erzählte, war der, daß er Damian an eben dem Tag wiedergesehen hatte, als er gerade zu der Siedlung zurückkehrte, wo ihn jedermann schon seit derart langer Zeit vergessen hatte. Daß er dreißig Jahre lang der Sonne und dem Wüstenwind ausgesetzt war, das hatte ihn derart gebräunt, außerdem hatte er sich in Verhalten und Sprache dermaßen einem Indianer angeglichen, daß der arme Amateurwilde zunächst Schwierigkeiten hatte, seine Identität nachzuweisen. Seine Verwandtschaft war jedoch arm gewesen und schon lange verstorben, ohne ihm etwas als Erbe zu hinterlassen, so daß es keinen Grund gab, seine seltsame Geschichte in Zweifel zu ziehen. Er erzählte, daß die Indianer, als sie ihn aus dem Wasser zogen und zurück zu dem Korral trugen, untereinander uneins waren, was sie mit ihm tun sollten. Zum Glück verstand einer von ihnen Spanisch und übersetzte den anderen den Inhalt von Damians Rede, die er vom Wasser aus gehalten hatte. Als sie ihren Gefangenen verhörten, erfand er viele weitere Lügen, sagte, daß er ein armer Waisenjunge sei und daß die grausame Behandlung, der er durch seinen Herrn ausgesetzt war, ihn zu dem Entschluß gebracht habe, sich zu den Indianern zu flüchten. Die einzige Empfindung, die er seiner eigenen Rasse gegenüber habe, so versicherte er ihnen, sei die unendlicher Feindseligkeit; und er war willens zu geloben, daß er stets zu einem Überfall auf die christliche Siedlung bereit sei, wenn sie nur erlaubten, daß er sich ihrem Stamm anschlösse. Die gesamte weiße Rasse durch Feuer und Stahl weggefegt zu sehen, sei in der Tat die lang gehegte Hoffnung seines Herzens. Ihre wilde Brust wurde durch seine mitleiderregende Erzählung der Leiden gerührt; seine Rachegefühle wurden für echt gehalten, und sie nahmen ihn zu ihrer Heimstatt mit, wo er an den einfachen Freuden der Eingeborenen teilhaben durfte. Sie gehörten einem damals sehr mächtigen Stamm an, der einen Distrikt namens Las Manzanas bewohnte – das heißt: das Apfelland –, der an den Quellen des Rio Negro in der Nähe der Anden gelegen ist.

Es gibt eine Überlieferung, wonach kurz nach der Eroberung Südamerikas ein paar mutige Jesuitenpriester von Chile aus die Osthänge der Anden überquerten, um den dortigen Stämmen das Christentum zu predigen, und daß sie Landwirtschaftsgeräte, Korn und Samen europäischer Früchte mit sich führten. Die Missionare fanden bald den Tod, und alles, was von ihrer Arbeit unter den Heiden blieb, waren ein paar Apfelbäume, die sie gepflanzt hatten. Diese Bäume trafen auf einen Boden und ein Klima, die derart günstig waren, daß sie sich bald spontan zu vermehren begannen und überaus zahlreich wurden. Sicher ist jetzt, daß nach zwei oder drei Jahrhunderten der Vernachlässigung durch den Menschen diese wilden Apfelbäume immer noch hervorragende Früchte hervorbringen, welche die Indianer essen und aus denen sie auch ein vergorenes Getränk machen, das sie *chi-chi* nennen.

In diese entfernte fruchtbare Region wurde Damian mitgenommen, um die Art von Leben zu führen, die er zu lieben vorgab. Hier waren Hügel, Wald und ein klarer, schneller Fluß, große, wellige Ebenen, die angenehmen Weidegründe von Guanako, Strauß und Wildpferd; und jenseits von allem im Westen die gewaltige Gebirgskette der Kordillieren – ein Reich der Bezauberung und stets wechselnder Schönheit. Sehr bald jedoch, als der Reiz des Unbekannten in diesem neuen Leben nachließ, samt dem dabei empfundenen Frohlocken, dem grausamen Tod entronnen zu sein, verzehrte allmählich geheimer Kummer sein Herz, und er sehnte sich wieder nach seinem eigenen Volk zurück. Flucht war unmöglich: seine wahren Gefühle zu offenbaren, hätte ihn einem sofortigen grausamen Tod anheimgegeben. Sich sanft der wilden Lebensart zu fügen, zumindest nach außen, das war nun seine einzige Möglichkeit. Mit fröhlicher Miene zog er aus zu langen Jagdexpeditionen mitten im Winter, war den ganzen Tag bitterer Kälte und heftigen Sturmwinden und Hagel ausgesetzt, wurde von seinen Jagdgenossen für seine Ungeschicklichkeit verflucht und geschlagen; nachts streckte er seine schmerzenden Glieder auf dem feuchten, steinigen Boden aus, zusammen mit der groben Wolldecke, die man ihm als einzige Bekleidung zu tragen erlaubte. Wenn die Jäger kein Glück hatten, war es der Brauch, ein Pferd zur Ernährung zu schlachten. Das armselige Tier wurde dann zuerst an seinen Hinterbeinen hochgezogen und von den Ästen eines großen Baumes herabgehängt, so daß man das ganze Blut auffangen konnte, denn dies ist die Hauptdelikatesse des patagonischen Wilden. Eine Arterie am Hals wurde dann geöffnet und das heraussprudelnde Blut in großen irdenen Gefäßen aufgefangen; wenn sich dann die Wilden rund um den Schmaus versammelt hatten, pflegte der arme Damian mit ihnen seinen Anteil der abscheulichen Flüssigkeit zu trinken, die heiß vom Herzen des noch lebenden Tieres war. Im Herbst, wenn die Äpfel in Mulden vergoren wurden, die in die Erde gegraben und mit Pferdehäuten ausgekleidet wurden, um den Saft vorm Versickern zu bewahren, nahm er, da er ein richtiger Wilder wurde, an den großen jährlichen Trinkgelagen teil. Die Frauen gingen dann zuerst herum und sammelten sorgsam alle Messer, Speere, Bolas und andere Waffen ein, die in den Händen betrunkener Männer gefährlich waren, und trugen sie in den Wald fort, wo sie sich mit den Kindern verbargen. Dann gaben sich die Krieger tagelang den Freuden des Rauschs hin; und zu solchen Zeiten bekam der unglückliche Damian eine gewaltige Portion von Spott, Schlägen und Flüchen ab; denn die Indianer waren in ihrer Trunkenheit voll unbändiger Freude oder brutal und mochten es vor allen Dingen, wenn sie einen *Kokó-huinché* oder »weißen Narren« als Zielscheibe hatten.

Als er schließlich ins Mannesalter kam, fließend ihre Sprache sprach und äußerlich in allen Dingen wie ein Wilder war, wurde ihm eine Frau zur Ehe gegeben, und sie gebar ihm sieben Kinder. Er hatte erlebt, wie diese als Heranwachsende oder als erwachsene Männer plötzlich wegstarben, getötet wurden oder sich davonmachten; Kinder, die Damian immer als ein zum Mann gewordenes Mitglied des Stammes kannten, und man vergaß, daß er jemals ein Christ und ein Gefangener gewesen war. Mit seiner Gattin neben sich, die Decken und Kleider für ihn webte und für seine Bedürfnisse sorgte – denn das Indianerweib ist stets fleißig und die geduldige, willige, liebevolle Sklavin ihres Herrn – und mit all seinen jungen Barbaren, die vor seiner Hütte auf dem Gras spielten, pflegte er dennoch von Sorgen bedrückt im schwindenden Sonnenlicht zu sitzen und träumte die alten Träume, die er nicht aus seinem Herzen verbannen konnte. Und als schließlich seine Frau runzlig und dunkelhäutig zu werden begann, wie es eine indianische Mutter mittleren Alters stets tut, und als seine Kinder Männer wurden, ließ ihn die in seiner Brust nagende Unzufriedenheit den Entschluß fassen, den Stamm und das Leben, das er insgeheim haßte, zu verlassen. Er schloß sich einer Jagdgesellschaft an, die in Richtung der Atlantikküste zog, und nachdem er ein paar Tage mit ihnen unterwegs war, kam seine Gelegenheit, und dann verließ er sie heimlich und machte sich allein nach Carmen auf.

»Und da ist er«, schloß Ventura, als er die Geschichte mit unverhohlener Verachtung für Damian in seiner Stimme erzählt hatte, »ein Indianer und sonst nichts! Denkt er sich etwa, er kann ewig wie einer von uns sein, nachdem er dreißig Jahre lang dieses Leben gelebt hat? Wenn Marcos am Leben wäre, würde er lachen, sähe er den zurückgekehrten Damian mit gekreuzten Beinen auf dem Boden sitzen, feierlich wie ein Kazike, braun wie altes Leder, und sich selbst als einen weißen Mann bezeichnen! Doch jetzt sagt er, er möchte bleiben und hier unter Christen möchte er sterben. Narr, warum ist er nicht vor zwanzig Jahren abgehauen oder warum ist er jetzt, nachdem er so lange in der Wüste gewesen war, dorthin zurückgekehrt, wo er nicht gebraucht wird!«

Ventura war nicht sehr mitempfindend und schien keine freundlichen Gefühle mehr für seinen früheren Waffengefährten zu haben, aber ich war von der Geschichte, die ich vernommen hatte, gerührt. Es war etwas Ergreifendes im Leben dieses armen zurückgekehrten Wanderers, der ein Fremdling nun für seine eigenen Mitbürger war, heimatlos inmitten angenehmer Weingärten, Pappelhaine und alter Steinhäuser, wo er das Licht der Welt erblickt hatte; und er lauschte den Glocken der Kirche, wie er ihnen in der Kindheit gelauscht hatte, und vielleicht wurde ihm zum erstenmal in einer dumpfen, undeutlichen Weise klar, daß es für ihn nie mehr so sein würde wie in der verschwundenen Vergangenheit. Möglich auch, daß die Erinnerung an seine unzivilisierte Gattin, die ihn viele Jahre lang geliebt hatte, seinem seltsamen isolierten Leben noch etwas Bitternis hinzufügen würde. Denn weit entfernt in ihrem alten Zuhause würde sie immer noch auf ihn warten, vergebens hoffend, unter großer Furcht, vor Kummer und langem Ausschauhalten trüben Blicks, ohne je aus dem geheimnisvollen Nebel der Wüste seine Gestalt zu ihr zurückkehren zu sehen!

Armer Damian und armes Weib!

KAPITEL VIII

Schnee und die Eigenschaft der Weiße

Im August, dem April der argentinischen Dichter, hatten wir ein schneidend kaltes Wetter, dem Schneefall folgte. Der Himmel sei dafür gepriesen! denn vielleicht niemals wieder werde ich die Erde durch den Atemhauch des antarktischen Winters verklärt sehen. Ich hatte die Nacht im Dorf verbracht, und es war ein seltsamer und überirdisch schöner Anblick, als ich beim Aufstehen am nächsten Morgen gewahrte, daß Straßen, Dächer, Bäume und die angrenzenden Hügel weiß waren, von einer unübertrefflichen, ungewohnten Weiße. Der Morgen war mild und der Himmel stumpf bleiern; und plötzlich, als ich auf der Straße stand, setzte der Schneefall abermals ein und hielt etwa eine

Stunde lang an. Einen Großteil dieser Zeit verbrachte ich damit, regungslos dazustehen und hoch in die Luft zu starren, die mit unzähligen, großen, langsam fallenden Flocken bevölkert war: nur diejenigen meiner englischen Leser, die sich wie Kingsley nach dem Anblick tropischer Vegetation und Landschaft gesehnt und *zuletzt* ihr Sehnen belohnt fanden, können meine Empfindungen würdigen, als ich zum erstenmal Schnee gewahrte.

Bis dahin war mein Besuch in Patagonien reich an Erfahrungen gewesen. Eine der ersten, unmittelbar bevor ich die Gestade des Landes berührte, aber nachdem das Schiff auf die verborgenen Klippen gestoßen war, war der Eindruck von Weiße, wie sie in einer aufgewühlten milchigen See zu sehen war; und nun, nach etlichen Monaten im Land kam dieser Schneefall und eine gewaltigere und seltsamere Weiße. Meine erste Empfindung zu dieser Zeit war eine des Entzückens beim Anblick dessen, was ich seit Monaten zu sehen gehofft hatte, was ich aber nun, da der Winter so gut wie vorüber war, aufgehört hatte zu erhoffen. Diese Freude war rein geistig; aber wenn ich mich frage, ob es irgend etwas darüber hinaus gab, eine tiefere, unbestimmbare Empfindung, so kann ich nur antworten: ich glaube nicht; meine erste Erfahrung von Schnee verleitete mich nicht zu dem Glauben, daß es irgendein instinktives Gefühl in uns gibt, das damit verbunden ist; daß das Gefühl, das so viele, vielleicht die meisten Menschen, haben, wenn sie die Erde durch den Hauch des Winters geweißt sehen, auf irgendeine andere Weise erklärt werden muß.

In Herman Melvilles Roman *Moby Dick, or the White Whale* gibt es eine lange Abhandlung, vielleicht die schönste Sache in dem Buch, über die Weiße in der Natur und ihre Wirkung auf den Geist. Es ist ein interessantes und ein etwas unklares Thema; und da Melville der einzige mir bekannte Schriftsteller ist, der sich damit befaßte, und da noch etwas zu sagen bleibt, mag ich auf Entschuldigung hoffen, wenn ich an dieser Stelle in einiger Ausführlichkeit dabei verweile.

Melville ruft die Tatsache in Erinnerung, daß die Weiße bei zahlreichen natürlichen Gegenständen die Schönheit erhöht, als ob sie eine ihr eigentümliche Wirkung übermitteln würde, wie bei Marmor, Kamelien, Perlen; daß die Eigenschaft der Weiße sinnbildlich ist für all das, was wir als erhaben und der Ehrerbietung für höchst wert halten; daß sie für uns unzählige schöne und freundliche Gedankenverknüpfungen hat. »Und doch«, fährt er fort, »trotz all dieser angehäuften Verknüpfungen mit allem, was lieblich und ehrenvoll und erhaben ist, lauert da doch in der innersten Vorstellung dieser Farbe ein schwer faßliches Etwas, das die Seele in größere Panik versetzt als das Rot, das beim Blut Furcht und Schrecken auslöst.« Er hat zweifelsohne recht, daß es ein geheimnisvolles, schwer faßliches Etwas gibt, das uns beim Gedanken an Weiß berührt; aber dann ist es derart schwer faßlich und in den meisten Fällen so vergänglich in seiner Wirkung, daß wir nur danach schauen und sein Vorhandensein in uns erkennen, wenn man es uns sagt. Und dies nur im Hinblick auf gewisse Dinge, einen Unterschied, den Melville nicht sah, wobei dies sein erster Fehler bei seinem Versuch ist, »die Zauberformel des Weißen zu lösen.« Sein zweiter und größter Irrtum besteht in der Annahme, daß die Eigenschaft der Weiße unabhängig von dem Gegenstand, mit dem sie verbunden ist, für die Vorstellung irgend etwas Außernatürliches oder Übernatürliches hat. Es gibt keine »Übernatürlichkeit in der Farbe«, keine »geisterhafte Wirkung auf die Phantasie« beim Gedanken an die Weiße weißer Wolken; weißer Seevögel und weißer Wasservögel wie Schwäne, Störche, Silberreiher, Ibisse und vieler anderer; und auch nicht beim Gedanken an weiße Tiere, die nicht gefährlich für uns sind, Wild- oder Haustiere, und auch nicht an weiße Blumen. Diese können in solcher Überfülle blühen, daß sie ganze Felder so weiß wie Schnee machen, und ihre Weiße ist doch nicht mehr für die Phantasie als das Gelb, das Purpur und das Rot anderer Arten. In der gleichen Weise hat die Weiße der gewaltigsten Massen weißer Wolken nicht mehr Übernatürliches für die Vorstellung als das Blau des Himmels und das Grün der Vegetation. Ferner sieht man an stillen, heißen Tagen die ebene Erde auf den Pampas oftmals im silbernen Weiß der Luftspiegelung glitzern; und dies ist für den Geist ebenfalls eine alltägliche Naturerscheinung, wie die Weiße von Sommerwolken, von Meeresschaum und von Blumen.

Aufgrund all dieser Beispiele, und viele andere könnten hinzugefügt werden, scheint es offenbar, daß das »schwer faßliche Etwas«, das Melville in der innersten Vorstellung dieser Farbe findet – ein Etwas, das die Seele in größere Panik versetzt als das Rot, das beim Blut Furcht und Schrecken auslöst – nicht der Eigenschaft der Weiße selbst innewohnt.

Nachdem er diesen Anfangsfehler gemacht hat, geht er dazu über, alle jene natürlichen Gegenstände zu benennen, die aufgrund ihrer Weiße bei uns die verschiedenen, von ihm erwähnten Empfindungen auslösen: geheimnisvoll und geisterhaft und auf unterschiedliche Weise unangenehm und schmerzlich. Was ist es, fragt er, was beim Albino in so besonderer Weise das Auge abstößt und oftmals bestürzt, so daß dieser bisweilen von seiner eigenen Bekanntschaft und Verwandtschaft verabscheut wird? Er hat eine Menge über den Eisbären zu erzählen und den weißen Hai der tropischen Meere und kommt zu dem Schluß, daß es ihre Weiße ist, die sie um so viel schrecklicher für uns macht als alle anderen wilden, räuberischen Geschöpfe, die für den Menschen gefährlich sind. Er spricht von dem gedämpften Rollen einer milchweißen See; von dem Knistern der hängenden Eisgirlanden der Berge; den trostlosen Verwehungen der Schneewächten der Prärien; schließlich fragt er, woher rührt, ist man in absonderlicher Stimmung, bei der bloßen Erwähnung eines Weißen Meeres, einer Weißen Böe, Weißer Berge usw. der gewaltige Alpdruck, der sich auf die Seele legt?

Er nimmt die ganze Zeit über an, daß die Ursache für die Empfindung, wie auch immer sie sich, entsprechend der Natur und der Größe der Sache, im Grad oder sonstwie unterscheidet, in allen Fällen ein und dieselbe ist, daß die Ursache nämlich in der Weiße zu finden ist und nicht in dem Gegenstand, mit dem diese Eigenschaft verbunden ist.

Der Fall des Albinos braucht uns nicht lange aufzuhalten; und hier könnten Melvilles Seefahrtserfahrungen eine bessere Erklärung nahegelegt haben. Seeleute, und ich bin von der Richtigkeit der Beobachtung überzeugt, sind in ihren Regungen sehr ursprünglich und verabscheuen, wobei sie sich oft in der Verfolgung zusammenschließen, einen Kameraden, der aufgrund fehlender Stärke oder irgendeines körperlichen Mangels, nicht in der Lage ist, seinen Teil der Arbeit zu leisten. Wilde und halb-barbarische Menschen hegen oftmals eine heftige Feindseligkeit gegen ein dauerhaft kränkliches, verkrüppeltes oder auf andere Weise gebrechliches Mitglied der Gemeinschaft: und Albinismus ist mit Sehschwäche und anderen Mängeln verbunden, die ein ausreichender Grund für die Abneigung sein könnten. Selbst unter den Hochzivilisierten und Humanen ist der Anblick von Krankheit wahrscheinlich immer in gewissem Grade abstoßend und schockierend, besonders in Fällen, wo die Haut ihre natürliche Farbe verliert, wie bei Anämie, Schwindsucht, Bleichsucht und Gelbsucht. Dieser natürliche und allgemeine Grund für die Abneigung gegen den Albino wurde unter reinen Wilden gewöhnlich durch das abergläubische Element verstärkt – den Glauben, daß die abnorme Bleichheit des Individuums übernatürlich war, daß fehlende Farbe die Abwesenheit der Seele bedeutete.

Was den Weißen Hai der Tropen betrifft, so wäre die einfachste Erklärung für das größere Entsetzen, das dieses Geschöpf auslöst, diejenige, daß der Blick stärker von ihm angezogen wird, da es weiß ist und daher auffälliger als alle anderen gefährlichen Geschöpfe, daß sein Bild sich stärker verfestigt und sein Anblick sich umfassender und fürchterlicher im Geist einprägt, und daß man öfter mit Bangen an es denkt, mit dem Ergebnis, daß es eine Neigung gibt, es mit größerer Furcht zu betrachten als andere Geschöpfe, die gleichermaßen oder in noch höherem Grade für das menschliche Leben gefährlich sind, aber unauffällig gefärbt sind und daher nicht so scharf gesehen werden und nicht ein derart deutliches und dauerhaftes geistiges Bild hervorrufen. Überlegen wir uns, welche Wirkung die Erscheinung eines Kriegers hätte, der schneeweiß gekleidet ist oder glänzend golden oder leuchtend scharlachrot oder flammenfarben inmitten einer Schar streitender Männer, die auf alte Weise mit Schwert und Lanze und Streitaxt kämpfen, alle in stumpfen, neutralen oder dunklen Farben gekleidet. Wo immer er erschiene, würde er jeden Blick auf sich ziehen; seine Bewegungen und Taten würden von allen mit höchstem Interesse und von seinen Widersachern mit großer Furcht verfolgt werden; jedesmal, wenn er einen Hieb parieren würde, der ihm ans Leben ginge, erschiene er für die Zuschauer als unverwundbar, und wann immer ein Feind vor ihm niedersänke, schiene es, daß eine übernatürliche Energie seinen Arm stärkte, daß die Götter auf seiner Seite kämpften. So groß ist die Wirkung bloßer Auffälligkeit! Jedes weiße Wildtier erschiene, wegen seines Weißseins, gefährlicher als ein anderes; und ein Chillingham-Bulle flößt zweifelsohne einer Person, die einem Angriff ausgesetzt ist, größere Angst ein als ein roter oder schwarzer Bulle. Andererseits werden Schafe und Lämmer, obwohl ihr gewaschenes Vlies weißer als Schnee aussieht, als ebenso uninteressant wie Kaninchen und Rehkitze betrachtet und ihr Weiß bedeutet uns nichts.

Es ist noch ein wenig mehr über die Weiße bei Tieren zu sagen, was an späterer Stelle folgen muß. Zunächst wird es angebracht sein, über die Weiße von Schnee zu sprechen und über die Weiße einer wallenden See. Wir sind alle imstande, etwas von dieser von Melville so machtvoll beschriebenen Empfindung zu erfahren, wenn wir das gedämpfte Rollen einer milchigen See betrachten und weiße Berge und die trostlosen Verwehungen von Schneewächten auf gewaltigen Flächen ebener Erde. Aber gewiß wäre bei vielen die Empfindung schwach; es gibt ein »schwer faßliches Etwas« bei uns, wenn wir gewahren, daß die Erde plötzlich von Schnee geweißt ist; aber die Empfindung dauert nicht fort und ist flugs vergessen oder andernfalls als die Wirkung einer bloßen Neuigartigkeit betrachtet. Bei Melville war sie sehr stark; sie berührte ihn im Innersten und ließ ihn voll Ehrfurcht über ihre Bedeutung nachdenken; und er kam zu dem Schluß, daß es einen Instinkt in uns gibt – einen Instinkt, der dem des Pferdes ähnlich ist, das in heftige Aufregung gerät, wenn es den Geruch eines bestimmten Tieres wahrnimmt. Er nennt es eine ererbte Erfahrung. »Ebensowenig«, sagt er, »unterläßt es die allgemeine, ererbte Erfahrung des ganzen Menschengeschlechtes Zeugnis abzulegen von der Übernatürlichkeit dieser Farbe.« Schließlich spricht die Empfindung zu uns von entsetzlichen Dingen in einer fernen Vergangenheit, von unvorstellbaren Betrübnissen und gewaltigen Unglücken, welche das Menschengeschlecht niederdrückt.

Es ist eine erhabene Vorstellung, die angemessen zum Ausdruck gebracht wird; und während wir lesen, malt uns die Einbildungskraft den schrecklichen Kampf unserer kühnen barbarischen Vorfahren gegen die bittere, mörderische Kälte der letzten Eiszeit; aber das Bild ist undeutlich, wie kämpfende menschliche Gestalten in einer Landschaft, die durch verwehten Schnee halb verwischt sind. Es war ein Kampf, der jahrhundertelang dauerte, bis der gewaltige weiße Alpdruck, vor dem der Mensch allenthalben zu fliehen versuchte, ein Alpdruck des Geistes wurde, eine geisterhafte Wirkung auf die Phantasie und instinktives Entsetzen, welches der überdauernde Rest unseren eigenen weit zurückliegenden Zeiten vererbte.

Es ist mehr als wahrscheinlich, daß Kälte eine der ältesten und größten Todfeinde unseres Menschengeschlechts gewesen ist; dennoch weise ich Melvilles Erklärung zugunsten einer anderen zurück, die einfacher und befriedigender erscheint – jedenfalls für ihren Verfasser: sie lautet, daß das geheimnisvolle Etwas, das uns beim Anblick von Schnee berührt, dem in uns existierenden Animismus entspringt und unserer animistischen Art und Weise, alle außergewöhnlichen Phänomene zu betrachten, und sie können, wenn auch in sehr geringem Umfang, fast an jedem Tag unseres Lebens erfahren werden, wenn wir mit der Natur leben.

Es muß erläutert werden, daß *Animismus* hier nicht in dem Sinn verwendet wird, den ihm Tylor in seinem Buch *Primitive Culture* gibt: in diesem Werk bedeutet er eine Theorie des Lebens, eine Philosophie des primitiven Menschen, die bei zivilisierten Menschen durch eine fortgeschrittenere Philosophie verdrängt worden ist. An dieser Stelle bedeutet Animismus nicht eine Lehre von Seelen, welche die Körper und die Gegenstände, die sie bewohnen, überleben, sondern den Selbstschutz des Geistes in der Natur, die Tatsache, daß er sein eigenes empfindendes Leben und seine fühlende Intelligenz allen Dingen zuschreibt – diese ursprüngliche allgemeine Fähigkeit, auf der die animistische Philosophie des Wilden begründet ist. Wenn unsere Philosophen sagen, daß diese Fähigkeit bei uns außer Gebrauch ist, daß sie durch Vernunftschluß wirksam abgetötet ist oder daß sie nur für eine Zeitlang bei unseren Kindern fortdauert, glaube ich, daß sie sich irren, eine Tatsache, die sie selbst herausfinden könnten, wenn sie ihre Bücher und Theorien verließen und in einer mondhellen Nacht einen einsamen Spaziergang in den »Wäldern von Westermain« oder irgendwelchen anderen Wäldern machen würden, da alle verzaubert sind.

Erinnern wir uns daran, daß unsere Dichter, die nicht wissenschaftlich sprechen, sondern in der Sprache der Leidenschaft, wenn sie sagen, daß die Sonne am Himmel vor Freude strahlt und dem Sturme lacht; daß die Erde sich im Frühling der Blumen erfreut und daß die Herbstfelder sich im Glück sonnen; daß die Wolken dräuen und weinen und daß der Wind seufzt und »auf seiner Bahn etwas Klagendes sagt« – daß sie in all diesem nicht metaphorisch sprechen, wie wir es zu sagen gelernt haben, sondern daß in Momenten der Erregung, wenn wir zu ursprünglichen Geisteszuständen zurückkehren, die Erde und die gesamte Natur lebendig und intelligent sind und fühlen wie wir fühlen. Wenn nach einer Periode trüben Wetters die Sonne unerwartet warm und strahlend scheint, wer hat nicht in diesem ersten glücklichen Augenblick verspürt, daß die ganze Natur sein bewußtes Glück teilte? Oder wer hat nicht in den ersten Stunden eines schweren Trauerfalls ein Gefühl von Erstaunen und sogar Verstimmung beim Anblick des blauen, strahlenden Himmels und einer sonnenüberfluteten Erde verspürt?

»Wir haben uns alle«, sagt Vignoli, »obgleich wir nicht gewohnt sind, uns Rechenschaft über all unsere

Handlungen und Aufgaben abzulegen, in Umständen befunden, welche die vorübergehende Personifikation mit natürlichen Gegenständen bewirkten. Der Anblick eines außergewöhnlichen Phänomens führt zu einem unbestimmten Gefühl von jemandem, der mit einer bestimmten Absicht handelt.« Sicherlich nicht von »jemandem« außerhalb und über dem natürlichen Phänomen, sondern in ihm und eins mit ihm, genau so wie die Handlung eines Menschen von ihm ausgeht und der Mensch ist.

Es ist zweifelsohne wahr, daß wir in diesem Maße animistisch nur in seltenen Augenblicken und unter außergewöhnlichen Umständen sind und während bestimmter Naturerscheinungen, die nur in langen Zeitabständen wiederkehren. Und von all solchen Naturerscheinungen und außergewöhnlichen Phänomenen ist Schnee vielleicht das eindrucksvollste und gewiß eines der bekanntesten auf der Erde, und das im Geist am innigsten verbunden ist mit dem jährlichen Aussetzen des wohltätigen Wirkens der Natur und all dem, was dies für das Menschengeschlecht bedeutet – das Fehlen von Nahrung und in der Folge Mangel und Leiden und Gefahr aufgrund starker Kälte. Dieses überkommene Wissen um eine unfreundliche Periode in der Natur dient nur dazu, den Animismus zu verstärken, der eine bestimmte Absicht in allen natürlichen Phänomenen entdeckt und in der Weiße der Erde das Zeichen eines großen, unerwünschten Wechsels sieht. Wechsel, nicht Tod, da das Leben der Natur ewig ist; aber ihre angenehme, freundliche Wärme ist bei ihr erloschen; irgendein Wiedererkennen, irgendeine Verbindung gibt es nicht mehr; und wenn wir niederstürzen und am Wegesrand zugrunde gehen sollten, gäbe es kein Mitleid: die Natur sitzt abseits und allein, kalt und abweisend, ihr Atem ist angehalten, in einer Erstarrung der Trauer oder des Leidens; und obwohl sie uns sieht, ist es, als ob sie uns nicht sähe, genauso wie wir Kieselsteine und welkes Laub auf dem Boden sehen und zugleich nicht sehen, wenn uns ein großes Leid gelähmt hat oder wenn wir eine tödliche Absicht im Herzen haben.

Ebenso wie im Hinblick auf Schnee die animistische Empfindung bei denen am stärksten ist, die Regionen mit strengen Wintern bewohnen und die alljährlich diesen Wechsel in der Natur erleben, so wird »das gedämpfte Rollen einer milchigen See« in der Seele des Seemanns größere Panik auslösen als in der des Landbewohners. Melville erzählt eine Anekdote von einem alten Matrosen, der vor Schrecken ohnmächtig wurde beim Anblick eines vom Schaum der Brecher weißen Ozeans, worin das Schiff hin und her getrieben wurde. Danach erklärte er, daß es nicht der Gedanke an die Gefahr gewesen sei, denn die Gefahr sei er gewöhnt, sondern die Weiße der See, die ihn überwältigte. Und für seinen animistischen Sinn war diese Weiße nichts anderes als das Anzeichen für den Zorn des Ozeans – der Anblick seiner fürchterlichen Leidenschaft und seiner tödlichen Absicht erwies sich ebenfalls als erschreckend.

Es besteht kein Zweifel daran, daß die Lebensbedingungen des Seemanns dazu führen, den in allen von uns verborgenen Animismus hervorzulocken und zu verstärken; selbst das Schiff, das er steuert, ist in seiner Vorstellung lebendig und intelligent, um wieviel mehr ist es der Ozean, der selbst für den Landbewohner, wenn er nach einer Zwischenzeit zurückkehrt von ihm, keine bloße Wasserweite zu sein scheint, sondern ein lebendes, bewußtes Wesen. Es war lediglich meine Fremdheit dem Meer gegenüber, die verhinderte, daß mich der Anblick seiner Weiße tief berührte: Animismus bei mir ist am stärksten ausgeprägt im Hinblick auf terrestrische Phänomene, mit denen ich am meisten vertraut bin.

Bevor ich dieses Kapitel beschließe, möchte ich zu dem Thema der weißen Tiere zurückkehren. Und zuerst ein oder zwei Worte zu dem großen Eisbären: ist es nicht wahrscheinlich, daß sich die von ihm ausgelöste Angst, die nach Aussagen derer, die diesem Tier begegnet sind, diejenige bei weitem übersteigt, die beim Anblick anderer wilder, dem Menschen gefährlicher Tiere empfunden wird, der Gedankenverbindung mit der todesähnlichen, abstoßenden Weiße und der Trostlosigkeit der Polarlandschaft verdankt?

Was die abnorme Weiße bei Tieren betrifft, die uns vertraut sind, berührt uns der Anblick stets seltsam, sogar bei einem so unschuldigen und unbedeutenden Geschöpf wie einem Star oder einer Amsel oder einem Kiebitz. Die Seltenheit, Auffälligkeit und Abnormität der Farbe des Objekts reichen kaum zur Erklärung der Stärke des hervorgerufenen Interesses aus. Bei Wilden wird die kennzeichnende Weiße manchmal als übernatürlich betrachtet: und diese Tatsache veranlaßt mich zu glauben, daß, ebenso wie ein außergewöhnliches Phänomen eine undeutliche Vorstellung von jemandem erzeugt, der mit einer bestimmten Absicht handelt, so im Fall des weißen Tiers, dessen Weiße nicht durch Zufall zustande kam, sondern das Ergebnis der Willenskraft des Geschöpfs und das äußerliche Zeichen eines Vorrangs der intelligenten Seele ist, die es von seinen Mitgeschöpfen unterscheidet. In Patagonien hörte ich von einem Fall, der diesen Punkt betraf. Auf der Ebene etwa dreißig Meilen östlich von Salinas Grandes erschien in einer kleinen Gruppe von Straußen ein rein weißes Einzeltier. Einige Indianer versuchten, es bei ihren Jagdausflügen zu fangen, aber bald hörten sie auf, es zu jagen, und danach wurde es als der Gott der Strauße bezeichnet, und die Indianer erzählten sich, daß jede Person, die ihm ein Leids täte, von einem großen Unglück, vielleicht dem Tod, überwältigt würde.

KAPITEL IX
Müßige Tage

Bevor der Schneefall, der Anlaß zu einer solch langen Abschweifung gab, vollständig nachgelassen hatte, lachte der blaue Himmel wieder, und ich machte mich an meinen schlammigen Nachhauseweg. Unter der strahlenden Sonne begann die weiße Hülle sehr bald breite schwarze Furchen und Risse zu zeigen, und binnen kurzem hatte der Erdboden sein gewohntes Erscheinungsbild wiedererlangt – das frohgemute grünliche, bräunliche Grau, welches zu allen Zeiten die Livree der Natur in diesem Teil von Patagonien ist; während von den tropfenden Dornbüschen die Vögel ihren Gesang wiederaufnahmen.

Selbst wenn die Vögel dieser Region bei ihrem Gesang diejenigen anderer Länder an Lieblichkeit, Stimmumfang und Abwechslungsreichtum nicht überbieten (und ich bin nicht sicher, ob sie es nicht doch tun), so tragen sie doch in puncto Ausdauer unzweifelhaft die Palme davon. Im Frühling und Frühsommer erschallen sie unaufhörlich; und der Chor wird von jenem unvergleichlichen Sänger, der Weißbinden-Spottdrossel *(Mimus triurus)*, einem Sommerbesucher, angeführt. Selbst in den kältesten Wintermonaten sind, bei Sonnenschein, der heiser schmachtende Gesang der gefleckten Columba, welcher dem der Waldtaube Europas gleicht, und die weicheren, eher seufzerartigen, derart mit wilder Leidenschaft erfüllten Klagelieder der *Zenaida maculata* von den blattlosen Weiden zu hören, die den Fluß säumen. Inzwischen hört man im buschigen Hochland die Gesänge etlicher Sperlingsarten; und immer findet sich der Magellan'sche Schwarzbrustzeisig *(Chrysomitris icterica)* mit seinen lebhaften, hastigen Tönen unter ihnen. Der scharlachbrüstige Trupial oder Langschwanz-Soldatenstärling *(Trupialis defilip-*

pii) singt an den kältesten Tagen und während des stürmischsten Wetters: und der schlimmste Regenhimmel kann die Graufinken, *Diuca minor,* nicht um ihre Morgen- und Abendhymnen bringen, die von vielen Einzeltieren in einem fröhlichen Konzert gesungen werden. Die gemeine Spottdrossel ist noch unermüdlicher und, während sie sich vor den kalten Winden schützt, fährt sie bis nach Einbruch der Dunkelheit damit fort, Liedfetzen aus ihrem unerschöpflichen Repertoire zu schmettern; denn ihre eigene Musik ist ihr offenbar als Nahrung und Luft für ihr Dasein notwendig.

Warme, liebliche Tage folgten auf den Schneefall. Wenn ich mich allmorgendlich erhob, konnte ich mit dem menschlichen Sänger ehrfurchtsvoll ausrufen:

> O Gottesgabe! O vollkomm'ner Tag!
> Wo keine Arbeit sondern Spiel sein sollte.

Tage, windstill und heiter ganz bis zu ihrem Ende, hell mit einem wolkenlosen Himmel und mit lieblichem Sonnenschein und eine wahre Augenfreude, sie bringen die grauen Einöden zum Lächeln, als gewahrten sie den himmlischen Einfluß. Es ist eine übliche Redensart in diesem Land, daß »einmal in hundert Jahren ein Mensch in Patagonien stirbt.« Ich glaube nicht, daß eine andere Region der Erde sich einer ähnlichen Redensart rühmen kann; obwohl man boshafterweise unterstellt hat, das Sprichwort könnte seinen Ursprung der Tatsache verdanken, daß die meisten Leute in Patagonien ein gewalttätiges Ende finden. Ich selbst glaube nicht, daß es irgendein Klima auf der Welt gibt, das mit dem Winter an der Ostküste von Patagonien vergleichbar wäre; und obwohl der Sommer dort manchen Personen wegen der heftigen Winde, die zu dieser Jahreszeit vorherrschen, unangenehm erscheinen könnte, ist die Luft zu allen Zeiten derart trocken und rein, daß Lungenbeschwerden unbekannt sind. Ein reicher Händler aus der Stadt erzählte mir, daß er seit seiner Kindheit an schwachen Lungen und an Asthma litt; um Heilung zu suchen, verließ er sein Land, Spanien, und ließ sich in Buenos Aires nieder, wo er Verbindungen anknüpfte und ins Geschäftsleben eintrat. Aber sein alter Feind spürte ihn dort auf; sein Asthma verschlimmerte sich mehr und mehr, und schließlich machte er, auf Anraten seines Arztes, eine Reise nach Patagonien, wo er binnen kurzem vollständige Gesundheit wiedererlangte – eine Gesundheit, wie er sie zuvor nie erlebt hatte. Er kehrte hocherfreut nach Buenos Aires zurück, nur um wieder krank zu werden und zu erleben, daß ihm sein Leben allmählich zur Last wurde. Schließlich verzweifelt, verkaufte er sein Geschäft und kehrte zu dem einzigen Land zurück, wo Leben möglich war; und als ich ihn kennenlernte, war er schon etwa vierzehn Jahre dauerhaft dort ansässig gewesen; und während dieser Zeit hatte er sich der vollkommensten Gesundheit erfreut.

Aber er war nicht glücklich. Er vertraute mir an, daß er Gesundheit zu einem sehr hohen Preis erlangt habe, da er es als unmöglich erachte, sich jemals an solch ein rauhes Dasein anzupassen; daß er dem Wesen nach ein Kind der Zivilisation sei, ein Mann des Pflasters, der Vergnügen an Gesellschaft, Zeitungen, dem Spiel und im Café finde, wo man des Abends seine Freunde trifft und eine angenehme Partie Domino spielt. Da diese von ihm geschätzten Dinge für mich bloß Staub und Asche waren, hatte ich keine allzu große Anteilnahme an seiner Unzufriedenheit und glaubte nicht, daß von Bedeutung war, auf welchem Teil der Erde er seinen Wohnsitz wählte. Aber die Tatsachen seines Falls interessierten mich; und falls ich einen Leser haben sollte, der andere Ideale besitzt, der das Geheimnis und den Glanz eines Lebens verspürt hat, das seine Seele mit

Erstaunen und Verlangen überwältigt, und der in seinem Organismus das nagende Übel der Auszehrung trägt, das die Vision vorzeitig zu verdüstern droht – zu so jemandem würde ich sagen: ERPROBE PATAGONIEN. Es ist eine weite Reise, und anstelle des ausgeglichenen Klimas von Madeira gäbe es Rauheit; aber wie weit ziehen Menschen, an welch rauhe Orte auf der Suche nach Rubinen und Goldklumpen; und Leben ist mehr als diese.

Während dieses schönen Wetters bloß zu existieren, war mir als ein ausreichendes Vergnügen erschienen: manchmal auf dem Fluß rudern, der hier etwa vierhundert Fuß breit ist – mit der Flut bis zur Stadt hinauffahren und mit der Strömung zurückkehren, wenn nur eine geringe Anstrengung genügt, um das Boot über das reine, grüne Wasser rasch dahingleiten zu lassen. Ein anderes Mal ergötze ich mich daran, das harzige Gummi aufzuspüren, das hier unter seinem indianischen Namen, *maken,* bekannt ist. Der dürre, weit um sich greifende Busch, eine Art Wacholder, auf dem es gefunden wird, zahlt mir all die bernsteinfarbenen Tränen, die ich stehle, mit manchem Kratzer und Riß heim. Das Gummi wird in kleinen Klumpen an der Unterseite der niedrigeren Äste gefunden und ist in frischem Zustand halb durchsichtig und klebrig wie Vogelleim. Um es gebrauchsfertig zu machen, formen die Eingeborenen es zu Kügelchen und halten es auf der Spitze eines Stocks über eine Schüssel mit kaltem Wasser; dann wird ein Stück glühender Kohle in Nähe des Harzes gebracht, wodurch dieses schmilzt und nach und nach ins Becken tropft. Die durch dieses Verfahren gehärteten Tropfen werden dann mit den Fingern geknetet, wobei man gelegentlich kaltes Wasser hinzufügt, bis das Gummi fest und undurchsichtig wie Kitt wird. Es richtig zu kauen verlangt sehr viel Übung, und wenn man diese Eingeborenenkunst erworben hat, kann man ein *maken*-Kügelchen zwei oder drei Stunden täglich im Mund behalten und eine Woche oder länger benutzen, ohne daß es seinen angenehmen harzigen Geschmack verliert oder an Masse einbüßt, so fest hält es zusammen. Wenn der *maken*-Kauer die Kugel oder den Priem aus dem Mund nimmt, wäscht er sie und legt sie für zukünftigen Gebrauch beiseite, genauso wie es jemand mit einer Zahnbürste tut. Gummi zu kauen ist nicht bloß eine müßige Gewohnheit, und das mindeste, was zu seinen Gunsten gesagt werden kann, ist, daß es das Verlangen nach übertriebenem Rauchen vermindert – kein geringer Vorteil für die müßigen Bewohner, ob weiß oder rot, in diesem öden Land; es schützt auch die Zähne, indem es sie von Fremdstoffen freihält, und verleiht ihnen einen solchen Perlglanz, wie ich ihn außerhalb dieser Region niemals gesehen habe.

Meine eigenen Versuche, *maken* zu kauen, haben bis jetzt außergewöhnliche Fehlschläge gezeitigt. Irgendwie breitet sich das Gummi gleichbleibend in einer dünnen Schicht über der Innenseite meines Mundes aus, bedeckt den Gaumen wie ein Heftpflaster und schließt die Zähne in einer zähen Gummihülle ein. Wenn es soweit gekommen ist, wird nichts zu ihrer Entfernung dienlich sein, außer rohem Nierenfett, das eine halbe Stunde kräftig gekaut wird, wobei gelegentlich Schlucke kalten Wassers genommen werden, um die entzückende Mischung zu verfestigen und zu bewegen, sich abzulösen. Der Höhepunkt dieses Kuddelmuddels ist erreicht, wenn sich das Gummi über die Lippen hinaus ausbreitet und in den darüber hängenden Haaren verheddert; und wenn der geschlossene Mund vorsichtig mit den Fingern geöffnet werden muß, bis diese ebenso klebrig werden und fest zusammenpappen, als ob sie durch ein Häutchen verbunden wären. Dies alles geschieht durch die Vernachlässigung einer einfachen

Vorsichtsmaßnahme und stößt nie dem vollendeten Kaukünstler zu, der für diese Gepflogenheit geboren ist. Wenn das Gummi noch frisch ist, verliert es gelegentlich die ihm künstlich verliehene Eigenschaft der Festigkeit und es bildet sich plötzlich, ohne Sinn und Verstand, in das Rohmaterial zurück, als welches es vom Baum kam. Da der Eingeweihte aufgrund gewisser Anzeichen weiß, wenn dieses Geschehnis sich vorbereitet, nimmt er im kritischen Moment einen Mundvoll kalten Wassers und wendet so ein Resultat ab, das für den Neuling derart entmutigend ist. *Maken*-Kauen ist im gesamten Gebiet von Patagonien eine bei jedermann übliche Gepflogenheit, und aus diesem Grund habe ich die entzückende Sitte in einiger Breite geschildert.

Wenn ich keine Neigung zum Gummikauen habe, streife ich stundenlang durchs Buschwerk, um den Vögeln zu lauschen, wobei ich ihre Sprache erlerne und mich mit ihren Gewohnheiten vertraut mache. Wie scheu sind manche Arten, die durch ihre Instinkte immerzu gezwungen sind, sich zu verbergen! Welch scharfe und nie ermüdete Wachsamkeit ist ihnen eigen! Schwierig, selbst einen flüchtigen Blick auf sie zu erhaschen, da sie sich ganz dem Auge entziehen, wieviel schwieriger erst, sie zu beobachten, wenn sie ohne Angst oder Zwang umhertollen und nichts von einer zudringlichen Anwesenheit wissen! Doch solch eine Beobachtung befriedigt nur den Naturforscher, und ist sie erlangt, vergilt sie reichlich das Schweigen, das Schauen und das Warten, das sie erfordert. In manchen Fällen sind die Gelegenheiten so selten, daß der Beobachter, während er sie sucht, ohne daß wirklich etwas geschieht, tagtäglich vertrauter wird mit den Gepflogenheiten der wilden Geschöpfe, die sich immer noch erfolgreich seinem Blick entziehen.

Der Schopfbürzelstelzer *(Rhinocrypta lanceolata)*, ein vergnüglicher Vogel, der auf dem Boden lebt, seinen

Schwanz aufgerichtet trägt und wundervoll aussieht gleich einem ganz kleinen Bantamhuhn, hat mich jetzt erspäht und gibt, in höchster Angst, von einem angrenzenden Busch sein lautes Tschilpen von sich. Sacht schleiche ich auf ihn zu, gebe acht, daß ich ja auf Sand trete, spähe vorsichtig ins Laub. Ein paar Augenblicke lang schilt er mich mit lauten, nachdrücklichen Tönen und dann ist er still. Da ich mir denke, daß er immer noch an derselben Stelle ist, gehe ich mehrmals um den Busch herum und bemühe mich, einen Blick auf ihn zu erlangen. Plötzlich wird das laute Gezwitscher in einem Busch wiederaufgenommen, der einen Steinwurf entfernt ist; und bald, da ich dieses Versteckspiels müde bin, bei dem der Vogel allen Spaß hat und ich nichts als Sucherei, gebe ich auf und ziehe weiter.

Dann ertönen vielleicht die gemessenen, tiefen, trommelnden Laute des unterirdisch lebenden *Ctenomys* (Tukotuko) – in der Landessprache zutreffend als *oculto* bezeichnet – in einem Umkreis von einem Dutzend Yards von meinen Füßen entfernt. So nah und laut erschallen sie, daß ich davon überzeugt bin, daß der scheue, kleine Nager es für einen Augenblick gewagt hat, das Sonnenlicht aufzusuchen. Ich könnte vielleicht sogar einen kurzen, flüchtigen Blick auf ihn erhaschen, wenn er dasitzt, bei dem geringsten Geräusch erzittert und seine ruhelosen, glänzenden schwarzen Augen hierhin und dorthin richtet, um sicherzustellen, daß kein tückischer Feind in der Nähe ist. Denn während die Augen des Maulwurfs zu bloßen Punkten geschrumpft sind, hat ein dunkles, unterirdisches Leben eine gegenteilige Wirkung auf die Augäpfel des *oculto* gehabt und sie groß werden lassen, obwohl sie nicht so groß sind wie bei manchen in Höhlen lebenden Nagern. Auf Zehenspitzen und kaum atmend nähere ich mich dem dazwischen liegenden Buschwerk und spähe dahinter, nur um festzustellen, daß er schon verschwunden ist. Ein kleiner Hügel von feuchtem, frischem Sand, der den Abdruck eines Schwanzes und eines Paars kleiner Füße trägt, zeigt, daß er dort tätig gewesen war und daß er nur einen Augenblick zuvor dort gesessen und den seidigen Pelz seiner Brust durch diese tiefen, geheimnisvollen Laute zum Schwellen gebracht hatte. Vorsichtig, still hatte ich mich ihm genähert, aber der schlaue Fuchs und die samtfüßige Katze hätten sich leiser und vorsichtiger nähern können, und doch hätte er sie beide genarrt. Von allen scheuen Säugetieren ist er das scheuste; bei ihm wird die Angst nie durch Neugierde besiegt, und Tage, sogar Wochen mögen verstreichen, bis ich wieder so nah herankomme, daß ich den *Ctenomys magellanica* wieder sehen kann.

Der Sonnenuntergang steht bevor, und, horch! während ich weiterwandere, höre ich in dem niedrigen Gestrüpp vor mir, wie die Schmucksteißhühner *(Calodromus elegans)*, das Wildgeflügel dieser Region, das dem englischen Fasan an Größe gleichkommt, gerade ihren Abendruf beginnen. Es ist ein langer, lieblich modulierter Laut, ein wenig flötend und deutlich und weithin in der stillen Abendluft ertönend. Der Schwarm ist groß, vermute ich, denn viele Stimmen sind in dem Konzert vereinigt. Ich merke mir die Stelle und gehe weiter; doch bei meiner Annäherung, wie still und abgeschirmt durch Büsche sie auch sein mag, stellen die scheuen Vokalisten nach und nach ihren Gesang ein. Derjenige, der als letzter aufhören wird, wiederholt seinen Ton ein halbes Dutzend Mal, dann erreicht ihn die Ansteckung und auch er verstummt. Ich pfeife und er antwortet; ein paar Minuten lang halten wir das Duett aufrecht, dann, als er den Betrug gewahrt, ist er wieder still. Ich setze mich wieder in Bewegung und gehe fünfzig Mal hin und her durch das zerstreute Gestrüpp, wobei ich die ganze Zeit über weiß, daß ich zwischen den Vögeln umherspaziere, während sie dasitzen und ihre verstohlenen Blicke hin und her wandern lassen, um meine Bewegungen zu beobachten, doch vor mir verborgen durch diese wunderbare Anpassung, diese Farbähnlichkeit ihres Gefieders mit dem welken Gras und Laub um sie herum und durch diesen damit verbundenen Instinkt, der ihnen gebietet, an ihren Plätzen still zu sitzen. Ich finde viele Beweise für ihre Anwesenheit – hübsch gesprenkelte Federn, die herabfielen, als sie ihre Flügel putzten, ebenso ein Dutzend oder zwanzig gut geformte, kreisrunde, in den Sand geschaufelte Mulden, in denen sie jüngst Staubbäder nahmen. Es gibt auch kleine Reihen von Fußabdrücken, die von einer Mulde zur anderen verlaufen; denn diese Staub spendenden Gruben sind täglich denselben Vögeln dienlich, und da der Schwarm mehr Vögel hat als Gruben vorhanden sind, läuft der Vogel, der sich nicht rasch einen Platz sichert, gewiß von Grube zu Grube auf der Suche nach einer unbesetzten. Sicherlich gibt es auch manche hübschen Rangeleien; und der ältere, stärkere Vogel, der diese reinliche, luxuriöse Gewohnheit streng einhält, muß, *per fas et nefas,* irgendwo Platz finden.

Ich verlasse den bevorzugten Aufenthaltsort, aber kaum bin ich einhundert Yards entfernt, nehmen die Vögel ihr Rufen genau an der Stelle wieder auf, die ich gerade verlassen habe; zuerst sind einer, dann zwei zu hören, dann vereinigen sich zwanzig Stimmen zu einem gefälligen Konzert. Schon ist die Furcht, eine starke, aber vorübergehende Empfindung bei allen wilden Geschöpfen, von ihnen gewichen, und sie sind frei und glücklich, als ob mein umherwandernder Schatten niemals durch ihre Mitte gefallen wäre.

Dämmerung tritt ein und setzt diesen unnützen Erforschungen ein Ende; unnütz, sage ich, und habe große Freude daran, es zu sagen, denn wenn es irgend etwas in diesem friedlichen Land zu verabscheuen gibt, dann der Grundsatz, daß alle unsere Nachforschungen in der Natur zu irgendeinem gegenwärtigen oder zukünftigem Nutzen für das Menschengeschlecht stattfinden.

Der Abend bringt auch das Abendbrot mit sich, das dem hungrigen Mann willkommen ist, und Stunden des Sich-Wärmens in der freundlichen Helligkeit und Wärme eines Holzfeuers, ich auf einer Seite und mein unverheirateter Gastgeber auf der anderen. Rauchkringel steigen von unseren schweigsamen Lippen empor, während müßige Träumereien unseren Sinn einnehmen – der angemessene Abschluß eines Tages, der so verbracht wurde, wie wir ihn verbracht haben: denn mein Gastgeber ist gleichfalls ein Müßiggänger, bloß einer, der vollkommener ist als ich es je hoffen kann zu sein.

Wir lesen wenig; mein Gefährte hat nie Lesen und Schreiben gelernt, und ich, weniger glücklich in dieser Hinsicht, vermochte bloß ein einziges Buch in dem Haus zu entdecken, ein spanisches *Libro de Misa*, in schönem Druck mit roten und schwarzen Buchstaben und in scharlachrotes Marokkoleder gebunden. Ich nehme dieses Buch und lese vor, bis er, überdrüssig, den obzwar schönen Gebeten zu lauschen, mich zu einem Kartenspiel herausfordert. Eine Zeitlang fiel uns nicht das geringste ein, um das wir hätten spielen können, da Zigaretten Gemeingut sind, aber schließlich kamen wir auf Geschichten: derjenige, der an dem Abend die meisten Spiele verlor, sollte dem anderen eine Geschichte erzählen, gleichsam als ein sanftes Schlafmittel, nachdem man sich zur Ruhe begeben hat. Mein Gastgeber gewann in einem fort, was nicht sehr ungewöhnlich war, denn die meiste Zeit seines Lebens war er ein Berufsspieler gewesen und konnte jedesmal, wenn er mischte, sich selbst die todsicheren Karten zukommen lassen. Mehr als einmal ertappte ich ihn auf frischer Tat, denn er schätzte seinen Gegner gering ein und war sorglos, und ich hielt ihm Vorträge über die Verwerflichkeit des Mogelns beim Kartenspiel, selbst wenn wir nur um nichts oder fast nichts spielten. Meine Tadel belustigten sein patagonisches Gemüt in hohem Grade; er erklärte, daß das, was ich Mogeln nannte, nur eine überlegene Art des Könnens sei, durch viel Übung und lange Praxis erworben; so geschah es, daß ich jeden Abend mein Gedächtnis oder meine Erfindungsgabe wegen Geschichten strapazieren mußte, die meine Niederlagen vergolten.

Hier spürt man nur nachts den Winter, aber im September weiß man, daß er vorüber ist, obwohl die Sommervögel noch nicht zurückgekehrt sind und der Wald zwergwüchsiger Mimosen noch nicht leuchtend gelb erblüht ist. Über alle Jahreszeiten hinweg bleibt sich die Natur in ihrem vorherrschenden Aussehen gleich, was auf das graue, nie abgeworfene Laubwerk der Baum- und Gebüschvegetation zurückzuführen ist, die das Land bedeckt.

Da der Frühling Fortschritte macht, dämmert jeder Tag offenbar strahlender schön als der vorhergehende, und nach dem Frühstück ziehe ich los auf der Suche nach Erfrischung, und zwar ohne das Hemmnis eines Gewehrs.

Nahe bei meiner Wohnstätte gibt es einen Hügel namens »Papageienklippe«, wo sich die schnelle Strömung des Flusses, der seinen Lauf verändert, in das Ufer gefressen hat, bis sich eine schroffe, senkrechte Klippe von über einhundert Fuß Höhe gebildet hat. In Vorzeiten muß der Gipfel der Platz eines indianischen Dorfes gewesen sein, denn ich sammle hier ständig Pfeilspitzen auf; nunmehr ist die Vorderseite der Klippe von einem Schwarm kreischender patagonischer Papageien bewohnt, die ihre angestammten Bruthöhlen in dem weichen Fels haben. Er wird ebenso von einem Schwarm Tauben aufgesucht, die sich auf ein wildes Leben verlegt haben, von einem Paar kleiner Falken (*Falco sparverius*) und einer Kolonie Purpurschwalben; nur diese letzten waren noch nicht von ihren äquatorialen Wanderzügen zurückgekehrt. Stille herrscht längs der Klippe, als ich sie erreiche, denn die laut schreienden Papageien sind fort auf Nahrungssuche. Ich lege mich auf die Brust nieder und spähe über den Klippenrand; weit, weit unter mir tollen zahlreiche Bläßhühner im Wasser umher. Ich nehme einen Stein von der Größe meiner Hand, halte ihn über dem gefährlichen Rand in der Schwebe und lasse ihn auf sie fallen: hinab, hinab, hinab fällt er; oh einfältige, arglose Bläßhühner, habt acht! Platsch fällte er mitten in die Schar, wobei er eine zehn Fuß hohe Wassersäule nach oben schickt, und welch eine Panik packt dann die Vögel! Sie purzeln übereinander, als wären sie erschossen worden, tauchen unaufhörlich hinab, tauchen dann wieder auf, hören nicht auf, sich umzublicken, doch schießen davon mit all dem Geflatter und Geplansche, zu dem allein Bläßhühner fähig sind; ihre Flügel schlagen schnell, ihre langen, gelappten Füße schlenkern nach hinten oder patschen auf die Wasseroberfläche, sie jagen davon, über dem Wasser fliegend und sich überschlagend, verbreiten unnötige Unruhe unter Scharen von Spießenten, schrill kreischenden Schwimmenten und stattlichen Schwarzhalsschwänen, doch halten niemals inne, bis das gegenüberliegende Flußufer erreicht ist.

Zufrieden mit dem Erfolg meines Experiments, verlasse ich den Steilhang zur großen Erleichterung der blauen Tauben und der kleinen Falken; diese letzten haben meine Handlungen mit großem Argwohn beäugt, denn sie haben schon Besitz ergriffen von einem Loch im Felsen zum Behufe des Nestbaus.

Ferner entdecke ich auf meinen Streifzügen ein Nest der großen schwarzen Blattschneiderameise (*Œcodoma*), die auf dem gesamten südamerikanischen Kontinent anzutreffen ist – und die ein führendes Mitglied jenes geselligen Stamms von Insekten darstellt, von denen gesagt wurde, daß sie verstandesmäßig gleich nach uns folgen. Gewiß weist diese Ameise in ihren Handlungen eine sehr große Nähe zum menschlichen Geist auf und hat nicht die unangenehmen Manieren von Arten, die Kriegerkasten und Sklaven halten. Die Blattschneiderameise hat ausschließlich eine landwirtschaftliche Lebensweise und errichtet unterirdische Galerien, in denen sie frische Blätter in erstaunlichen Mengen hortet. Die Blätter werden nicht gefressen, sondern, in kleine Stücke geschnitten, zu Beeten angeordnet: diese Beete überziehen sich rasch mit Reif, einem Bewuchs aus winzigen Pilzen; die Ameisen sammeln diese emsig ein und lagern sie zur Verwendung ein, und wenn das künstliche Beet erschöpft ist, werden die welken Blätter hinausgetragen, um Platz zu schaffen für eine Schicht frischer Blätter. So baut die *Œcodoma* buchstäblich ihre eigene Nahrung an und scheint in dieser Hinsicht eine Stufe erreicht zu haben, welche die bisher beschriebener höchstentwickelter Ameisenstaaten offenbar übersteigt. Eine weitere interessante Tatsache ist es, daß die Blattschneider, obwohl sie friedlich veranlagt sind und nie Verstimmung zeigen, außer wenn sie unbegründet gestört werden, ebenso mutig sind wie irgendeine rein räuberische Art, nur scheinen ihre Zorngefühle und kriegerischen Eigenschaften stets von Vernunft und dem öffentlichen Wohl beherrscht zu werden. Gelegentlich zieht ein Volk von Blattschneidern gegen eine benachbarte Ameisenkolonie einer anderen Art in den Krieg; dabei scheinen sie, wie bei allem anderen, mit einem bestimmten Ziel und einer großen Überlegung zu handeln. Kriege sind nicht sehr häufig, doch bei all denen, deren Zeuge ich war – und ich habe diese Spezies von Kindheit an gekannt – ist das Geschick des Staats in einer einzigen großen Schlacht entschieden worden. Ein geräumiger, kahler, ebener Fleck Erde wird gewählt, worauf sich die streitenden Heere begegnen, wobei der Kampf mehrere Stunden ununterbrochen wütet, um an mehreren Folgetagen erneuert zu werden. Die Kämpfer, gleichmäßig über ein großes Areal verteilt, sieht man in Einzelkämpfe verwickelt oder in kleinen Gruppen, während andere, Nicht-Kämpfer, flink umherrennen und die toten und außer Gefecht gesetzten Krieger vom Schlachtfeld entfernen.

Vielleicht wird ein Leser, der auf einem Londoner Platz Bekanntschaft mit der Natur gemacht hat, über meine erstaunliche Ameisengeschichte lächeln. Nun, ich habe auch gelächelt und vielleicht ein wenig geweint als ich, Zeuge einer dieser »entscheidenden Schlachten der Welt«, gedacht habe, daß die beständige Zivilisation der *Œcodoma*-Ameisen wahrscheinlich weiterhin auf der Erde wirken wird, wenn unser Fiebertraum des Fortschritts aufgehört hat, sie zu peinigen. Scheint diese Vorstellung sehr phantastisch? Könnte nicht solch ein Gedanke einem peruanischen Priester durch den Kopf gegangen sein, während er müßig die Mühen einer Kolonie von Blattschneidern betrachtete – vor tausend Jahren, sagen wir, bevor das nagende Übel in seinen Organismus eingedrungen war, um diesen, lange bevor die Spanier kamen, reif für den Tod zu machen? Die Geschichte bewahrt ein kleines Bruchstück, das zeigt, daß die Inkas selbst nicht allesamt Sklaven der hehren Traditionen waren, die sie dem gemeinen Volk beibrachten; daß sie ebenso wie die modernen Philosophen eine Vorstellung von dieser unversöhnlichen Macht der Natur besaßen, die alle Dinge bestimmt, und die über Viracocha und Pachacamac und den majestätischen Göttern steht, die den Wirbelwind und den Sturm lenkten und ihre Throne auf den ewigen Andengipfeln hatten. Fünf oder sechs Jahrhunderte haben wahrscheinlich in der Ökonomie der *Œcodoma* nur wenig verändert, aber die prächtige Zivilisation der Sonnenkinder, obwohl sie auf ihrem Antlitz den Stempel unabänderlicher und endloser Dauer trug, ist gänzlich von der Erde verschwunden.

Um von dieser Abschweifung zurückzukehren. Das Nest, das ich entdeckt habe, ist dichter bevölkert als London, und es zweigen verschiedene Wege von ihm ab, jeder vier oder fünf Zoll breit, und schlängelt sich Hunderte von Yards durch die Büsche. Nie war eine Hauptverkehrsader in einer großen Stadt mehr erfüllt vom geschäftig hastenden Volk als eine dieser Straßen. Als ich neben einer saß, gerade dort, wo sie sich über den weichen gelben Sand wand, wurde ich müde, dieser endlosen Prozession kleiner Racker zuzusehen, von denen ein jeder ein Blatt im Maul trug; und plötzlich drang mir ein Flüstern von jemandem ins Ohr:

> Wer findet noch eine Büberei,
> Die müßige Hände anrichten können.

Es ist stets angenehm, einen hypothetischen Jemand zu haben, auf den man die Verantwortung für seine bösen Taten schieben kann. Indem ich mein Gewissen darauf aufmerksam machte, daß ich nur im Begriffe sei, ein wissenschaftliches Experiment durchzuführen, eines, das nicht annähernd so grausam sei wie viele, an denen sich der fromme Spallanzani höchstlich ergötzte, schaufele ich eine tiefe Grube in den Sand; und die Ameisen, die mit ihrer üblichen blinden, einfältigen Klugheit auf ihrem Weg bleiben, purzeln übereinander hinein. Heran, heran kommen sie, zu Zwanzig und Hunderten wie eine endlose Herde von Schafen, die in eine Grube hinabspringen, in die sie der verrückte Leithammel geführt hat: bald sind die Hunderte zu Tausenden angeschwollen, und der gähnende Abgrund beginnt sich mit einer tintenfarbenen Masse wimmelnder, beißender, zappelnder Ameisen zu füllen. Jeder stürzende Blattschneider reißt ein paar Körner tückischen Sandes mit sich, was den Fall abfedert; und bald ist die Grube zum Überlaufen voll. In weiteren fünf Minuten werden sie alle wieder draußen sein bei ihren gewohnten Arbeiten, gerade nur ein wenig wund an den Beinen, vielleicht wo sie sich gegenseitig gebissen haben, aber nichts Schlimmeres trotz ihres Sturzes, und alles, was von der fürchterlichen Höhlung bleibt, wird eine leichte Unebenheit des Bodens sein.

Zufrieden mit dem Ergebnis, nehme ich meinen einsamen Streifzug wieder auf, und als ich über kurz oder lang auf einen schönen Escandalosa-Busch stoße, beschließe ich, meiner Liste von Untaten Brandstiftung hinzuzufügen. Es könnte seltsam erscheinen, daß ein Busch Escandalosa heißen sollte, was einfach skandalös bedeutet oder, um Mißverständnisse zu vermeiden, was bloß skandalös bedeutet; aber dies ist einer dieser komischen Namen, den die Argentinischen Bauern einer ihrer komischen Pflanzen verliehen haben: trockne Liebe, Teufels Schnupftabakdose, Scheukraut und viele andere. Der Escandalosa ist ein weit ausgreifender Strauch, drei bis fünf Fuß hoch, dicht behangen mit stachligen Blättern und das ganze Jahr über mit großen, blaßgelben, unvergänglichen Blüten bedeckt; und das Komische an der Pflanze ist, daß sie, kommt sie mit Feuer in Berührung, wie ein Holzstoß entflammt und mit einem wunderbaren zischenden und krachenden Geräusch unverzüglich zu Asche verzehrt wird. Und so verbrennt sich der von mir gefundene Busch selbst, indem ich ein angezündetes Streichholz an seine Wurzeln halte.

In erstaunlichem Maße erfreue ich mich des Schauspiels, solange es währt und die glänzenden Zungen der weißen Flamme durch das dunkle Blattwerk schießen und hüpfen und eine höchst hübsche Vorstellung bieten; doch bald, als ich den Haufen weißer Asche zu meinen Füßen betrachte, wo das grüne, mit seinen unvergänglichen Blüten bedeckte Wunder einen Augenblick zuvor geblüht hat, beginne ich mich arg über mich zu schämen. Denn wie habe ich meinen Tag verbracht? Mit Gewissensbissen denke ich an den handgreiflichen Spaß mit den einfältigen Bläßhühnern, auch an die Bestürzung, die ich einer ganzen Kolonie emsiger Ameisen bereitet habe; denn der Müßiggänger schaut ungeduldig auf die Beschäftigungen anderer und ist stets froh über eine Gelegenheit, die Nutzlosigkeit ihres Mühens aufzuzeigen. Aber welches Motiv hatte ich, als ich diesen blühenden Busch in Brand steckte, der weder rackerte noch umhertollte, diese langsam wachsende Pflanze, nutzlos unter Pflanzen, so wie ich unter meinen Mitmenschen? Ist es nicht so, daß etwas vom Geist unserer äffischen Vorfahren immer noch in uns fortdauert? Wer Affen in Gefangenschaft beobachtet hat – ihren gründlichen, inkonsequenten Ernst und das verrückte Entzücken über ihre eigene Unvernunft – hat der sie nicht darum beneidet, daß sie völlig unempfänglich gegen kaltes Kritisieren sind? Diese tiefe Erleichterung, die alle Menschen, ob ernst oder fröhlich, erfahren, wenn sie von den Fesseln der Konvention in die Einsamkeit fliehen, was ist sie schließlich anderes als das Entzücken, zurück zur Natur zu gehen, eine Zeitlang das zu sein, was wir immer sehnlich sein wollen, es zu sein, wilde Tiere nämlich, unbehinderte Affen, wobei uns niemand bei unseren Luftsprüngen hemmt und wir bloß einen schärferen Sinn für die Lächerlichkeit haben, uns von anderen Geschöpfen zu unterscheiden?

Aber was, denke ich auf einmal, wenn jemand auf der Suche nach Wurzeln und Harzen oder der nur neugierig ist zu erfahren, wie ein praktischer Naturforscher, ohne

Gewehr in den Wäldern seine Tage verbringt, mir die ganze Zeit folgen und mich beobachten würde? Ich springe beunruhigt auf und werfe rasch Blicke um mich her. Gütiger Himmel! was ist dieses verdächtig menschlich aussehende Ding, siebzig Yards entfernt zwischen den Büschen? Ah, unsägliche Erleichterung, es ist nur der schöne, hasenähnliche *Dolichotis patagonia*, der auf seinen Läufen sitzt und mich mit einem sanftem Erstaunen in seinen großen, runden, scheuen Augen ansieht.

Die kleinen Vögel sind kühner und kommen in Scharen, spähen neugierig von jedem Zweig, zirpen und zwitschern mit gelegentlichen Explosionen schrillen Spottgelächters. Ich spüre, wie ich über das ganze Gesicht erröte; ihre spöttischen Bemerkungen werden unerträglich, und wie die Eule entfliehe ich ihren Verfolgungen, um mich in einem dichten Dickicht zu verbergen. Dort liege ich, umgeben von grau-grünen Vorhängen, auf einem Boden von weichem gelben Sand, still und reglos wie mein Nachbar, die kleine Spinne, die in ihrem geometrischen Netz sitzt, bis das schwindende Licht und die Flöte des Steißhuhns mich zum Abendbrot heimschicken.

KAPITEL X

Vogelmusik in Süd-Amerika

Im Sommer, Winter und Frühling war es eine unerschöpfliche Freude in Patagonien, dem Gesang der Vögel zu lauschen. Sie gab es dort in größter Fülle, wo das bewirtschaftete Tal mit seinen Hainen und Obstgärten am schmalsten war und die dornige Wildnis des Hochlandes ganz nah; genau so wie es in England von kleinen Vögeln hauptsächlich dort wimmelt, wo Obstplantagen an ausgedehnte Wälder und Parkanlagen grenzen oder in ihrer Nähe liegen. Die ersten haben ein unerschöpfliches Angebot an Insektennahrung, die zweiten bieten ihnen das von ihnen bevorzugte verwilderte Gehölz, und sie streichen häufig von dem einen zum anderen Ort. Ein wenig abseits vom Fluß herrschte längst nicht solche Fülle von Vögeln, und in den Hochebenen hundert Meilen von der Küste entfernt waren sie sehr selten.

Wenn mich die Neigung zum Müßiggang befiel, pflegte ich in dem Buschland fernab des Flusses umherzustreifen, insbesondere während des warmen Frühlingswetters, wenn es ein paar neue Stimmen von Zugvögeln zu hören gab, die gerade aus den Tropen angekommen waren, und wenn die Gesänge der standorttreuen Arten eine größere Kraft und Schönheit erlangt hatten. Es war eine Freude, einfach stundenlang weiter und weiter zu wandern, mich vorsichtig zwischen den Büschen zu bewegen, ab und zu innezuhalten, um einem neuen Ton zu lauschen; oder mich zu verstecken und regungslos mitten in einem Dickicht zu sitzen oder zu liegen, bis die Vögel meine Anwesenheit vergaßen oder nicht mehr durch sie beunruhigt waren. Die verbreitete, standorttreue Spottdrossel war immer zugegen, jeder Vogel saß reglos auf dem höchsten Zweig seines bevorzugten Dornbuschs und gab ab und zu eine paar Töne, eine Phrase von sich, und dann lauschte er den anderen.

Doch gab es einen bitteren Tropfen in meinem süßen Trank. Es verdroß mein Gemüt und machte mich fast unglücklich zu denken, daß Reisende und Naturforscher aus Europa, deren Arbeiten mir bekannt waren, über die für mich so bedeutsame Vogelmusik entweder schwiegen oder andernfalls nur sehr wenig sagten (und dies meist geringschätzig). Darwins wenige Worte waren mir besonders im Gedächtnis und nagten am meisten an meinem Gemüt, weil er der Größte war und dem Leben der Vögel im südlichen Südamerika erhebliche Aufmerksamkeit geschenkt hatte. Das höchste Lob, das er einem patagonischen Singvogel spendete, war, daß er über »zwei oder drei gefällige Töne« verfügte; und von dem Calandria-Spottdrossel, einem der hervorragendsten Melodiensänger, schrieb er, daß dies beinahe der einzige von ihm in Südamerika gesehene Vogel sei, der regelmäßig seinen festen Platz zum Zweck des Singens einnehme; er sei bemerkenswert, weil er einen Gesang besitze, der dem jeder anderen Art überlegen sei, und *daß sein Gesang dem des Schilfrohrsängers gleiche!* (S. 58f)

Da gerade von britischen Arten die Rede ist, glaube ich nicht, daß man mit Recht sagen könnte, der Gesang des Schilfrohrsängers gleiche dem der Singdrossel. Ich meine, daß der Gesang der Drossel oft dem des besagten Spottvogels gleicht, so daß es kaum übertrieben wäre zu sagen, daß man das gesamte Konzert der Singdrossel aus der Darbietung der Calandria- Spottdrossel entfernen könnte, ohne daß man es allzu sehr vermissen würde.

Ich hegte damals den starken Wunsch, zu diesem Thema etwas zu sagen, denn, wenn ich auch die umfangreichere Frage der Vogelmusik Südamerikas beiseite ließ, konnte ich nicht umhin zu denken, daß diese Beobachter die ganz hervorragende Leistung der mir bekannten Sänger nicht verstanden hätten. Aber ich hatte keine Berechtigung zu sprechen; ich hatte keine Nachtigall, Singdrossel, Amsel, Lerche und keine der anderen Mitglieder dieses berühmten Chors gehört, deren Melodie so viele Jahrhunderte lang das Entzücken unseres Menschengeschlechts gewesen ist; mir fehlte der Maßstab, den die anderen hatten, und deshalb konnte ich nicht absolut sicher sein, daß ein Fehler gemacht worden war und daß die Meinung, die ich mir zu den Sängern meines eigenen Distrikts gebildet hatte, nicht zu hoch war. Jetzt, da ich mit der Musik britischer

Singvögel im Naturzustand vertraut bin, liegt der Fall anders, und ich kann mich ohne Furcht und Zweifel zu dem Thema äußern. Doch beabsichtige ich nicht, an dieser Stelle von der südamerikanischen Vogelmusik, die ich kenne, im Vergleich mit der englischen zu sprechen. Und dies aus zwei Gründen. Einer ist, daß ich bereits über das Thema geschrieben habe, und zwar in *Argentine Ornithology* und *The Naturalist in La Plata*. Der zweite ist, daß Vogelmusik und Vogellaute, fürwahr, im allgemeinen selten beschreibbar sind. Wir haben keine Symbole, um solche Klänge zu Papier zu bringen, daher sind wir ebenso unfähig, einem anderen den Eindruck zu übermitteln, den sie auf uns machen, wie wir es bei der Beschreibung von Blumendüften sind. Es ist vielleicht schwierig, uns von dieser Unfähigkeit zu überzeugen; in meinem Fall wurde mir diese betrübliche Erkenntnis in einer Weise aufgedrängt, die eine Ausflucht unmöglich machte. Keine fernab von England lebende Person könnte sich gründlicher bemüht haben als ich, eine genaue Vorstellung von den Gesängen britischer Vögel zu erlangen als ich, indem ich diejenigen befragte, die Bescheid wußten, und indem ich ornithologische Werke las. Doch all meine Mühe war umsonst, wie ich danach herausfand, als ich die Vögel hörte und als mir fast jedes Lied zur Überraschung gereichte. Es hätte gar nichts anders gewesen sein können. Um nur ein halbes Dutzend der minderen britischen Melodiensänger zu nennen: die feinen Strahlen einer funkelnden Melodie, die das Rotkehlchen hervorsprudeln läßt; die getragenere Lyrik des Zaunkönigs, durchdringend und doch köstlich; der sorglose Gesang, halb Lied, halb Rezitativ, des gewöhnlichen Laubsängers; die kleinen Bruchstücke verträumter, ätherischer Musik, die der Weidenzeisig inmitten des hohen, durchscheinenden Blattwerks von sich gibt; die gehetzte, wunderliche Mischung aus melodiösen und heiseren Tönen, die der Schilfrohrsänger bietet; der von manchen Leuten Zwitschern genannte Gesang der Schwalbe, worin die raschen, emporhüpfenden Töne in der Luft zu tanzen scheinen, um mehr als einmal gleichzeitig ans Ohr zu dringen, als ob mehr als ein Vogel sänge, spontan und glücklich wie ein feengleiches, unvorstellbares Kind – wer kann irgendeine Vorstellung von Klängen wie diese mit derartigen Symbolen wie Worten geben! Man kann sagen, daß ein Gesang lang oder kurz ist, abwechslungsreich oder eintönig, daß ein Ton süß, hell, schmelzend, stark, schwach, laut, schrill, durchdringend usw. ist; aber durch all das erlangen wir keine Vorstellung von der charakteristischen Art des Klangs, da diese Wörter nur Klassen oder allgemeine Eigenschaften beschreiben, nicht das Besondere und Individuelle. Manchmal scheint es uns bei der Beschreibung eines Gesangs hilfreich zu sein, seine Empfindung wiederzugeben, wenn es uns so vorkommt, als wäre ihm eine menschliche Empfindung eigen, und wir sie fröhlich, glücklich, klagend, zärtlich usw. nennen; doch dies ist ein ungefährer Notbehelf und leitet oft genug fehl. So war ich im Fall der Nachtigall durch die Lektüre zu der Erwartung verleitet gewesen, einen deutlich klagenden Gesang zu vernehmen und fand ihn dann so weit vom Klagenden entfernt, daß ich zum entgegensetzten Extrem gebracht wurde und ihn (mit Coleridge) einen glücklichen Gesang nannte. Doch allmählich gab ich diese Vorstellung als ebenso falsch wie die andere auf; je mehr ich lauschte, um so mehr bewunderte ich die Reinheit des Klangs bei manchen Tönen, die erlesene Phrasierung, die schönen Kontraste; die Kunst war vollkommen, aber in all dem lag keine Leidenschaft – keine menschliche Empfindung. Empfindung einer nicht menschlichen Art gab es vielleicht darin, doch nicht Glück, wie wir es uns beim Gesang der Lerche vorstellen, und gewiß nicht Kummer oder irgend etwas Trauriges. Und wenn wir dann einem Gesang lauschen, den alle übereinstimmend als »zärtlich« bezeichnen, erkennen wir vielleicht eine Eigenschaft, die der Eigenschaft der Zärtlichkeit in der menschlichen Sprache oder in der Vokalmusik schwach ähnelt oder dergleichen Wirkung auf uns hat; doch wenn wir einen Augenblick nachdenken, sind wir überzeugt, daß es nicht Zärtlichkeit ist, daß die Wirkung nicht ganz die gleiche ist; daß wir sie nur so beschrieben haben, weil wir kein passendes Wort haben; daß es wirklich keine Andeutung einer menschlichen Empfindung darin gibt.

Die alte Methode, die Töne und Klänge der Vögel zu *buchstabieren,* findet bei einigen unbekümmerten Naturforschern immer noch Gefallen, und möglicherweise glauben diejenigen, die diese Methode anwenden, wirklich, daß das gedruckte Wort für den Leser einen Vogellaut darstellt und daß diejenigen, die nie den Klang gehört haben, durch diese einfachen Mittel eine Vorstellung davon bekommen, geradeso wie gewisse willkürlich gewählte Markierungen oder Zeichen auf einem Blatt geschriebener Musik menschliche Laute darstellen. Es ist Phantasterei und Trug. Wir haben noch kein System willkürlich gewählter Zeichen erfunden, um Vogellaute darzustellen und werden solch ein System auch wohl kaum erfinden, da wir erstens die Laute nicht richtig kennen und, aufgrund ihrer Anzahl und ihrer Eigentümlichkeit, nicht mehr als ein paar von ihnen richtig kennen können; und zweitens, weil sie bei jeder Art verschieden sind; und genauso wie unsere menschliche Notenschrift einzig unsere spezifisch menschlichen Klänge darstellt, so wäre die Notenschrift einer Vogelsprache, die der Feldlerche etwa, nicht auf die Sprache anderer Arten, etwa die Nachtigall, anwendbar, und zwar wegen des Unterschieds in Beschaffenheit und *Timbre* bei den beiden.

Ein Grund für die extreme Schwierigkeit, Vogellaute so zu beschreiben, daß irgendeine Annäherung an eine genaue Vorstellung von ihnen vermittelt wird, stellt die Tatsache dar, daß es bei den meisten von ihnen, von den lautesten – dem schallenden Schrei oder Ruf, der auf eine Entfernung von zwei oder drei Meilen zu hören ist – bis zu dem zartesten klingelnden oder lispelnden Ton, der von einem Geschöpf ausgesandt werden könnte, das nicht größer als eine Fliege ist, eine gewisse ätherische Eigenschaft gibt, die sie von allen anderen Klängen unterscheidet. Gewiß tragen verschiedene Gründe dazu bei, ihnen diese Eigentümlichkeit zu verleihen. Da gibt es die ausgeprägte Entwicklung des Stimmorgans, welche der Stimme, obzwar sie zarter ist, eine viel größere Tragweite verleiht als der anderer gleich großer oder größerer Geschöpfe. Der Körper bei Vögeln ist weniger kompakt; seine Knochen und Federn sind mit Luft gefüllt und wirken in mannigfacher Weise als Resonanzboden; darüber hinaus wird die äußerst dehnbare Speiseröhre, obwohl sie keine Verbindung mit der Luftröhre hat, durch die aufgenommene Luft aufgebläht, wenn der Vogel seine Töne von sich gibt, und diese Luft, sowohl wenn sie angehalten und freigesetzt wird, wirkt in gewisser Weise auf die Stimme ein. Dann wiederum singt oder ruft der Vogel in der Regel von einer größeren Höhe aus und kauert sich nicht auf seinem Platz nieder wie eine Kröte, sondern da er auf seinen schlanken Beinen über diesen erhoben ist, erlangen die Laute, die er äußert, eine größere Resonanz.

Es gibt Vogellaute, die anderen Klängen ähneln können und dies auch oftmals tun; sie klingen wie Glocken, wie das Klirren von Hammerschlägen auf einem Amboß und wie verschiedene andere metallische Geräusche; und wie Schläge auf straff gespannten Metallsaiten; auch wie die mehr oder weniger musikalischen

Klänge, die wir Holz und Knochen und Glasgefäßen abgewinnen können, indem wir sie anschlagen oder indem wir mit den befeuchteten Fingerspitzen über ihre Ränder streichen. Es gibt auch Laute, die denen von Säugetieren geäußerten ähneln wie Brüllen, Muhen, Blöken, Wiehern, Bellen und Kläffen. Andere ahmen die Klänge verschiedener Musikinstrumente und menschliche Stimmlaute nach wie Sprechen, das Summen einer Melodie, Pfeifen, Lachen, Stöhnen, Niesen, Husten usw. Aber bei allen oder bei einer sehr großen Zahl gibt es einen luftige, nachhallende Eigenschaft, die einem, selbst in einem tiefen Wald, inmitten einer unvertrauten Fauna, sagt, daß der neue und seltsame Klang von einem Vogel kommt. Der klirrende Amboß ist in den Wolken; das Glockengeläut ist irgendwo in der Luft, im Nichts hängend; die unsichtbaren menschlichen Geschöpfe, die pfeifen und Melodien summen und einander zuflüstern und in die Hände klatschen und lachen, sind nicht, wie wir selbst, an die Erde gebunden, sondern gleiten nach Lust und Laune hin und her.

Manchmal nehmen andere Klänge, selbst die irdischsten, etwas von dieser luftigen Eigenart an, wenn sie in einer gewissen Entfernung in einer stillen Atmosphäre gehört werden. Und manche unserer schönen Klänge, wie diejenigen von Flöte und Waldhorn und Flageolett und einiger anderer, besitzen, vernimmt man sie leise unter freiem Himmel, das luftige Wesen von Vogeltönen; mit dem Unterschied, daß sie für den Gehörsinn undeutlich und nicht genau bestimmbar sind, während der Vogelton, obwohl er derart luftig ist, der deutlichste von allen Klängen ist.

Mr. John Burroughs hat in seinem ausgezeichneten Buch *Impressions of some British Song Birds* gesagt, daß viele der amerikanischen Singvögel scheue Waldvögel seien, die man selten in der Nähe der menschlichen Ansiedlungen sehen oder hören würde, während nahezu alle britischen Vögel halb domestiziert seien und in Gärten und Obsthainen sängen; daß aufgrund dieser Tatsache, in Verbindung mit den sanfteren und klagenderen Stimmen, welche die amerikanischen Singvögel haben, diese dem europäischen Reisenden als geringer erscheinen würden als seine eigenen. Diese Feststellung würde ebenso zutreffen und sogar an Gültigkeit gewinnen, wenn wir an die Stelle von Nordamerika den heißen oder größeren Teil Südamerikas oder die neotropische Zone, die das gesamte Amerika südlich des Isthmus von Tehuantepec umfaßt, setzen würden. Im ganzen tropischen und subtropischen Teil dieser Gegend, die beträchtlich reicher an Arten ist als die Nordhälfte des Kontinents, häufen sich die Singvogel gewiß nicht in dem Maße wie die europäischen um die menschlichen Wohnstätten, als ob ihnen liebliche Stimmen allein deshalb gegeben wären, damit sie menschliche Hörer ergötzen: sie sind in erster Linie Vögel des wilden Waldes, des Sumpfes und der Savanne, und wenn eine ihrer hauptsächlichen Vorzüge übersehen worden ist, dann deswegen, weil der europäische Naturforscher und Sammler, dessen Ziel es ist, viele Exemplare und einige neue Formen zu bekommen, keine Zeit hat, sich mit den Lebensgewohnheiten und Fähigkeiten der Arten vertraut zu machen, denen er begegnet. Andererseits kommen Vögel an einigen Stellen in den Tropen äußerst selten vor und im tiefen Wald fehlen sie oft gänzlich. Über Britisch Guayana schreibt Mr. im Thurn: »Das fast völlige Fehlen von lieblichen Vogellauten fällt dem Reisenden sofort auf, der aus gemäßigten Ländern kommt, wo es von Drosseln und Sängern wimmelt.« Und Bates sagt von den Wäldern des Amazonas: »Die wenigen Vogellaute sind von der nachdenklichen und geheimnisvollen Beschaffenheit, die eher den Eindruck der Einsamkeit verstärkt als daß sie ein Gefühl von Leben und Fröhlichkeit übermittelt.«

Es ist nicht nur dieses geringe Vorkommen an Vögeln in weiten Landstrichen, das die Tropen für die europäische Vorstellung als eine Gegend hat erscheinen lassen, »wo Vögel zu singen vergessen«, und das viele Reisende und Naturforscher veranlaßt hat, eine derart geringe Meinung von der südamerikanischen Vogelmusik zum Ausdruck zu bringen. In den meisten Köpfen ist noch etwas von der alten Vorstellung geblieben, daß Vögel mit leuchtendem Gefieder nur rauhe, unangenehme Töne von sich geben – der Ara und der Pfau sind Beispiele; während die schlicht gefärbten Vögel gemäßigter Regionen, insbesondere Europas, die Gabe der Melodie besitzen; diese lieblichen Töne werden in England vernommen und durchdringende und kreischende Schreie in den Tropen. Tatsächlich ist in den heißen Regionen die Zahl der Vögel mit matt gefärbtem Gefieder wesentlich höher als die der farbenfrohen. Nur um zwei südamerikanische Sperlingsfamilien zu erwähnen, die Baumsteiger und die Ameisenvögel, die es zusammen auf nahezu fünfhundert Arten oder ebenso viele wie alle Vogelarten in Europa zusammen bringen, sind bis auf wenige Ausnahmen schlicht gefärbt. Der melodische Distelfink, die Goldammer, der Bluthänfling, die Blaumeise, der Buchfink und die Schafstelze wirken unter ihnen sehr farbenfroh und auffällig. Doch sind jene schlicht gefärbten tropischen Vögel, die ich erwähnt habe, keine Sänger.

Man muß auch berücksichtigen, daß Südamerika eine große Vielfalt an Klimaten umfaßt; daß das gesamte von Chile eingenommene Gebiet, die Südhälfte von Argentinien und Patagonien in der gemäßigten Zone liegen. Ebenso, daß ein großer Teil der südamerikanischen Singvögel Familien angehört, die über die ganze Welt verbreitet sind, zu denen all die schönsten Stimmen Europas gehören – Drosseln, Sänger, Zaunkönige, Lerchen, Finken. Die echten Drosseln sind gut vertreten und einige unterscheiden sich nur leicht von europäischen Formen – das Pfeifen der argentinischen Amsel wird von einem Engländer manchmal fälschlicherweise für das des kleineren heimatlichen Vogels gehalten. Die Spottdrosseln bilden eine Gruppe derselben Familie *(Turdidae)*, haben aber höher entwickelte stimmliche Fähigkeiten. Es stimmt, daß die Tangaras, die sich etwa auf vierhundert Arten mit zumeist leuchtendem Gefieder belaufen, wobei einige mit ihren lebhaften Farben und ihrem metallischen Glanz den Kolibris den Rang streitig machen, eine ausschließlich neotropische Familie bilden; aber sie sind den Finken nah verwandt, und in den Gattungen, in denen sich die beiden großen und melodischen Familien berühren und vermischen, ist es von manchen Arten unmöglich zu sagen, welche Finken und welche Tangaras sind. Eine weitere, rein amerikanische Familie mit einhundertunddreißig bekannten Spezies, die große Mehrzahl von ihnen mit prächtigen oder leuchtenden oder bunten und stark kontrastierenden Farben geschmückt, sind die Trupiale – *Icteridae;* und diese sind mit den Staren der Alten Welt nah verwandt.

Schließlich mag hinzugefügt werden, daß die wahren Melodiensänger der neotropischen Region – die Sperlingsvögel der Unterordnung Oscines (Echte Singvögel), die ein ausgebildetes Stimmorgan haben – etwa zwölfhundert Arten zählen: – ein bedeutendes Faktum, wenn man sich ins Gedächtnis ruft, daß von den fünfhundert Vogelarten in Europa höchstens zweihundertfünf als Singvögel eingestuft werden, einschließlich Fliegenschnäppern, Rabenvögeln und vielen anderen, die keine Melodie haben.

Aufgrund dieser Tatsachen und Zahlen ist es also klar, daß es Südamerika nicht an Singvögeln fehlt, daß es im Gegenteil alle anderen, gleich großen Gebiete der Erde an der Zahl von Arten übertrifft.

Es muß nur noch etwas über ein anderes Thema gesagt werden – nämlich über das Wesen und den Wert der Musik. Und jetzt könnte der Leser denken, ich hätte mich selbst in ein Dilemma gebracht, da ich mit der Klage über die verächtliche Meinung begann, welche europäische Schriftsteller über die Melodiensänger meines Landes zum Ausdruck bringen, und gleichzeitig jeglichen Versuch ablehnte, selber ihren Gesang zu beschreiben und ihn mit dem Englands zu vergleichen. Es ist ein Glück für meine Absicht, daß nicht alle Südamerika-Reisenden, deren Worte von Gewicht sind, ein taubes oder unempfängliches Ohr für die Vogelmusik des großen Vogelkontinents hatten: es gibt bemerkenswerte Ausnahmen; von diesen werde ich nacheinander ein paar Passagen zur Unterstützung meiner Behauptung zitieren und beginne mit Felix de Azara, einem Zeitgenossen von Buffon, und schließe mit den beiden berühmtesten Reisenden unserer Zeit, die Südamerika besucht haben – Wallace und Bates.

Von Darwin ist nur hinzuzufügen, daß seine Worte zu dem Thema der Vogelgesänge so rar und von so geringem Wert sind, daß es wahrscheinlich ist, daß ihm diese Art von natürlicher Melodie geringe oder gar keine Freude bereitete. Es ist nicht ungewöhnlich, solchen zu begegnen, die dieser gegenüber völlig gleichgültig sind, ebenso wie es andere gibt, die von menschlicher Musik, gleich ob sie von Stimmen oder Instrumenten stammt, nicht angenehm berührt sind.

In Spanien war Azara von Kindheit an mit den Singvögeln Europas vertraut gewesen und in Paraguay und La Plata schenkte er der Sprache der von ihm beschriebenen Arten große Aufmerksamkeit. In seinen ewig frischen *Apuntamientos* sagt er: »Diejenigen gehen fehl, die denken, es gebe hier nicht so viele gute Sänger wie in Europa«; und in der Einführung zu demselben Werk schreibt er, indem er sich auf Buffons Meinung vom geringeren Wert der amerikanischen Sänger bezieht: »Aber wenn man einen Chor von Sängern in der Alten Welt auswählen würde und ihn mit einem gleich großen aus Paraguay vergliche, so bin ich nicht sicher, wer den Sieg davontragen würde.« Über den Hauszaunkönig von La Plata (*Troglodytes furvus*) sagt Azara, daß sein Gesang »im Stil mit dem der Nachtigall vergleichbar ist, obwohl seine Phrasen nicht so zart und ausdrucksvoll sind; dennoch zähle ich ihn zu den erstklassigen Sängern.« Diese Meinung (wobei ich Daines Barringtons irreführende Liste im Sinn hatte) ließ mich an der Richtigkeit seines Urteils oder seiner Erinnerung zweifeln, da der fragliche Zaunkönig ein äußerst fröhlicher Sänger ist; aber als ich dann die Nachtigall hörte, über deren Gesang ich mir eine derart falsche Vorstellung gemacht hatte, schien es mir, daß Azara nicht auf dem Holzweg war. Nichts überraschte mich hier mehr als der Gesang des britischen Zaunkönigs – ein Strom durchdringender, hoher, ungetrübter Töne, so gänzlich verschieden von dem glänzenden, freudigen und abwechslungsreichen Gedicht seines nahen Verwandten in diesem fernen Land.

Die melodische Zaunkönigfamilie zählt in der neotropischen Region viele artenreiche Gattungen: und ebenso wie in diesem Kontinent die Drosseln bei den Spottdrosseln eine vielfältigere und schönere Musik entwickelt haben, so auch besagte Zaunkönige bei solchen Gattungen wie *Thyothorus* und *Cyphorbinus*, welche die berühmten Flötenvögel und Organisten des tropischen Südamerika umfassen. D'Orbigny spricht in *Voyage dans l'Amérique Méridionale* hingerissen von einem dieser Zaunkönige, der auf einem Zweig über dem Sturzbach saß, wo seine herrliche, melodische Stimme offenbar in seltsamem Gegensatz zu dem melancholischen Anblick seiner Umgebung stand. Seine Stimme, sagt er, die mit nichts vergleichbar sei, was wir in Europa haben, übertreffe die der Nachtigall an Umfang und Ausdruck. Oftmals klinge sie wie eine Melodie, die von einer Flöte in großer Entfernung vorgetragen wird; ein andermal sind ihre lieblichen und abwechslungsreichen Kadenzen mit hellen, durchdringenden Tönen und tiefen Kehllauten vermischt. Wir verfügen wirklich nicht über Worte, so schließt er, um die Wirkungen dieses Gesangs angemessen zum Ausdruck zu bringen, Gesang, der inmitten einer üppigen Natur und in einer derart wilden und grausamen Natur vernommen wird.

Mr. Simson schreibt in seinem Buch *Travels in the Wilds of Ecuador* ebenso begeistert über eine Art des *Cyphorhinus*, die in diesem Land verbreitet ist. Es war die volltönendste und schönste Vogelmusik, die er je gehört hatte; der Gesang war nicht ganz der gleiche bei allen Einzeltieren und sein Ton glich am ehesten der lieblich klingenden Flöte; die musikalische Korrektheit der Noten war erstaunlich und veranlaßte einen zu der Vorstellung, die Klänge seien durch menschliches Wirken hervorgebracht worden.

Sogar noch wertvoller ist das Zeugnis von Bates, einer der am wenigsten zu beeindruckenden Gelehrten, die im tropischen Südamerika lebten; doch ist seine Darstellung des Vogels nicht weniger faszinierend als die von D'Orbigny. »In der Nähe dieser Hütten«, schreibt er »hörte ich oftmals den Realejo oder Flageolettvogel *(Cyphorhinus cantans)*, den bei weitem bemerkenswertesten Sänger des Amazonaswaldes. Wenn seine einzigartigen Töne zum erstenmal auf das Ohr treffen, kann man sich des Eindrucks nicht erwehren, daß sie von einer menschlichen Stimme hervorgebracht wurden. Ein musikalischer Knabe hat wohl Früchte im Dickicht gesammelt und singt ein paar Töne, um sich Mut zu machen. Die Töne wurden flötenartiger und klagender; sie sind nun die eines Flageoletts, und obwohl die Sache äußerst unwahrscheinlich ist, ist man für einen Augenblick davon überzeugt, daß jemand dieses Instrument spielt ... Einzig und allein der Singvogel ist es, der auf die Eingeborenen einen Eindruck macht, und sie lassen manchmal ihre Paddel ruhen, wenn sie in ihren kleinen Kanus längs der schattigen Seitenpfade unterwegs sind, als ob sie von dem geheimnisvollen Klang getroffen wären.« Der Klang muß in der Tat wundervoll sein, wenn er eine solche Wirkung hervorruft!

Um dem Zitieren ein Ende zu setzen, möge uns die folgende einfühlsame Passage aus Wallaces *Amazon and Rio Negro* sehr behilflich sein, uns von einem alten Irrtum zu befreien: »Wir sind zu denken geneigt, daß die allgemeine Feststellung, der Gesang der tropischen Vögel sei um so mangelhafter je prächtiger ihr Gefieder ist, eine Modifikation verlange. Viele der prächtigen Tropenvögel gehören Familien an, die keinen Gesang haben; aber unsere Vögel mit der prächtigsten Färbung wie der Distelfink und der Kanarienvogel sind nichtsdestotrotz musikalisch, und es gibt hier viele schöne kleine Vögel, die dies ebenfalls sind. Wir hörten Töne, die denen der Amsel und des Rotkehlchens glichen, und ein Vogel gab drei oder vier liebliche, klagende Töne von sich, die unsere Aufmerksamkeit besonders anzogen; während manche eigentümliche Rufe haben, in welchen die Phantasiebegabten Worte entdecken mögen und die in der Stille des Waldes eine sehr einnehmende Wirkung haben.«

Um, vor dem Schluß, zu Azaras Bemerkung über einen in Paraguay auserkorenen Vogelchor zurückzukehren. Es scheint mir, daß, wenn die besten Sänger von zwei Bezirken miteinander verglichen worden sind und ein Urteil darüber ergangen ist, noch etwas zu sagen bleibt. Die wohlklingenden Melodien von einigen der am höchsten geschätzten Singvögel tragen nur einen Teil, keinesfalls den größten Teil, zu dem Vergnügen bei, das wir durch Vogellaute irgendeines Bezirks erlangen. Alle natürlichen Laute erzeugen bei gesunden Menschen angenehme Empfindungen: das Prasseln des Regens auf dem Laub des Walds, das Säuseln des Winds, das Muhen der Kühe, das Klatschen der Wogen auf den Strand; und daher bereiten uns, um zu den Vögeln zu kommen, die durchdringenden Laute des Strandläufers und das Klagen des Brachvogels; die Rufe vorbeifliegender Zugvögel; das Krächzen von Saatkrähen in den Ulmen und das Heulen von Eulen und das erschreckende Geschrei des Hähers im Wald kaum weniger Vergnügen als das, was durch den bestimmten Gesang irgendeines Melodiensängers hervorgerufen wird. Es liegt ein Zauber in der unendlichen Vielfalt der Vogellaute, die in den Wäldern und Sümpfen Südamerikas vernommen werden, wo Vögel vielleicht höchst zahlreich sind, die solche mit eintönig melodischen Stimmen übertreffen; der Hörer wollte nicht freiwillig einen der unbeschreiblichen Laute versäumen, welche die kleineren Arten von sich geben, und auch nicht die Schreie und an Menschen erinnernden Rufe oder das feierliche, tiefe Brummen und Trommeln der größeren Arten oder gar die durchdringenden Schreie, die meilenweit zu hören sind. Diese furchterregenden Stimmen, die niemals die Stille und das Beinahe-Schweigen eines englischen Waldlandes durchbrechen, berührt uns wie der Anblick von Bergen und Sturzbächen und das Geräusch des Donners und der Wogen, die sich auf dem Strand brechen; wir sind erstaunt über die grenzenlose Energie und die überschäumende Freude des wilden Vogellebens. Die Vogelsprache eines englischen Waldes oder Obstgartens, die zum großen Teil aus melodischen Tönen besteht, kann mit einer Instrumentengruppe verglichen werden, die gänzlich aus Blasinstrumenten mit einem begrenzten Klangumfang besteht und die keine Geräuschstürme hervorbringt, keine exzentrischen Schwünge und heftigen Kontraste oder irgend etwas, das den Hörer aufschreckt – sondern eine liebliche, aber ein wenig zahme Darbietung. Der südamerikanische Wald hat mehr den Charakter eines Orchesters, in dem eine unzählige Menge unterschiedlicher Instrumente an einer Darbietung mitwirken, in der es viele geräuschvolle Mißklänge gibt, während die ab und zu erklingenden zarten, ätherischen Töne im Gegensatz dazu unendlich lieblich und kostbar erscheinen.

KAPITEL XI

Sehkraft bei Wilden

In Patagonien stockte ich meinen kleinen Bestand an privaten Tatsachen auf, die Augen – ihr Erscheinungsbild, ihre Farbe, ihren Ausdruck – und das Sehen betreffend, Themen, die für mich, soweit ich mich entsinnen kann, eine sanfte Anziehungskraft besessen hatten. Als ich mich als Junge unter die Gauchos der Pampas mischte, gab es einen unter ihnen, der mir, aufgrund seines Äußeren und seiner Wesensart, gewaltige Ehrfurcht einflößte. Unter seinen Gefährten zeichnete er sich durch seinen hohen Wuchs aus, die Dichte seiner Augenbrauen und die beträchtliche Größe seines kohlrabenschwarzen Bartes, die Form und Länge seines *facon* oder Messers, das nichts anderes als ein Säbel war, der wie ein Messer getragen wurden; des weiteren durch die von ihm komponierten Balladen, in denen er mit einer rauhen, unmelodischen Stimme zu dem Geschrummel einer Gitarre von den Kämpfen Mann gegen Mann erzählte, die er sich mit anderen seines Standes – Kämpfern und Desperados – geliefert hatte und in denen er immer Sieger geblieben war, denn seine Gegner sind alle bis auf den letzten Mann getötet worden. Aber seine Augen, seine höchst wunderbare Gesichtsbildung, machten mehr Eindruck auf mich als alles andere; denn ein Auge war schwarz und das andere dunkelblau. Alle anderen sonderbaren und übernatürlichen Dinge in der Natur, die ich persönlich kennengelernt hatte, wie zum Beispiel Pilze, die in Ringen wachsen, und eine Mimose, die bei Berührung zusammenzuckt, und Irrlichter und krähende Hennen und der mörderische Angriff geselliger Vögel und Tiere auf einen ihrer Artgenossen schienen weniger seltsam und wunderbar als die Tatsache, daß die Augen dieses Mannes nicht übereinstimmten, sondern die Augen von zwei verschiedenen Männern waren, als ob es in einem Körper zwei Seelen und zwei Naturen gegeben hätte. Mein Erstaunen war vielleicht nicht unerklärlich, wenn wir bedenken, daß das Auge für uns das Fenster des Geistes und der Seele ist, daß es die Seele zum Ausdruck bringt und sozusagen die verstofflichte Seele selbst ist. Jemand veröffentlichte jüngst in England ein Buch mit dem Titel *Soul-Shapes,* das nicht nur von den Gestalten der Seelen, sondern auch von ihrer Farbe handelt. Der Text dieses Buches interessiert mich weniger als die farbigen Tafeln, die es zieren. Über die gemischten und mehrfarbigen Seelen, die auf den Illustrationen den farbigen Karten in einem Atlas ähneln, gelangen wir zu der blauen Seele, welcher der Verfasser ganz besondere Aufmerksamkeit schenkt. Ihr Blau gleicht dem verbreitetsten Typus des blauen Auges. Diese kuriose Phantasie einer blauen Seele entsprang wahrscheinlich der engen Verbindung von Auge und Seele in der Vorstellung. Es ist bemerkenswert, daß die rein blaue Seele, anders als die gemischten und anders gefärbten Seelen, die offenbar stark aus der Form gegangen sind, wie ein alter Filzhut oder eine gestrandete

Qualle, rund ist wie eine Iris und nur einer Pupille bedürfte, um in ein Auge verwandelt zu werden.

Aber das Thema der Farbe und des Ausdrucks von Augen bei Mensch und Tier muß dem nächsten Kapitel vorbehalten werden; in dem vorliegenden Kapitel werde ich mich auf das Sehen bei Wilden und halb barbarischen Menschen im Vergleich zu unserem beschränken.

Hier entsinne ich mich wiederum eines Begebnisses meiner Knabenzeit, und ich bin nicht sicher, ob nicht dies es war, das mich als erstes für das Thema einnahm.

An einem Sommertag daheim lauschte ich aufmerksam einem Gespräch, das zwei Männer draußen vor der Tür führten, beide in mittleren Jahren und etwa gleichaltrig, der eine ein gebildeter Engländer mit Brille, der andere ein Eingeborener, der sehr eindrucksvoll in seinem Gebaren war und mit einer lauten, gebieterischen Stimme eine Rede zu einer Vielzahl von Themen schwang. Urplötzlich heftete er seinen Blick auf die von dem anderen getragene Brille und, in ein Lachen ausbrechend, rief er aus: »Warum haben Sie immer diese Gläser, die ihre Augen verbergen, rittlings auf ihrer Nase? Sollen sie etwa einen Menschen schöner oder klüger aussehen lassen als seine Mitmenschen oder glauben Sie, als ein vernünftiges Wesen, wirklich daran, daß Sie deswegen besser sehen können als jemand anderes? Wenn ja, dann kann ich nur sagen, daß das ein Märchen ist, eine Täuschung; kein Mensch kann so etwas glauben.«

Er drückte nur die Empfindung aus, die alle Personen seines Standes, die ihr Leben unter den halb barbarischen Bedingungen der Gauchos auf den Pampas verbracht haben, beim Anblick solch künstlicher Sehhilfen wie Brillen haben. Sie schauen durch eine gewöhnliche Glasscheibe, und dadurch wird die Sicht nicht klarer, sondern eher trüber – wie können die zwei winzigen runden Scheiben vor den Augen irgendeine andere Wirkung erzielen? Im übrigen ist ihre Sehkraft in der Regel gut, wenn sie jung sind, und während sie im Leben fortschreiten, gewahren sie nicht deren Verfall; von der Kindheit bis ins hohe Alter sieht, wie sie meinen, die Welt gleich aus, das Gras ist grün, der Himmel ist blau wie immer, und die scharlachroten Verbenen sind ebenso scharlachrot. Der Mensch lebt in seiner Sehkraft; sie ist sein Leben; er spricht von ihrem Verlust wie von einem Unglück, das so groß ist wie der Verlust des Verstands. Der Anblick von Brillen amüsiert und verwirrt ihn zugleich; er hat den Drang des Affen, seinem Mitmenschen diese unnützen Dinger von der Nase zu reißen; denn sie sind nicht nur nutzlos für den Träger und ein fauler Zauber, sondern sie sind auch verdrießlich für andere, die es nicht mögen, einen Menschen anzuschauen und nicht eigentlich seine Augen zu sehen und den Gedanken, der in ihnen ist.

Auf die Spottrede, die er geführt hatte, antwortete der andere gut gelaunt, daß er seit zwanzig Jahren Brillen getragen habe, die ihn nicht nur befähigten, viel besser zu sehen als er es ohne sie könnte, sondern die seine Sehkraft vor weiterem Verfall bewahrt hätten. Nicht damit zufrieden, sich gegen den Vorwurf zu verteidigen, er sei eine kauzige Person, wenn er eine Brille trage, griff er seinerseits den Spötter an. »Wie wissen Sie«, sagte er, »daß ihr eigenes Sehvermögen mit der Zeit nicht abgebaut hat? Sie können das nur feststellen, indem Sie eine Menge von Brillen anprobieren, die zu verschiedenen alle in gewissem Grade mangelhaften Sehstärken passen. Man kann zwanzig Männer mit schwindendem Augenlicht beisammen haben, und bei keinem wird die Sehkraft die gleiche sein. Sie müssen Brillen anprobieren wie Sie Stiefel anprobieren, solange, bis Sie ein passendes Paar finden. Wenn Sie mögen, können sie meine Brille probieren; Sie haben das gleiche Alter und es ist gut möglich, daß unsere Augen im gleichen Zustand sind.«

Der Gaucho lachte ein lautes und verächtliches Lachen und rief aus, daß die Vorstellung allzu lächerlich sei. „Was, mit diesem Ding besser sehen!" Und er nahm die Brille vorsichtig in die Hand und hielt sie hoch, um sie zu prüfen, und setzte sie sich schließlich auf die Nase – wie jemand, der dazu aufgelegt ist, sich eine gefaltete Zeitung auf den Kopf zu setzen, die wie ein Löschhütchen aussieht. Er schaute den anderen an, dann mich, starrte dann, mit einem Ausdruck äußersten Erstaunens, rings um sich her und brach schließlich in laute Entzückensrufe aus. Denn merkwürdigerweise entsprach die Brille genau seiner Sehkraft, die wahrscheinlich, ohne daß er es wußte, schon seit Jahren am Schwinden war. »Engel des Himmels, was sehe ich denn da!« rief er aus. »Wodurch sehen die Bäume so grün aus – sie waren vorher nie so grün! Und so deutlich – ich kann ihre Blätter zählen. Und der Karren dort drüben – nun, er ist rot wie Blut!« Und um sich selbst zu überzeugen, daß er nicht frisch angestrichen war, lief er hinüber und legte seine Hand auf das Holz. Er war schwerlich davon zu überzeugen, daß die Gegenstände früher einmal für seine natürlichen Augen ebenso deutlich ausgesehen hatten und die Blätter ebenso grün waren und der Himmel ebenso blau und die rote Farbe ebenso rot wie nun durch diese Zaubergläser. Die Deutlichkeit und die Leuchtkraft wirkten künstlich und nicht geheuer. Doch am Ende war er überzeugt und dann wollte er die Brille behalten und er zog sein Geld heraus, um sie auf der Stelle zu bezahlen, und er war höchst verärgert, als ihr Besitzer darauf bestand, sie von ihm zurückzubekommen. Doch kurz danach trieb man eine für ihn auf; und mit ihr auf der Nase galoppierte er im Land umher, wobei er sie allen seinen Nachbarn vorführte und mit der wunderbaren Macht prahlte, die sie seinen Augen verliehen, nämlich die Welt zu sehen, wie sie sonst keiner sehen konnte.

Mein patagonischer Gastgeber und Freund, dessen genaue Kenntnis von Spielkarten ich in einem früheren Kapitel erwähnt habe, teilte mir einmal mit, daß er stets nach den ersten paar Spielrunden einige der Karten erkenne und sie, während sie ausgeteilt würden, an gewissen minimalen Unterschieden in der Färbung der Rückseite wiedererkennen könne. Schon in sehr jungen Jahren habe er seine Aufmerksamkeit dieser Sache zugewandt, und da er nahe Fünfzig war, als er diese interessante Mitteilung machte, und von seinen Gewinnen immer bequem gelebt hatte, sah ich keinen Anlaß, seiner Erzählung nicht zu glauben. Doch genau dieser Mann, dessen Augen scharf genug waren, um Unterschiede bei Karten zu entdecken, die so gering waren, daß ein anderer sie nicht sehen konnte, selbst wenn er darauf hingewiesen wurde – dieses übernatürlich scharfsichtige Wesen war höchst überrascht, als ich ihm erklärte, daß ein halbes Dutzend Sperlingsvögel, die in seinem Hof nach Futter pickten und sangen und ihre Nester in seinem Garten und dem Weinberg und den Feldern bauten, nicht einer einzigen Art angehörten sondern sechs verschiedenen. Er hatte nie einen Unterschied bei ihnen bemerkt: sie hatten alle die gleichen Gewohnheiten, die gleichen Bewegungen; in Größe, Farbe und Gestalt waren sie alle gleich; für sein Gehör zirpten und zwitscherten sie gleich und sangen das gleiche Lied.

Und wie es bei diesem Mann war, so ist es in gewissem Grade bei allen von uns. Diese Besonderheit, die uns interessiert und in der wir unsern Vorteil oder unser Vergnügen finden, sehen wir sehr deutlich, und unser Gedächtnis ist in einzigartiger Beharrlichkeit auf ihr Bild gerichtet; während andere Dinge, an denen wir nur ein allgemeines Interesse haben oder die uns nichts bedeuten, nicht so scharf gesehen werden und in der Erinnerung bald verschwimmen; und wenn zufälligerweise eine sehr große Ähnlichkeit bei mehreren von ihnen herrscht, wie bei meinem Freund und Kartenspieler im Fall des halben Dutzends von Sperlingen, die, wie Schneeflocken »eher gesehen als unterschieden wurden«, bewirkt diese Unbestimmtheit ihrer Bilder im Auge und in der Vorstellung, daß alle gleich erscheinen. Wir haben sozusagen zwei Sehweisen – eine, für die alle Gegenstände lebendig und uns nah erscheinen und fortwährend im Geist photographiert werden; die andere, die Dinge im Abstand sieht und mit jener Unbestimmtheit des Umrisses und der Einheitlichkeit der Farbe, welche die Entfernung bewirkt.

An dieser Stelle hatte ich vor, wegen einiger erheiternder Beispiele dieser Tatsache unserer zwei Sehweisen auf mein La-Plata-Notizbuch zurückzugreifen; doch ist es nicht nötig, Beispiele derart weit herzuholen oder auf einer derart wohlbekannten Sache zu beharren. »Der Schäfer kennt seine Schafe«, ist eine Redensart, die ebenso für jenes Land – auf alle Fälle für Schottland – zutrifft wie für den fernen Osten. Detektive wie auch Soldaten, die an ihrem Beruf Anteil nehmen, sehen Gesichter schärfer als die meisten und erinnern sich ebenso deutlich an diese wie sich andere an Gesichter einer sehr begrenzten Zahl von Individuen erinnern – an diejenigen, die sie lieben oder fürchten oder mit denen sie fortwährend Umgang haben. Seeleute sehen atmosphärische Veränderungen, die für andere nicht sichtbar sind; und in gleicher Weise entdeckt der Arzt die Anzeichen von Krankheit in Gesichtern, die für den ungeschulten Blick hinlänglich gesund aussehen. Und so weiter durch die ganze Reihe von Berufen und Beschäftigungen hindurch, welche die Menschen haben: jeder Mensch bewohnt sozusagen eine kleine Welt für sich, die für andere nur Teil der fernen allgemeinen Bläue ist, die alle Dinge undeutlich macht, in der sich für ihn aber jeder Gegenstand in wunderbarer Klarheit abhebt und deutlich seine Geschichte erzählt.

All dies mag sehr abgedroschen, sehr trivial klingen, eine Sache des Allgemeinwissens – so allgemein, daß sie jeder Schuljunge kennt und auch jeder Junge, der nicht zur Schule geht; doch weil diese wohlbekannte Tatsache von unseren Lehrern ignoriert oder nicht immer in Betracht gezogen wurde, haben sie uns einen Irrtum beigebracht, nämlich, daß uns die Wilden an Sehkraft überlegen seien und daß der Unterschied so groß sei, daß unsere ein trüber, dahinschwindender Sinn sei verglichen mit ihrer glänzenden Fertigkeit, und daß wir einzig, wenn wir das Terrain mittels starker Feldstecher sichten, ihre Stufe erreichen und die Welt wie sie sehen würden. In Wirklichkeit ist die Sehkraft der Wilden nicht besser als unsere, obwohl es hinreichend natürlich erscheinen möchte, das Gegenteil zu denken, und zwar wegen ihres einfachen, natürlichen Lebens in der Einöde, die immer grün und erholsam für das Auge ist oder sein soll; und weil sie kein Gas und nicht einmal Kerzenlicht haben, welche den Sehnerv reizen könnten, und weil sie sich selbst dadurch keinen Schaden zufügen, daß sie über jämmerlichen Büchern brüten.

Möglicherweise begann also der Irrtum mit jener vorgefaßten Meinung, daß die Grünheit und das Fehlen von künstlichem Licht, im Verein mit anderen Bedingungen eines primitiven Lebens, das Augenlicht vor einer Verschlechterung bewahren würden. Man schenkte der Anpassungsfähigkeit des Auges nicht genügend Aufmerksamkeit. Wir wissen, daß die Muskeln durch Übung entwickelt werden können, daß der Schmied und der Berufsboxer kräftigere Arme haben als andere; aber es wurde vielleicht angenommen, daß der komplexe Organismus und die äußerste Empfindlichkeit des Auges es weniger anpassungsfähig machen würden als andere und gröbere Organe. Worauf auch immer dieser Irrtum beruhen mag, so ist doch gewiß, daß er den Beifall der Wissenschaftler gefunden hat und daß sie niemals ihre Lippen zu dem Thema öffnen, ohne ihn aufs neue zu bekräftigen. Ihre Forschungen haben eine große Vielfalt von Augenbeschwerden ans Licht gebracht, die in vielen Fällen überhaupt nicht beschwerlich sind, bis sie entdeckt und mit einem erschreckenden Namen versehen und mit Worten beschrieben werden, die für Personen scheuen Wesens sehr beunruhigend sind. Oftmals handelt es sich nicht um Krankheiten, sondern um ererbte Gebrechen wie O-Beine, vorstehende Zähne, zusammengequetschte Zehen, empfindliche Haut und unzählige andere Mißbildungen. Ich sage nicht, daß solche Augenmängel bei Wilden ebenso verbreitet sind wie bei uns, und ich werde später zu diesem Thema zurückkehren; aber bis die Augen von Wilden wissenschaftlich untersucht werden, erscheint die Aussage als sehr kühn, Farbenblindheit verdanke sich den ungünstigen Bedingungen unserer Zivilisation; denn wir wissen ebenso wenig über den Farbensinn von Wilden wie über den der alten Griechen. Die Aussage, daß die Sehkraft der Wilden weitaus besser sei als unsere, war vielleicht gar nicht so kühn, da ja unsere Lehrer in dieser Sache durch Erzählungen Reisender und vielleicht durch andere Umstände irregeführt wurde, wie zum Beispiel durch das Fehlen künstlicher Sehhilfen bei den Kindern der Natur. Der Rote Mann mag sehr alt sein, aber während er am frühen Morgen vor seinem Wigwam sitzt und sich sonnt, wird er nie dabei gesehen, wie er seine Zeitung hin und her bewegt, um das Schriftbild scharf zu stellen.

Der Leser mag sich die Mühe des Lächelns ersparen, denn dies ist nicht bloße Vermutung; in diesem Fall kam die Beobachtung zuerst und das Nachdenken danach, denn zufällig weiß ich aus Erfahrung einiges über Wilde, und wenn sie ihre Augen auf ihre Weise und zu ihren Zwecken gebrauchten, so gebrauchte ich meine zu meinem Zweck, der ein anderer war. Es stimmt, daß einem die Rothaut einen Gegenstand in der Ferne zeigt und seine Beschaffenheit erkennt, und für die eigenen Augen wird es nur ein dunkler Gegenstand sein, der ein Busch sein könnte, ein Stein, ein recht großes Tier oder gar ein Haus. Das Geheimnis des Unterschieds ist, daß sein Auge geübt ist und gewohnt, gewisse Dinge zu sehen, die er sucht und zu finden hofft. Setzt ihn Bedingungen aus, die neu für ihn sind, und er wird sich irren; oder setzt ihn, selbst auf seiner heimatlichen Heide, vor ein unbekanntes oder unerwartetes Objekt, und er wird sich seinem zivilisierten Bruder gegenüber nicht überlegen zeigen. Ich habe einen Fall erlebt, bei dem nicht nur einer, sondern fünf Männer im Irrtum waren und sich verschätzten, während die eine Person unserer Gruppe, die richtig riet oder vielleicht besser sah, ein Kind der Zivilisation und ein Leser von Büchern und, was vielleicht sogar bedeutsamer ist, der Abkömmling einer langen Reihe von Büchernarren war. Dies verblüffte mich in diesem Augenblick, denn bis dahin war mein Kinderglaube an die Anschauung Humboldts und der Welt im allgemeinen zu diesem Thema nie beeinträchtigt worden. Das Objekt war derart weit entfernt, daß es für uns alle gleichermaßen keine bestimmte Gestalt aufwies, sondern bloß etwas Dunkles war, das sich vor einem weißgrauen Hintergrund hoher Grasbüschel abzeichnete. Unsere Führer, die vor allem seine Größe in Betracht zogen, waren sofort der Ansicht, es sei ein Tier, das sie gewiß an diesem Ort zu finden erwarteten – ein Wildpferd nämlich. Der andere, dessen Auge und Geist nicht diese Übung für entfernte Dinge in der Wildnis hatte, die einem Instinkt gleicht und die, wie ein Instinkt, zu Fehlern neigt, dieser andere prüfte sorgfältig für sich allein das Aussehen dieser Sache und verkündete, es sei ein dunkler Busch. Als wir näherkamen, erwies sie sich als ein Büschel hoher Binsen, die an einem Ort wuchsen, wo sie kein Recht hatten zu wachsen und wo sie durch Dürre und Fröste zu einem solch dunklen Braun verbrannt waren, daß sie aus der Entfernung ganz schwarz wirkten.

In dem folgenden Fall hatte der Wilde recht. Ich deutete auf ein dunkles Objekt in der Ferne, das sich so tief unten befand, daß es gerade noch über den hohen Gräsern zu sehen war; und es bewegte sich in einer fallenden und steigenden Bewegung vorbei, gleich einem Reiter in einem schwingenden Galopp. »Da reitet jemand«, bemerkte ich. »Nein – das ist ein Trarú«, erwiderte mein Begleiter nach einem raschen Blick; der Trarú ist ein großer schwarzer adlerartiger Vogel der Ebenen, der Carancho der Weißen – *Polyborus tharus*. Aber das Objekt war für ihn nicht unbedingt deutlicher als für mich; doch war der Trarú eine vertraute Sache, die er aus allen Entfernungen zu sehen gewohnt war – eine Gestalt in der Landschaft, die er suchte und zu finden erwartete. Sie war nur ein dunkler Fleck am Horizont; aber er kannte die Gewohnheiten und das Erscheinungsbild des Tieres, das, vom weitem gesehen, in seinem niedrigen, verzögerten, steigenden und fallenden Flug ganz ähnlich wie ein Reiter in vollem Galopp aussieht. Seine Bestimmung war es, dies und ein paar andere Dinge zu wissen. Hätte ihn jemand veranlaßt, ein umgekehrtes kleines »s« mitten auf einer dicht bedruckten Seite zu finden, wären ihm die Tränen über seine braunen Wangen gelaufen und mit schmerzenden Augäpfeln hätte er die nichtige Suche aufgegeben. Doch der Korrektor kann das umgekehrte kleine »s« in eine paar Augenblicken finden, ohne seine Augen anzustrengen. Doch es ist unendlich viel wichtiger für den Wilden der Ebenen als für uns, ferne bewegte Objekte rasch zu sehen und ihre Beschaffenheit genau einzuschätzen. Seine tägliche Nahrung, das Wiederauffinden verlorener Tiere und seine persönliche Sicherheit hängen davon ab; und es ist daher nicht merkwürdig, daß jeder dunkle Fleck, jedes sich bewegende oder reglose Objekt am Horizont ihm seine Geschichte besser erzählt als einem Fremden; insbesondere, wenn wir in Betracht ziehen, wie klein die Anzahl der Objekte ist, die er in der flachen, monotonen Region, die er bewohnt, sehen und beurteilen soll.

Dieses rasche Einschätzen undeutlich gesehener, ferner Dinge, die Vollkommenheit von Auge und Geist beim Wilden, der über unbehinderte Ebenen reitet, ist nicht annähernd so bewundernswert wie die seines wilden Kollegen in subtropischen Regionen, über die sich dichte Vegetation breitet, wo es Tiere in Hülle und Fülle und großer Vielfalt gibt und wo die halbe Aufmerksamkeit auf Arten gerichtet sein muß, die dem Menschen gefährlich sind und oft eine sehr geringe Größe haben. In einigen feucht-heißen Waldgebieten würde der Europäer, der es versuchen sollte, mit bloßen Füßen und Beinen zu jagen oder auf Erkundung zu gehen, bei nahezu jedem Schritt seines Vorrückens gestochen und geritzt und wahrscheinlich vor Ende des Tages von einer Schlange gebissen werden. Der Indianer aber verbringt dort sein Leben und erkundet, nackt oder halbnackt, die unbekannte dornige Wildnis und hat nur seine Pfeile, um Nahrung für sich und Frau und Kinder zu beschaffen. Er wird nicht von Dornen durchbohrt und von Schlangen gebissen, weil sein Auge genau geübt ist, sie rechtzeitig zu erkennen, um sich zu schützen. Er geht mit raschem Schritt, aber er kennt jede Abtönung von Grün, jedes glatte und krause Blatt in diesem dichten Gewirr voller Fallstricke und Täuschungen, durch die er gehen muß; und so sehr auch ein Blatt dem andern gleicht, setzt er seinen Fuß dorthin, wo er ihn sicher setzen kann, oder, indem er schnell zwischen zwei Übeln wählt, wo die Stacheln und Dornen am weichsten sind oder wo er, was ihm aus irgendeinem Grund bekannt ist, am wenigsten verletzt wird. In gleicher Weise erkennt er die eingerollte Giftschlange, obwohl sie derart reglos daliegt – eine Gewohnheit, welche die meisten tödlichen Arten pflegen – und in ihrer stumpfen, imitierenden Färbung auf der braunen Erde und zwischen grauen Stengeln und trockenen und buntgefleckten Blättern derart schwierig zu erkennen ist.

Ein Freund von mir, Fontana aus Buenos Aires, der ein Leben lang mit den argentinischen Indianern vertraut ist, vertritt die Ansicht, daß der Wilde der Pampas im Alter von zwölf Jahren seine Ausbildung abgeschlossen hat und daß er danach selbst für sich sorgen kann; daß aber der Wilde des Gran Chaco – des subtropischen argentinischen Gebiets, das an Paraguay und Bolivien grenzt – rasch zugrunde gehen würde, wenn man es ihm erlauben würde, sich in diesem Alter selbst durchzuschlagen, weil er dann erst in der Mitte seiner langen, schwierigen und schmerzhaften Lehrzeit ist. Es war sonderbar und erbarmenswert, sagt er, die kleinen Indianerkinder im Chaco zu sehen, die sich, als ihre Haut noch zart war, von ihrer Mutter wegschlichen und den Größeren zu folgen versuchten, die in einiger Entfernung spielten. Bei jedem Schritt stürzten sie dann und wurden von Dornen gestochen oder von scharfen Binsen geschnitten und in den Ranken verwickelt und verletzt und weinend haben sie sich weiter Mühe, und auf diese schmerzliche Weise lernten sie schließlich, wo sie ihren Fuß hinsetzen konnten.

Die Schlange auf dem Boden, welche die Farbe des Bodens und die Form der gebogenen, vertrockneten, überall auf dem Boden sichtbaren Stengel und Ranken hat und die reglos wie die Ranke ist, paßt sich nicht besser an ihre Umgebung an als dies oftmals Vögel in den Bäumen tun – die Vögel, welche der Indianer ebenfalls sehen muß. Ein Fremder in diesen Gegenden, selbst der Naturforscher, dessen Blick durch Begeisterung belebt ist, tut sich schwer damit, in einem hohen Baum einen Papagei zu entdecken, selbst wenn er weiß, daß sich Papageien darin befinden; denn ihre grüne Färbung im grünen Laub und ihre damit verbundene Gewohnheit, in Gegenwart eines Eindringlings still und regungslos zu bleiben, machen sie unsichtbar für ihn, und er ist erstaunt, daß der Indianer imstande sein sollte, sie zu entdecken. Der Indianer weiß, wie er nach ihnen sucht; es ist sein Geschäft, das langen Lernens bedarf; aber er muß es erlernen, denn sein Erfolg im Leben, und sogar das Leben selbst, hängt davon ab, da die Natur im Urzustand diejenigen tötet, die in ihren strengen Wettbewerben versagen.

Der Leser hat gewiß oftmals jene kleinen Bilderrätsel gesehen, die verschiedene Titel tragen wie »Wo ist die Katze?« oder »Wütender Stier« oder »Dieb« oder »Polizist« oder »Schlange im Gras« usw., in denen die benannte und zu entdeckende Sache in der Zeichnung aus Ästen und Blattwerk gebildet wird und aus fließendem Wasser und Stoffen und Licht und Schatten. Zuerst erscheint es einem äußerst schwierig, dieses Bild in einem Bild aufzufinden; und schließlich – mit der Raschheit, mit der man gleichbleibend eine Schlange von stumpfer Farbe entdeckt, die man vorher zwar gesehen, aber nicht erkannt hat – erscheint die gesuchte Sache und ist danach für das Auge derart deutlich, daß man die Zeichnung, selbst wenn sie weit weg gehalten wird, nicht anschauen kann, ohne die Katze zu sehen oder den Polizisten oder was auch gerade immer. Und nachdem man geduldig diese Suchbilder zu Dutzenden und Hunderten studiert hat, bekommt man allmählich heraus, wie die versteckte Sache zu finden ist, und man findet sie rasch – schließlich fast auf einen Blick. Der Pfiffikus nun, der dieses hübsche Rätsel erfand, hatte wahrscheinlich überhaupt nicht die Natur mit ihren merkwürdigen imitierenden und schützenden Ähnlichkeiten im Sinn; doch könnte er sehr wohl den Wink von der Natur erhalten haben, denn genau das ist ihre Vorgehensweise. Auf ihrem Bild sind das Tier, das man sehen muß, damit man es meidet, und das Tier das man sehen muß, damit man es fangen kann, mit derart gewitzter Kunst eingezeichnet, daß sie für das ungeschulte Auge nur Teile von Ast- und Laubwerk bilden und von Schatten und Sonnenlicht darüber und stumpffarbener oder buntscheckiger Erde und Steinen und totem und verwelkendem Laub darunter.

Möglicherweise gibt es bei der Schkraft verschiedener Länder leichte Unterschiede, die auf der Wirkung körperlicher Bedingungen beruhen: und daher mögen die Bewohner von Gebirgsgegenden und von trockenen, hochgelegenen Tafelländern ein schärferes Auge haben als Siedler in tiefgelegenen, feuchten und ebenen Gebieten, obwohl genau das Gegenteil der Fall sein mag. Unter den Europäern gelten die Deutschen im allgemeinen als schwachsichtig, was sie, nach Ansicht einiger, ihrem ausgiebigen Tabakgenuß verdanken; während andere die vermutete Verschlechterung auf die Form der in ihren Büchern verwendeten Schrifttype zurückführen, die beim Lesen ein näheres Hinschauen verlangt als unsere. Daß sie sich immer weiter in dieser Richtung verschlechtern und, zur Freude ihrer Feinde, von einem Volk der Brillenträger zu einem blinden werden, das wird wahrscheinlich nicht eintreten, und vermutlich ist der Verfall erheblich übertrieben worden. Im Dunkeln lebende Tiere werden kurzsichtig und dann immer kurzsichtiger und fortschreitend so weiter, bis das Erlöschen des Augenlichts erreicht ist. In einer Gemeinschaft oder in einem Staat könnte ein ähnlicher Verfall durch das ausgiebige Lesen deutscher Bücher einsetzen oder durch das andauernde Rauchen von Pfeifen mit großen Porzellanpfeifenköpfen; aber der Verfall könnte nicht weit fortschreiten, da es beim Menschen nichts gibt, das den Gesichtssinn ersetzen könnte, wie es bei den blinden Ratten und Fischen und Insekten der Höhlen der Fall ist. Und wenn wir die Menschheit von China bis Peru mit all den wissenschaftlichen Mitteln beobachten könnten, die bei den Kindern der Elementarschulen in London und beim Volk im allgemeinen Anwendung finden, würden sich die Unterschiede der Sehkraft bei den verschiedenen Rassen, Staaten und Stämmen wahrscheinlich als sehr unbedeutend herausstellen. Augenspezialisten und Schriftsteller, die über das Auge schreiben, machen den Fehler, daß sie zu viel über das Auge nachdenken. Wenn sie behaupten, daß die Bedingungen unserer Zivilisation äußerst schädigend für das Augenlicht sind, meinen sie dann all die Millionen von Bedingungen oder Bedingungsbündeln, die unser System umfaßt, samt der unendlichen Vielfalt von Beschäftigungen und Lebensweisen, welche die Menschen haben, begonnen beim Leuchtturmwärter bis zum Arbeiter unter Tage, dessen Licht der trübe Schimmer einer Grubenlampe ist? »Ein Organ, das außergewöhnlich beansprucht wird, wird wachsen, und daher entspricht das Angebot der wachsenden Nachfrage«, sagt Herbert Spencer; aber, fügt er hinzu, es gibt eine Grenze, die bald erreicht ist und die auf keinen Fall überschritten werden kann. Die wachsende Nachfrage ist bei uns überall – mal bei diesem, mal bei jenem Organ, entsprechend unserer Arbeit und Lebensweise, und das Auge ist in keiner schlechteren Lage als die anderen Organe. Bei uns gibt es viele Fälle von Herzbeschwerden; in solchen

Fällen hat die Zivilisation dieses Organ allzu großer Belastung ausgesetzt, und es hat die Grenze erreicht, über die es nicht hinausgehen kann. Und desgleichen beim Auge. Die Gesamtzahl der Mängel bei uns ist zweifelsohne sehr hoch, denn wir wissen, daß unser System des Lebens die heilsame Wirkung natürlicher Auslese hemmt – sie kann sie nicht wirksam verhindern. Die Natur zieht in die eine Richtung und wir in die andere und versuchen dabei mitfühlend die Untauglichen vor den Folgen ihrer Untauglichkeit zu bewahren. Der Instinkt der Menschlichkeit zwingt uns; aber der grausame Instinkt der Wilden ist weniger schmerzvoll zu betrachten als das falsche oder verkehrte Mitleid, welches die Untauglichkeit in alle Ewigkeit fortsetzt und im Interesse leidender Einzelwesen dem Menschengeschlecht eine andauernde Schädigung zufügt. Es ist eine schöne und heilige Sache, den Blinden zu helfen und sie zu führen, doch schrecklich ist es, sie zur Heirat zu ermutigen, womit sie den elenden Mangel an ihre Nachkommenschaft weitergeben. Doch dies ist ganz üblich; und unlängst sprach ein Leitartikler in einer der wichtigsten Londoner Zeitungen genau davon, und zwar in Worten entzückten Beifalls, und er blickte voran auf das Wachstum eines völlig blinden Menschenschlags mitten unter uns, als ob das etwas wäre, worauf man stolz sein könnte – ein Triumph unserer Zivilisation!

In seinem bewundernswerten Buch über die Chaco-Indianer sagt Pelleschi, daß bei diesen Wilden niemals Mißbildungen zu beobachten seien, daß sie körperlich völlig intakt seien; und er bemerkt, daß bei ihrem äußerst harten Existenzkampf in einer dornigen, von Gefahren bedrängten Wildnis irgendein körperliches Gebrechen oder Leiden fatal wäre. Und da in ihrem Leben das Auge das bedeutsamste Organ ist, muß es ein makelloses Auge sein. In diesem Fall allein unterscheiden sich Wilde von uns – daß hier nämlich mangelhafte Augen gar nicht oder selten vorkommen; und wenn solche, die, wie Dr. Brudenell Carter, an den Verfall der Sehkraft beim zivilisierten Menschen glauben, Humboldts Worte über die wunderbare Sehkraft der Wilden Südamerikas zitieren, dann zitieren sie eine falsche Ansicht. Es ist nicht ungewöhnlich, daß Humboldt darauf verfallen sein sollte, denn trotz allem hatte er nur die Mittel zur Verfügung, die wir alle besitzen, um etwas herauszufinden – eine begrenzte Sicht und einen fehlbaren Geist. Wie der Wilde hatte er seine Fähigkeiten geübt, um zu beobachten und Schlüsse zu ziehen, und seine Schlüsse waren, wie die der Wilden, manchmal falsch.

Die Sehkraft des Wilden ist nicht besser als unsere, und zwar aus dem einfachen Grund, daß keine bessere erforderlich ist. Die Natur hat ihm, wie allen ihren Geschöpfen, nur das gegeben, was notwendig ist und nichts, was der Zurschaustellung dient. Wenn er auf der Erde steht, ist sein Horizont begrenzt; und die Tiere, denen er nachstellt, sind zwar oft scharfsichtiger und schneller als er, doch ohne Verstand, und daher ist alles ausgeglichen. Er kann den Nandu auf die Entfernung sehen, auf welche der Nandu ihn sehen kann; und wenn er einen solchen Weitblick hätte wie der Adler, würde es ihm nicht zum Vorteil gereichen. Der in großen Höhen fliegende Adler muß sehr weit schauen können, aber die niedrig fliegende Eule ist kurzsichtig. Und so weiter durch die gesamte Tierwelt: jede Art hat eine Sehkraft, die ausreicht, damit sie ihre Nahrung findet und vor ihren Feinden flieht und nichts weiter. Tiere, die sehr dicht an der Erdoberfläche leben, haben ein sehr begrenztes Sehvermögen. Darüber hinaus können andere Fähigkeiten an die Stelle des Auges treten oder sich derart stark entwickeln, daß sie dem Auge eine nur zweitrangige Bedeutung als Organ des Auffassungsvermögens zuweisen. Die Schlange stellt einen seltsamen Fall dar. Bei ihr scheint sich kein anderer Sinn entwickelt zu haben, und doch halte ich die Schlange für eines der kurzsichtigsten Geschöpfe, die es gibt. Da ich sie lange Zeit beobachtet habe, bin ich davon überzeugt, daß kleine Schlangen von sehr trägem Verhalten nur auf eine Entfernung von einem bis drei Yards sehen können. Aber die träge Schlange ist der Meister des Fastens im Tierreich und kann es sich erlauben, still zu liegen, bis ihr der Wind des Zufalls irgend etwas Eßbares in den Weg weht; daher hat sie es nicht nötig, ein Objekt deutlich zu sehen, bevor es fast so nah ist, bis sie es packen kann. Ein anderer bemerkenswerter Fall ist der des Gürteltiers. Von zwei Arten kann ich sicher sagen, daß sie, wenn nicht stockblind, so doch nahezu blind sind; doch sind sie wiederum Tagtiere, die im prallen Mittagssonnenschein hinausgehen und auf Nahrungssuche umherstreifen. Aber ihr Geruchssinn ist wunderbar scharf und hat, wie im Fall des Maulwurfs, den Gesichtssinn überflüssig gemacht. Um auf den Menschen zurückzukommen: wenn er im Naturzustand in neun von zehn oder neunzehn von zwanzig Fällen fähig ist, die Beschaffenheit von Objekten einzuschätzen, die in einer Entfernung gesehen werden, über die hinaus er überhaupt nichts zu sehen braucht, machen seine geistigen Fähigkeiten ein besseres Sehvermögen unnötig. Wenn der Geruchssinn des Gürteltiers nicht so ausgeprägt wäre und der Mensch nicht mit einem flinken Verstand ausgestattet wäre, wäre die Sehkraft in beiden Fällen erheblich stärker; aber die Verstärkung seines Geruchssinns hat die Augen des Gürteltiers getrübt und es blinder als eine Schlange gemacht; während der Mensch (nicht durch seinen Fehler) außerstande ist, weiter zu sehen als der Wolf und der Strauß und der Wildesel.

KAPITEL XII

Im Hinblick auf Augen

Weiß, Karmin, Smaragdgrün, glänzendes Goldgelb zählen zu den Farben, die in den Augen von Vögeln zu sehen sind. Bei Eulen, Reihern, Kormoranen und vielen anderen Familien bietet das leuchtend gefärbte Auge die schönste Erscheinung und die höchste Pracht ohnegleichen. Es bannt sogleich die Aufmerksamkeit und erscheint wie ein prächtiger Edelstein, für den der luftige Vogelleib mit seinen anmutigen Biegungen und zarten Farben eine passende Fassung ist. Wenn sich das Auge im Tod schließt, wird der Vogel, außer für den Naturforscher, zu einem bloßen Bündel toter Federn; man mag Kristallkugeln in die leeren Höhlen einsetzen und dem ausgestopften Exemplar eine kühne, das Leben imitierende Haltung verleihen; aber aus den gläsernen Augäpfeln schießt kein lebensechtes Feuer hervor, verloschen sind die »Leidenschaft und das Feuer, dessen Quellen im Innern sind«, und die beste Arbeit des Präparators, der ein Leben an seine Pseudokunst gegeben hat, ruft im Gemüt nur Empfindungen der Verärgerung und des Abscheus hervor. In Museen, wo begrenzter Raum irgendwelchen verfehlten Versuchen, die Natur allzu getreu zu kopieren, im Wege steht, ist das Werk des Präparators erträglich, weil nützlich; aber wer schließt in einem Empfangszimmer nicht seine Augen oder wendet sich ab, damit er nicht in einer Vitrine ausgestopfte Vögel sieht – diese reizlosen Mementos des Todes in ihrem farbenfrohen Federkleid? Wer erschaudert nicht, obgleich nicht aus Angst, wenn er die Wildkatze erblickt, die, mit Stroh ausgestopft, mit fürchterlich aufgerissenem Rachen, den Zuschauer mit ihrem starren Blick aus Steingut zu erschrecken sucht? Ich werde nicht vergessen, wie ich die Kolibri-Sammlung des verblichenen Mr. Gould (die nun im Nationalmuseum ist) zum erstenmal gesehen habe; sie wurde mir von dem Naturforscher selbst gezeigt, der offenbar sehr stolz war auf die Arbeit seiner Hände. Ich hatte gerade, mit der Überquerung des Atlantiks, die tropische Natur hinter mir gelassen, und die unerwartete Begegnung mit einer Kopie von ihr in einem staubigen Zimmer am Bedford Square versetzte mir einen deutlichen Schlag. Diese Bällchen aus toten Federn, die schon lange aufgehört haben, zu funkeln und zu glänzen, mit Drähten – die nicht unsichtbar waren – über Stoffblüten und Büschen aus Flitter festgesteckt, welche Schwermut ließen sie mich empfinden!

In Anbetracht der leuchtenden Farbe und des großen Glanzes mancher Augen, insbesondere bei Vögeln, scheint es einleuchtend, daß das Organ in diesen Fällen einen doppelten Zweck hat: zum ersten und hauptsächlich den des Sehens; zweitens, den der Einschüchterung eines Gegners durch diese Leuchtspiegel, in denen man die ganze gefährliche Wut eines Geschöpfes, das gestellt worden ist, abgemalt sieht. In der gesamten Natur herrscht das dunkle Auge vor; und gewiß wohnt dem dunklen Auge eines Raubvogels eine Wildheit von großer Stärke inne; aber seine Wirkung ist geringer als diejenige, die von dem leuchtend gefärbten Auge hervorgerufen wird oder sogar von dem weißen Auge einer räuberischen Art, wie zum Beispiel vom verbreiteten südamerikanischen Habicht, *Asterina pucherani.* Heftige Gefühlsregungen sind in unserem Gemüt – möglicherweise auch bei anderen Spezies – mit bestimmten Farben verbunden. Leuchtendes Rot scheint die passende Farbe des Zorns zu sein – der Dichter Herbert nennt die Rose sogar wegen ihrer Farbe »zornig und tapfer« – und Rot oder Orange bringen gewiß Groll besser zum Ausdruck als das dunkle Auge dies tut. Selbst eine ganz geringfügige spontane Abweichung bei der

Färbung der Iris könnte einem Einzelwesen für die natürliche Auslese einen Vorteil bringen, der sein Handeln bestimmt; denn wir können bei fast jedem lebenden Geschöpf sehen, daß sein Leben nicht nur bei seinem unablässigen metaphorischen Kampf ums Dasein auf vielerlei Weise geschützt ist; sondern wenn schützende Ähnlichkeiten, Flucht und die Instinkte des Schutzsuchens allesamt versagen und es gezwungen ist, sich auf einen wirklichen Kampf mit einem lebendigen Gegner einzulassen, ist es für solche Gelegenheiten mit einer weiteren Reihe von Verteidigungsmitteln versehen. Herausfordernde Laute und Haltungen kommen ins Spiel; Federn und Haare werden gesträubt; Schnäbel schnappen und stoßen zu oder mit Zähnen wird geknirscht und das Maul schäumt oder geifert; der Körper bläht sich auf; Flügel werden geschwungen oder Füße auf den Boden gestampft und viele andere einschüchternde Wutgebärden ausgeübt. Es ist unmöglich zu glauben, daß die Farbe der Augäpfel, auf die der Blick eines Widersachers zuerst gerichtet ist und die höchst lebhaft die Wutgefühle im Innern zur Schau stellen, vom Ausleseprinzip in der Natur gänzlich als Verteidigungsmittel vernachlässigt werden konnte. Aus all diesen Gründen glaube ich, daß das leuchtend gefärbte Auge eine Verbesserung gegenüber dem dunklen Auge darstellt.

Der Mensch hat in dieser Hinsicht sehr geringe Verbesserung erfahren, da das dunkle Auge, außer im Norden Europas, bis in jüngste Zeit beinahe oder vollkommen landläufig war. Das blaue Auge scheint dem Menschen im Naturzustand nicht zu irgendeinem Vorteil zu gereichen, da es sanft ist, wo es eines wilden Ausdrucks bedarf; es ist unter den niederen Geschöpfen fast unbekannt; und nur aufgrund der Annahme, daß das Erscheinungsbild des Auges für das Wohlergehen des Menschen weniger bedeutsam ist als für das anderer Spezies, können wir das Überleben des blauen Auges in einem Zweig des Menschengeschlechts erklären.

Himmelblaue Augen; Locken, in der Farbe vergleichbar mit dem »gelben Haar, das auf den östlichen Wolken treibt«, und ein weißer Leib wie Schnee, von einer Röte überzogen – wovon hat die Natur wohl geträumt, als sie solches ihren rohsten, wildesten Menschenkindern verlieh! Daß diese die dunkeläugigen Rassen besiegt und ihnen den Fuß auf den Nacken gesetzt und ihre Werke vernichtet haben sollten, das kommt einem als unnatürlich vor und liest sich wie ein Märchen.

Obgleich sich das menschliche Auge wenig verändert hat, vorausgesetzt, daß es ursprünglich dunkel gewesen ist, so gibt es doch bei den Einzelwesen ein gerüttelt Maß spontaner Abweichung, wobei helles Haselnußbraun und Blaugrau offenbar die größten Schwankungen haben. Ich habe merkwürdig gezeichnete und gefleckte Augen nicht als ungewöhnlich angesehen; in manchen Fällen waren die Flecken so schwarz, so rund und so groß, daß der Anschein von Augen mit Pupillentrauben in ihnen entstand. Ich habe einen Menschen gekannt, der große braune Flecken in hellen blaugrauen Augen hatte und der die Besonderheit auf all seine Kinder vererbte; auch einen anderen mit einer rötlichen, haselnußbraunen Iris, die mit zarten, griechischen Buchstaben gleichenden Schriftzeichen dicht übersät war. Dieser Mensch war ein Argentinier spanischer Abstammung und wurde von seinen Nachbarn *ojos escritos* (»geschriebene Augen«) genannt. Es kam mir als ein sehr merkwürdiger Umstand vor, daß diese Augen, sowohl in ihrer Grundfarbe als auch in der Form und der Verteilung der Zeichnung in ihnen genau den Augen einer Haubentaucherart glichen, die in La Plata verbreitet war. Browning hatte vielleicht derartige Augen bei einem Menschen beobachtet, dem er begegnet war, wenn er seinen Zauberer zu Petro de Abano sagen läßt:

In meinem Auge sieh die Iris mit geheimnisvollen Lettern –
Das ist mein Name!

Aber vergebens halten wir beim Menschen Ausschau nach den prächtigen karminroten, flammend gelben oder erschreckend weißen Augäpfeln, die den Dunkelhäutigen kühn gemacht hätten, erfüllt von heftigen Gefühlsregungen, ein schrecklich anzuschauendes Wesen. Die Natur hat den Menschen in dieser Hinsicht vernachlässigt, und es bedeutet, diesem Versäumnis abzuhelfen, wenn er sein Gesicht mit heller Farbe bemalt und seinen Kopf mit den gestreiften Federn eines Adlers krönt.

Die Eigenschaft des Leuchtens im Dunkeln, die bei den Augen mancher nächtlicher oder halb-nächtlicher Arten zu beobachten ist, hat immer, wie ich glaube, eine feindliche Zweckbestimmung. Trifft man sie bei nicht aggressiven Arten an, wie zum Beispiel bei den Lemuren, kann sie nur auf Mimikry zurückgeführt werden, und dies wäre ein Parallelfall zu den Schmetterlingen, welche die leuchtenden »Warnfarben« anderer Arten nachahmen, denen die Vögel nicht nachstellen. Unter den Säugetieren sind Katzen und unter den Vögeln Eulen im höchsten Grade begünstigt; aber den Eulen gebührt die Siegespalme. Die Augen von Katzentieren wie dem Puma oder der Wildkatze bieten einen wundervollen Anblick, wenn sie vor Zorn funkeln; manchmal wirkt ihr Anblick wie ein Elektroschock auf einen; doch trotz des starken Glanzes und der raschen Wechsel, bei denen sich die dunklen Augen mit der erschreckenden Jäheit einer Wolke entzünden, die von Blitzstrahlen erleuchtet wird, sind die gelben Augen der Eule ohnegleichen. Einige Leser mögen denken, meine Sprache sei übertrieben. Beschreibungen von prächtigen Sonnenuntergängen und von Gewitterstürmen mit Donner und Blitz würden gewiß für jemanden, der diese Phänomene noch nie erlebt hat, überspannt klingen. Nur diejenigen, die jahrelang damit verbringen, »mit wilden Tieren an öden Statten Umgang zu haben«, um mit Azaras Worten zu sprechen, wissen, daß es sowohl in der Atmosphäre als auch im Tierleben besondere Augenblicke gibt; und daß ein Geschöpf, das tot im Museum oder lebend in Gefangenschaft einen ganz erbärmlichen Anblick bietet, durch seine Wut, wenn es in höchster Bedrängnis und in seiner eigenen Widerstandsfähigkeit um sein Leben kämpft, zu einem unheimlichen und schrecklichen Ding erhoben werden kann.

Die Natur hat viele Überraschungen für diejenigen bereit, die ihr zu Diensten sind; eine der größten, mit deren Gunst sie mich jemals bedachte, war der Anblick eines verwundeten magellanschen Uhus, den ich in Patagonien erlegte. Der Zufluchtsort dieses Vogels war eine Insel im Fluß, die von riesigen Gräsern und hohen Weiden überwachsen war, die nun keine Blätter hatten, denn es war mitten im Winter. Hier suchte ich nach ihm und fand ihn, wie er auf seinem Sitz den Sonnenuntergang abwartete. Er beäugte mich derart ruhig, als ich mein Gewehr anlegte, daß ich kaum den Mut hatte, abzudrücken. Er hatte hier solange geherrscht, der feudale Tyrann dieser entlegenen Wildnis! Manch eine Wasserratte, die wie ein Schatten über den Uferrand zwischen dem tiefen Fluß und den hohen Binsen glitt, hatte er gepackt und getötet; manch eine gesprenkelte Wildente hatte nachts lebend auf seinem Sitz verbracht, während seine grausamen, gekrümmten Krallen ihr Fleisch durchdrangen; und jenseits des Tals auf dem buschigen Hochland war manch ein Schmucksteißhuhn in seinem Nest getötet worden und seine schönen, glänzenden, dunkelgrünen Eier wurden zurückgelassen, um in Sonne und Wind zu bleichen; und die kleinen Lebewesen in ihnen waren tot, weil ihre Mutter tot war. Ich aber wollte diesen Vogel unbedingt und machte mein Herz hart; das »dämonische Gelächter«, mit dem er so oft dem Rauschen des raschen, dunklen Flusses am Abend geantwortet hatte, wäre dann nicht mehr zu hören. Ich schoß; er schwankte auf seinem Sitz, blieb ein paar Momente in der Schwebe, flatterte dann langsam hinab. Hinter der Stelle, wo er niedergestürzt war, gab es einen gewaltigen Wust verworrenen und verfilzten dunkelgrünen Grases, aus dem sich die hohen, schlanken Stämme der Bäume erhoben; droben, durch das Gitterwerk der blattlosen Zweige schimmernd, war der Himmel von zarten Rosentönen gerötet, denn die Sonne war nun untergegangen und die Oberfläche der Erde lag im Schatten. Dort, an einem solchen Schauplatz, über den ganz und gar die winterliche Stille der Öde gebreitet war, fand ich mein Opfer, durch seine Wunden zur Wut aufgestachelt und zu der letzten äußersten Anstrengung bereit. Selbst in Ruhestellung ist er ein großer, adlerartiger Vogel; nun war sein Erscheinungsbild ganz verändert, und in dem trüben, undeutlichen Licht wirkte er gigantisch groß – ein Ungeheuer von seltsamer Gestalt und schrecklichem Aussehen. Jede einzelne Feder sträubte sich empor, der lohgelb gestreifte Schwanz war wie ein Fächer ausgebreitet, die gewaltigen tigerfarbenen Schwingen weit geöffnet und starr, so daß, indes der Vogel mit seinen großen, gefiederten Krallen das Gras umklammert hielt und seinen Körper langsam hin und her schwenkte – genauso wie eine Schlange, die zuzustoßen will, ihren Kopf hin und her schwenkt oder wie eine wütende, wachsame Katze ihren Schwanz bewegt – zuerst die Spitze des einen, dann des anderen Flügels den Boden berührte. Die schwarzen Federohren waren aufgerichtet, während in der Mitte des radförmigen Kopfes der Schnabel unaufhörlich schnappte und ein Geräusch hervorbrachte, das dem Rattern einer Nähmaschine glich. Das war eine passende Fassung für das Paar prachtvoller, wütender Augen, auf die ich mit einer Art Faszination starrte, in die sich durchaus Angst mischte, wenn ich mich der quälenden Schmerzen entsann, die ich bei früheren Gelegenheiten durch scharfe, gekrümmte Krallen erlitten hatte, die bis auf den Knochen in mich geschlagen wurden. Die Iris war von einer hellen Orangenfarbe, doch jedesmal wenn ich mich dem Vogel zu nähern versuchte, entfachten sie sich zu großen Kugeln aus zuckendem gelben Feuer, während die schwarzen Pupillen von einem funkelnden karminroten Licht umgeben waren, das winzige gelbe Funken in die Luft schleuderte. Wenn ich mich von dem Vogel zurückzog, erlosch sein übernatürliches feuriges Aussehen sofort.

Die Drachenaugen dieser magellanschen Eule verfolgen mich immer noch, und wenn ich mich ihrer entsinne, lastet mir der Tod des Vogel immer noch auf dem Gewissen, obschon ich ihm, indem ich ihn tötete, jene staubige Unsterblichkeit verlieh, die ausgestopften Exemplaren im Museum zuteil werden.

Die Frage nach dem Grund dieser feurigen Erscheinung ist schwer zu beantworten. Wir wissen, daß die Quelle der Leuchtkraft in den Augen von Eulen und Katzen das *tapetum lucidum* ist – die lichtreflektierende Membran zwischen der Retina und der weißen Lederhaut des Augapfels; doch das Geheimnis bleibt. Als ich bei dem Vogel war, bemerkte ich insbesondere, daß, jedesmal wenn ich mich zurückzog, die Nickhaut unverzüglich die Augen bedeckte und sie eine Zeitlang verdunkelte, wie es der Fall ist, wenn eine Eule hellem Sonnenlicht ausgesetzt wird; und dies erweckte bei mir den Eindruck, daß das feurige, aufblitzende Erscheinungsbild von einer brennenden oder schmerzenden

Empfindung begleitet war oder daß diese ihm folgte. Ich werde jetzt zu diesem Thema eine sehr anregende Passage aus einem Brief zitieren, den mir ein Gentleman mit großen wissenschaftlichen Kenntnissen geschrieben hat: »Gewiß leuchten Augen im Dunkeln – manche Augen, d.h. diejenigen von Katzen und Eulen; und das Funkeln, von dem Sie sprechen, ist wahrscheinlich eine andere Form des Phänomens. Es beruht wahrscheinlich auf einer Überempfindlichkeit der Retina, analog zu dem, was in der Molekularstruktur von Kalziumsulfiden und anderen phosphoreszierenden Substanzen vorkommt. Die Schwierigkeit stellt das *Funkeln* dar. Wir wissen, daß solches Licht den Hitzeschwankungen von Molekülen bei der Temperatur von Weißglut entspringt, und das elektrische Licht bildet keine Ausnahme von der Regel. Es ist eine mögliche Erklärung, daß die überempfindliche Retina in Zeiten der Erregung zunehmend phosphoreszierend wird und daß dieselbe Erregung eine Veränderung in der Linsenkrümmung bewirkt, so daß das Licht fokussiert und *pro tanto* zu Funken erhellt wird. In Anbetracht dessen, wie wenig wir von natürlichen Kräften wissen, kann es sein, daß das, was wir Licht nennen, etwas ist, das von Auge zu Auge spricht – eine Emanation aus dem Fenster eines Gehirns in das Fenster eines anderen.«

Wahrscheinlich sind all diese Fälle, von denen man hört und über die man liest – einige davon historisch –, bei denen menschliche Augen Feuerblitze aussenden und vor Zorn glühen, bloße poetische Übertreibungen. Man würde nach diesen feurigen Augen nicht bei den friedlichen Kindern der Zivilisation suchen, die, wenn sie Krieg führen, dies ohne Zorn tun und ihre Feinde durch Maschinen töten und sie dabei nicht einmal sehen; sondern bei wilden oder halbwilden Menschen, die sich von Fleisch ernähren, von grimmiger Natur sind und äußerst gewalttätig in ihren Leidenschaften.

Genau unter solchen Leuten hatte ich eine lange Zeit gelebt. Ich habe oft gesehen, wie sie vor Erregung außer sich waren, mit aschfahlen Gesichtern, gesträubten Haaren und mit Augen, die große Tränen der Wut vergossen, doch habe ich bei ihnen nie etwas gesehen, was dem bei der Eule geschilderten feurigen Erscheinungsbild auch nur nahekam.

Die Natur hat vergleichsweise wenig für das menschliche Auge getan, nicht nur, daß sie ihm den Schrecken einflößenden Glanz versagte, der bei manchen Arten zu finden ist, sondern auch, indem sie geringere Schönheit verlieh. Schaut man sich überall auf der Welt um, kann man nur auf den Gedanken kommen, daß die verschiedenen Rassen und Stämme der Menschen, die sich in der Hautfarbe und durch die Klimate und Bedingungen unterscheiden, in denen sie leben, eigentlich unterschiedlich gefärbte Augen haben müßten. In Brasilien war ich stark eingenommen von der stattlichen Erscheinung vieler Negerfrauen, die ich dort sah; wohlgestalte, große, majestätische Geschöpfe, oft eigentümlich gekleidet mit lockeren weißen Gewändern und mit einem weißen, turbanartigen Kopfputz; während sie an ihren runden, glänzenden, blauschwarzen Armen silberne Armreifen trugen. Es dünkte mich, daß eine blaßgoldene Iris wie bei dem tiefschwarzen Tyrannvogel *Lichenops perspillicata,* diesen schwarzen Schönheiten den letzten, glänzenden Schliff verliehen und ihren fremden, einzigartigen Liebreiz vervollständigt hätte. Bei jenem erlesenen Typus weiblicher Schönheit wiederum, den wir bei dem weißen Mädchen mit einem leichten Einschuß von Negerblut erleben, der dem Haar die reizvolle Kräuselung, den Lippen die purpurrote Farbe und der Haut den zarten, düsteren Ton von Terrakotta verleiht, wäre allerdings, eher als das dunkle mattbraune Auge, das lebhaft orange-braune passend gewesen, das bei manchen Lemuren zu sehen ist.

Bei vielen dunkelhäutigen Volksstämmen wäre nichts Schöneres vorstellbar als die rubinrote Iris; während meergrüne Augen am besten zu düster-fahlen Polynesiern und trägen, friedlichen Volksstämmen wie denen passen würden, die in Tennysons Gedicht beschrieben sind:

> Und um den Kiel herum kamen mit fahlen Angesichtern,
> Dunklen Gesichtern fahl gegen jene ros'ge Flamme,
> Die sanftäugigen, schwermütigen Lotos-Esser.

Da wir nicht die Augen haben können, die wir am liebsten hätten, wollen wir diejenigen betrachten, welche die Natur uns gegeben hat. Die unvergleichliche Schönheit des »smaragdgrünen Auges« ist von den Dichtern in höchsten Tönen gepriesen worden, insbesondere von denen Spaniens. Smaragdgrüne Augen wären, wenn es sie bloß gäbe, gewiß weitaus schöner als alle anderen, besonders wenn sie mit dunklem oder schwarzem Haar und mit jener trüben, nachdenklichen, cremefarbenen Blässe der Haut kontrastiert würden, die man oft in warmen Klimaten sieht und die schöner ist als die in nördlichen Regionen vorherrschende rosige Hautfarbe, obwohl sie nicht so beständig ist. Doch entweder gibt es sie nicht oder ich bin völlig erfolglos gewesen, denn ich muß einfach gestehen, daß ich, selbst nach langem Suchen, noch nie vom Anblick smaragdgrüner Augen erfreut wurde. Ich habe Augen gesehen, die grün *genannt wurden,* das heißt Augen mit einem grünen Ton oder Licht darin, doch sie waren nicht die Augen, die ich suchte. Man kann den Dichtern leicht ihre irreführenden Beschreibungen vergeben, da sie keine zuverlässigen Ratgeber sind, und sehr oft bedeutet, Worte zu machen, wie bei Humpty Dumpty in *Through the Looking Glass*, »zusätzliche Arbeit.« Was die einfache Tatsache angeht, so pflegt man sich auf Wissenschaftler zu verlassen; doch während diese beklagen, daß wir – die unwissenschaftlichen Menschen – ohne irgendwelche entschiedenen und richtigen Vorstellungen über die Farbe unserer eigenen Augen seien, haben sie seltsamerweise der Mär des Dichters beigepflichtet und sogar beträchtliche Mühe auf sich genommen, um die Welt von ihrer Wahrheit zu überzeugen. Dr. Paul Broca ist ihre größte Autorität. In seinem *Manual for Anthropogists* unterteilt er die menschlichen Augen in vier unterschiedliche Typen: orange, grüne, blaue, graue; und diese vier wiederum in jeweils fünf Abtönungen. Die Symmetrie einer solchen Klassifizierung legt sofort nahe, daß sie eine willkürliche ist. Warum zum Beispiel Orange? helles Haselbraun, Lehmfarbe, Rot, Mattbraun können nicht eigentlich Orange genannt werden; aber die Aufteilung verlangt, daß die fünf angenommenen Abtönungen des dunkel pigmentierten Auges unter einer Bezeichnung zusammengefaßt werden, und weil es in einigen dunklen Augen gelbes Pigment gibt, werden sie alle als orange bezeichnet. Um die fünf grauen Abtönungen zustande zu bringen, wird andererseits das hellste Grau dermaßen grau gemacht, daß es überhaupt nur grau aussieht, wenn es auf ein Blatt weißes Papier gebracht wird; aber in der menschlichen Haut ist immer etwas Farbe, so daß Brocas Auge im Kontrast rein weiß aussähe – etwas, das in der Natur unbekannt ist. Dann haben wir das Grün, angefangen mit dem blassesten Salbeigrün und weiter in der Skala mit Grasgrün und Samaragdgrün bis zum dunkelsten Meergrün und dem Grün des Stechpalmenblatts. Gibt es solche Augen in der Natur? In der Theorie schon. Das blaue Auge ist blau und das graue grau, weil es bei solchen Augen kein gelbes oder braunes Pigment auf der äußeren Oberfläche der Iris gibt, welches verhindert, daß das dunkelpurpurne Pigment – die *Traubenhaut* – auf der inneren Oberfläche durch die Membrane gesehen wird, die unterschiedliche Grade von Undurchsichtigkeit hat, wodurch das Auge je nach dem grau, hell- oder dunkelblau oder purpurn erscheint. Wenn gelbes Pigment in kleiner Menge auf der äußeren Membrane abgelagert ist, dann sollte es sich, laut Theorie, mit dem inneren Blau mischen und Grün ergeben. Zum Leidwesen der Anthropologen tut es dies nicht. Es ergibt bloß in einigen Fällen die von mir erwähnte grünliche, veränderliche Tönung, doch nichts, was den entschiedenen Grüns von Brocas Tafeln nahekommt. Vorausgesetzt, ein Auge besäße den richtigen Grad von Durchsichtigkeit in der Membrane und eine ganz dünne Ablagerung von gelbem Pigment, die gleichmäßig über die Oberfläche verbreitet ist, wäre eine vollkommen grüne Iris das Ergebnis. Die Natur geht jedoch nicht ganz in dieser Weise vor. Das gelbe Pigment variiert erheblich in der Tönung; es ist schlammgelb, braun oder erdfarben und es verbreitet sich niemals gleichförmig über die Oberfläche, sondern tritt in Flecken gruppiert um die Pupille auf und breitet sich in matten Strahlen oder Linien und Punkten aus, so daß das Auge, von dem die Wissenschaft sagt, »es müßte grün genannt werden«, gewöhnlich ein sehr mattes Blaugrün oder bräunliches Blau oder eine Lehmfarbe und in einigen seltenen Fällen eine schwankende grünliche Tönung aufweist.

In den Bemerkungen zu dem Bericht des Anthropometic Committee der British Association der Jahre 1881 und 1883 heißt es, daß grüne Augen verbreiteter seien als die Tafeln angeben und daß Augen, die eigentlich grün genannt werden sollten, aufgrund des volkstümlichen Vorurteils gegen dieses Wort als grau bezeichnet oder einer anderen Farbe zugeordnet werden.

Gibt es irgendein derartiges Vorurteil? oder ist es nötig, mit dem aufgeschlagenen Leitfaden in der Hand umherzugehen, um ein grünes Auge zu erkennen, wenn wir eines sehen? Gewiß ist anzunehmen, daß das »volkstümliche Vorurteil« auf Shakespeares Beschreibung der Eifersucht als ein grünäugiges Ungeheuer beruht; aber wenn Shakespeare irgendein Gewicht in der Volksmeinung hat, sollte das Vorurteil gerade umgekehrt lauten, da er zu denen zählt, welche die Pracht des grünen Auges besingen.

So heißt es in *Romeo und Julia:*

                      Der Adler, meine Dame,
Hat kein so grünes, schnelles, schönes Auge
Wie Paris es gehabt.

Die Zeilen sind jedoch Unsinn, da es keine grünäugigen Adler gibt; und vielleicht verdient es die Frage des volkstümlichen Vorurteils nicht, daß man darüber disputiert.

Nur einmal auf meiner langjährigen Suche nach grünen Augen, bei der ich manchmal Meilen lang eine bevölkerte Durchgangsstraße abschritt, um die Augäpfel jeder an mir vorbeigehenden Person zu schauen, hatte ich Grund für die Annahme, meine Belohnung sei endlich gekommen. Als ich in einem öffentlichen Verkehrsmittel Platz nahm, bemerkte ich auf dem Sitz gegenüber, der aber etwas höher war als meiner, eine elegant gekleidete Dame von einem einzigartig anziehenden Äußeren. Ihre Haut war ein wenig blaß, ihr Haar dunkel und ihre Augen waren grün! »Endlich!« rief ich innerlich aus, glücklich, als ob ich einen unbezahlbaren Edelstein gefunden hätte. Es war ein Jammer für mich, sie verstohlen beobachten zu müssen, zu denken, daß ich sie so bald aus dem Blick verlieren würde! Einige Minuten vergingen, während derer sie ihren Kopf nicht bewegte, und immer noch waren die Augen grün – nicht in einem der matten und dunklen Farbtöne, die Broca sich vorstellte und malte, sondern es war ein helles, ausgesucht schönes Seegrün, so wie Meerwasser aussieht, wenn es dort von einem starken Sonnenlicht durchstrahlt wird, wo es tief und rein ist, im Hafen irgendeiner Felseninsel in den Tropen. Da ich noch nicht überzeugt war, schob ich mich auf meinem Sitz ein wenig höher, so daß bei meinem nächsten Blick auf sie ihre Augen den meinen direkt begegnen würden. Der erwünschte (und gefürchtete) Augenblick kam: ach! die Augen waren nicht mehr grün, sondern grau, und nicht sehr rein in der Farbe. Da sie grün ausgesehen hatten, als sie schräg angeschaut wurden, konnten sie nicht von einem sehr reinen Grau sein; sie waren schlichtweg graue Augen mit einem äußerst dünnen Pigment, so dünn, daß es nicht als gleichmäßig über die Oberfläche der Iris ausgebreitetes Pigment erschien. Dies hatte zur Folge, daß die Augen in mancher Beleuchtung als grün erschienen, ebenso wie die Augen eines Hundes, wenn das Tier im Schatten sitzt und die nach oben gerichteten Augäpfel das Licht einfangen, manchmal rein grün aussehen. Mir ist ein heutiger Hund bekannt, dessen Augen unter solchen Umständen immer diese Farbe an den Tag legen. Doch in der Regel nehmen die Hundeaugen ein glasklares Himmelblau an.

Wenn wir die gemischten oder neutralen Augen weglassen könnten, die in einem Übergangszustand sind – blaue Augen mit einem Pigment, das ihre Bläue verdunkelt und sie ganz unklassifizierbar macht, so wie man keine zwei Augenpaare als gleich befindet – dann könnten alle Augen in zwei große natürliche Ordnungen unterteilt werden, in diejenigen mit Pigment auf der äußeren Oberfläche der Membran und in die ohne Pigment. Sie könnten nicht eigentlich als helle und dunkle Augen bezeichnet werden, da viele haselnußbraune Augen tatsächlich heller sind als purpurne und dunkelgraue Augen. Sie könnten jedoch einfach braun und blau genannt werden, denn in allen Augen mit dem äußeren Pigment gibt es Braun oder etwas, das kaum von Braun zu unterscheiden ist; und alle Augen ohne Pigment, selbst die rein grauen, haben etwas Blau.

Braune Augen bringen eher die tierischen Leidenschaften als Verstand und die höheren moralischen Empfindungen zum Ausdruck. In ihrer ganz eigentümlichen Art von Beredsamkeit entsprechen ihnen oftmals die braunen oder dunklen Augen beim Haushund. Bei Tieren gibt es tatsächlich oft eine übersteigerte Beredsamkeit des Ausdrucks. Beurteilt man Katzen und Adler in den Käfigen der Zoologischen Gärten nach ihren Augen, so sind sie alle bepelzte und gefiederte Bonnivards. Selbst bei den größten Verstandesmenschen erzählt das braune Auge mehr vom Herzen als vom Kopf. Bei den niederen Geschöpfen ist das dunkle Auge immer scharf und schlau oder ansonsten sanft und mild wie bei Rehkitzen, Tauben, Wasservögeln usw.; und es ist bemerkenswert, daß auch beim Menschen das dunkle Auge – dunkelbraune Iris mit großer Pupille – im allgemeinen die eine oder die andere dieser vorherrschenden Ausdrucksweisen hat. Natürlich sind in hochzivilisierten Gemeinschaften individuelle Ausnahmen äußerst zahlreich. Spanische Frauen und Negerinnen haben wundervoll sanfte und liebevolle Augen, während das gewitzte Wieselauge überall verbreitet ist, insbesondere bei Asiaten. Bei Orientalen von hohem Stand ist der durchdringende, schlaue Blick zu einem Erscheinungsbild wunderbaren Scharfsinns verfeinert und gesteigert worden – der schönste Ausdruck, dessen das dunkle Auge fähig ist.

Das blaue Auge – alle Abtönungen von Blau und Grau sind hiermit eingeschlossen – ist das Auge des vernunftmäßigen Menschen *schlechthin:* jenes äußerliche Pigment von warmer Farbe, das sozusagen wie eine Wolke über dem Gehirn hängt, saugt dessen höchst geistigsten Emanationen auf, so daß wir nur, wenn sie ganz fortgeweht ist, in die Seele zu schauen vermögen und des

Menschen Verwandtschaft mit den Tieren vergessen. Wenn jemand dadurch, daß er lange mit dunkeläugigen Rassen gelebt hat, nicht an das blaue Auge gewöhnt ist, erscheint es als eine Anomalie in der Natur, wenn nicht gar als entschiedener Mißgriff; denn sein Vermögen, die niederen und gewöhnlichsten Instinkte und Leidenschaften unseres Menschengeschlechts auszudrücken, ist vergleichsweise beschränkt; und in Fällen, wo die höheren Fähigkeiten nicht entwickelt sind, scheint es leer und bedeutungslos. Dazu kommt noch, daß die ätherisch blaue Farbe in der Vorstellung eher mit atmosphärischen Phänomenen verbunden ist als mit fester Materie, sei sie nun unorganisch oder belebt. Es ist die Farbe des leeren, ausdruckslosen Himmels; von Schatten auf dem weit entfernten Hügel und der Wolke; von Wasser unter gewissen atmosphärischen Bedingungen und vom unstofflichen Sommerdunst,

dessen Rand immerzu
schwindet und schwindet, wenn ich mich rege.

In der organischen Natur sehen wir die Farbe bei den schnellebigen Blüten einiger zarter Pflanzen bloß spärlich verwendet; während ein paar Lebewesen mit freien und schwebenden Bewegungen wie Vögel und Schmetterlinge von der göttlichen Farbe auf den Flügeln gestreift worden sind, nur damit sie luftiger in Erscheinung treten. Nur beim Menschen, der vom groben Materialismus der Natur entfernt ist und bei dem sich die höchsten Fähigkeiten des Geistes entwickelt haben, erblicken wir die volle Schönheit und Bedeutung des blauen Auges – des Auges, das ohne die dazwischen liegende, verdeckende Wolke dunklen Pigments ist. In der Biographie von Nathaniel Hawthorne sagt der Autor von ihm: »Seine Augen waren groß, dunkelblau, strahlend und reich an vielfältigem Ausdruck. Bayard

Taylor sagte einmal, daß sie die einzigen, ihm je bekannten Augen gewesen seien, die Feuerblitze aussenden konnten ... Als er noch auf dem College war, blickte ihn eine alte Zigeunerin, die ihm unvermutet auf einem Waldweg begegnete, mit großen Augen an und fragte:
›Sind Sie ein Mensch oder ein Engel?‹«

Ich darf hier sagen, daß Zigeunerinnen derart daran gewöhnt sind, ihren Blick auf die Augen von Leuten zu konzentrieren, denen sie begegnen, daß sie ein wunderbares Geschick darin entwickeln, deren Ausdruck zu erfassen; sie erforschen diese zielgerichtet, wie mein Freund, der Spieler, die Rückseiten der Karten, mit denen er spielte, untersuchte; und wenn sie nicht die Augen dessen Opfers sähen, den sie foppen wollen, wären sie in Verlegenheit, was sie sagen sollten.

Um zu Hawthorne zurückzukehren. Seine Frau sagt in einem ihrer Briefe, die in dem Buch zitiert werden: »Die Flamme seiner Augen verzehrte falsches Lob, Heuchelei, Täuschung und Verlogenheit; wohingegen die meisten nichtswürdigen Sünder – so viele kamen, um bei ihm zu beichten – in seinem Blick auf solch ein Mitleid und Mitgefühl trafen, daß sie aufhörten, Gott zu fürchten und wieder zu Ihm zurückzukehren begannen ... *Ich wagte es nie, selbst ich nicht, ihn anzublicken, außer seine Lider waren geschlossen.*«

Ich denke, daß wir, die meisten von uns, Augen wie diese gesehen haben – Augen, deren Begegnung man eher meidet, da man im Falle dieser Begegnung durch den Anblick einer unverhüllten menschlichen Seele aufgeschreckt wird, die einem solchermaßen nahegebracht wird. Zumindest eine Person habe ich gekannt, auf welche die obige Beschreibung sich in jeder Einzelheit anwenden ließe; ein Mann, dessen geistiges und moralisches Wesen von höchstem Rang war und der im Alter von Dreißig als ein Märtyrer für die Sache der Menschlichkeit zugrunde ging.

Wie höchst ungewöhnlich also, daß der unzivilisierte Mensch mit diesem Auge versehen sein sollte, das ungeeignet ist, die Instinkte und Leidenschaften von Wilden auszudrücken, sondern fähig, die Klugheit, die hohen moralischen Empfindungen und die Geistigkeit auszudrücken, die eine menschliche Zivilisation erst lange Zeit danach in seinem trägen Hirn entwickeln würde! Ein Sachverhalt wie dieser scheint mit jener schmeichelhaften, faszinierenden, geistreichen Hypothese in Einklang zu stehen, die Wallace erfand, um Tatsachen zu erklären, die es, gemäß der Theorie der natürlichen Auslese, nicht hätte geben dürfen.

Zur Beantwortung der Frage: Welche Farbe hat das britische Auge?, die so oft gestellt wurde und doch noch nicht endgültig entschieden ist, wünsche ich zum Abschluß hier diese meine eigenen Beobachtungen festzuhalten. Ich habe einen überraschend großen Unterschied bei den Augen der beiden Klassen bemerkt, in welche die Bevölkerung praktisch unterteilt werden kann – die wohlhabende Klasse und die arme. Ich begann meine Beobachtungen in London – es gibt keinen besseren Ort; und mein Plan bestand einfach darin, die am häufigsten aufgesuchten Straßen und Hauptverkehrsadern abzuschreiten und die Augen jedes Passanten zu betrachten, dessen ich angesichtig wurde. Da meine Augen gut sind, reichte sogar der flüchtigste Blick – in den meisten Fällen das äußerste, was möglich war – zu meinem Vorhaben aus; und auf diese Weise konnten im Verlauf eines Tages Hunderte von Augenpaaren erblickt werden. In Cheapside schien die Bevölkerung zu gemischt zu sein; aber in Piccadilly und Bond Street und längs der Rotten Row schien es gewiß, daß man während der Hauptgeschäftszeit eine sehr große Mehrheit der Fußgänger als Mitglieder der wohlhabenden Klasse betrachten konnte. Es gibt andere Straßen und Hauptverkehrsadern in London, wo nahezu alle Leute, die man zu jedweder Zeit sieht, der arbeitenden Klasse angehören. Ich schlenderte also häufig auf den langen Straßen hin und her, wo die Armen an Samstagabenden ihre Einkäufe auf dem Markt machen und wenn, dank ihres langsamen Fortkommens, ihre Gesichtszüge leicht erforscht werden können.

Um mit der höheren Klasse anzufangen. Ich denke, es würde jeden Fremden verwirren, der an einem Frühlingsnachmittag in Piccadilly umherwandert oder die Row entlang geht und sagen soll, was die vorherrschende Farbe des englischen Auges ist, denn so große Vielfalt herrscht. Jegliche Abtönung von Grau und Blau, angefangen vom schwachen Hellblau eines fahlen Himmels bis zum Utramarin, das als Purpur und Violett bezeichnet wird und schwarz wirkt; und jegliche Art und Schattierung des dunklen Auges, von dem hellsten Haselnußbraun und dem gelbsten Ton, der derjenigen der Schafsiris gleicht, bis zu den tiefsten Brauntönen und der Iris aus flüssigem Pechschwarz mit rötlichen und orangenen Reflexen darin – das Schildkrötenauge und größter Stolz der Negerin. Eine weitere Überraschung stellte der hohe Anteil an schönen Augen dar. Für diese vortreffliche Spielart kann man verschiedene Erklärungen anführen, von denen wahrscheinlich nicht eine einzige als vollständig befriedigend erschiene; ich überlasse es daher dem Leser, sich seine eigene Theorie zu diesem Thema zu bilden.

In der unteren Klasse tauchte keine derartige Schwierigkeit auf. Hier war bei einer großen Mehrzahl von Fällen – bei etwa achtzig Prozent –, wie ich meine, das Auge grau oder graublau, aber selten rein. Die Unreinheit wurde durch eine geringe Menge von Pigment verursacht, wie ich im allgemeinen sehen konnte, wenn ich von nahem auf die Iris schaute, da eine gelbliche Tönung rings um die Pupille sichtbar war. Ich kam zu dem Schluß, daß dieses unreine graue Auge zur Zeit das typische britische Auge ist; daß es pigmentreicher wird und wahrscheinlich, wenn das Menschengeschlecht lange genug währt, gänzlich dunkelt.

KAPITEL XIII

Die Ebenen Patagoniens

Nahe dem Ende des berühmten Berichts von Darwin über die Reise der Beagle gibt es eine Passage, die für mich von ganz besonderer Bedeutung ist. Sie lautet folgendendermaßen (die Hervorhebungen sind von mir): »Wenn ich mir die Bilder aus der Vergangenheit zurückrufe, so bemerke ich, daß die Ebenen von Patagonien häufig vor meinen Augen erscheinen; und doch werden diese Ebenen von allen Reisenden als elend und nutzlos geschildert. Sie können nur durch negative Merkmale beschrieben werden: ohne Wohnstätten, ohne Wasser, ohne Bäume, ohne Berge tragen sie nur einige wenige zwerghafte Pflanzen. *Warum haben denn nun – und der Fall ist nicht mir allein eigentümlich – diese dürren Wüsten einen so festen Platz in meinem Gedächtnis sich errungen?* Warum haben nicht die noch ebeneren, grüneren und fruchtbareren Pampas, welche für den Menschen nutzbringend sind, einen gleichen Eindruck hervorgebracht? Ich kann diese Empfindungen kaum analysieren: sie müssen aber die Folge davon sein, daß hier der Einbildung volle Freiheit gelassen ist. Die Ebenen von Patagonien sind ohne Grenzen: denn sie sind kaum zu durchschreiten und daher unbekannt; sie tragen den Stempel an sich, Jahrhunderte lang so bestanden zu haben, wie sie jetzt sind, und es scheint keine Grenze für ihre Dauer durch künftige Zeiten zu bestehen. Wenn die flache Erde, wie die Alten vermuteten, von einem unüberschreitbaren Gürtel von Wasser oder von Wüsten umgeben wäre, die bis zu einem unerträglichen Übermaß erhitzt wären, wer würde nicht auf diese Grenzen der Erkenntnis des Menschen mit tiefen, aber schwer bestimmbaren Empfindungen hinblicken?« (S. 554)

Daß er in dieser Passage nicht die richtige Erklärung für die Empfindungen fand, die er in Patagonien erlebte, und für die starken Eindrücke, die dieses Land in seinem Gemüt hinterließ, davon bin ich ganz überzeugt; denn die Sache ist ebenso heute wahr wie 1836, als er schrieb, daß der Fall für ihn nicht eigentümlich sei. Doch seit diesem Datum – das nun, dank Darwin, für den Naturwissenschaftler in derart ferner Vergangenheit zu liegen scheint – haben diese öden Regionen aufgehört, unwegsam zu sein, und, obwohl sie immer noch unbewohnt und unbewohnbar sind, außer für ein paar Nomaden, sind sie nicht mehr unbekannt. Während der letzten zwanzig Jahre ist das Land in verschiedenen Richtungen durchquert worden, vom Atlantik bis zu den Anden und vom Rio Negro bis zur Magellanstraße, und ist für gänzlich unfruchtbar befunden worden. Die geheimnisvolle, unwirkliche, von Weißen bewohnte Stadt, von der man glaubte, sie existiere im unbekannten Innern, in einem Tal namens Trapalanda, ist für die Heutigen eine Sage, ein Trugbild der Vorstellung wie die glänzende Hauptstadt des großen Manoa, deren Entdeckung Alonzo Pizarro und seinem falschen Freund Orellana nicht gelang. Der Reisende von heute erwartet wirklich nichts Aufregenderes zu sehen als einen einzelnen Guanako, der auf einem Hügel Wacht hält, und ein paar grau gefiederte Nandus, die vor ihm fliehen, und möglicherweise eine Schar langhaariger, umherstreifender Wilder, die ihre Gesichter schwarz und rot bemalt haben. Doch trotz exakten Wissens gibt es den alten Zauber noch in seiner ganzen Frische; und nach den Unbehaglichkeiten und Leiden, die er in einer verfluchten Wüste mit ewiger

Unfruchtbarkeit ertragen hat, bemerkt der zurückgekehrte Reisende in späteren Jahren, daß diese Landschaft ihn noch immer festhält, daß sie in der Erinnerung heller strahlt und ihm teurer ist als irgendeine andere Gegend, die er besucht haben mag.

Wir wissen, daß das Bild einer Szene um so lebendiger und dauerhafter im Gedächtnis bleiben wird, je tiefer unsere Gefühle von ihr berührt wurden – ein Sachverhalt, der den vergleichsweise unvergänglichen Charakter der Bilder erklärt, die in die Zeit der Kindheit zurückreichen, in welcher wir höchst gefühlsbetont sind. Meinem eigenen Fall nach zu urteilen, glaube ich, daß wir hier das Geheimnis der Nachwirkung der patagonischen Bilder haben und ihrer häufigen Wiederkehr im Gedächtnis vieler, die diese graue, eintönige und, kurzum, höchst uninteressante Region besucht haben. Es ist nicht die Wirkung des Unbekannten, es ist nicht Einbildungskraft; es ist so, daß die Natur in diesen trostlosen Szenerien uns aus einem Grund, den man nach und nach erahnt, tiefer berührt als in anderen. Bei der Beschreibung seiner Streifzüge in einer der trostlosesten Stellen in Patagonien, bemerkt Darwin: »Und doch, läßt man seinen Blick über diese Szenen schweifen, ohne daß ein auffallender Gegenstand ihn fesselt, so wird ein schwer zu bestimmendes, aber sehr starkes Gefühl von Vergnügen sehr lebhaft in uns angeregt.« (S. 182) Wenn ich mich an eine patagonische Szenerie erinnere, tritt sie mir in ihrer ganzen gewaltigen Ausdehnung vor Augen und all ihre Einzelheiten sind so deutlich umrissen, daß ich sie, würde ich sie gegenwärtig anschauen, kaum deutlicher sehen könnte; doch andere Szenerien, selbst die schönen und erhabenen, mit Wald und Ozean und Gebirge und über allem der tiefblaue Himmel und der strahlende Sonnenschein der Tropen, erscheinen nicht mehr deutlich und vollständig im Gedächtnis und werden nur lückenhafter und trüber, unternimmt man irgendeinen Versuch, sie aufmerksam zu betrachten. Hier und da sehe ich einen bewaldeten Berg, einen Palmenhain, einen blühenden Baum, grüne Wogen, die auf ein Felsgestade klatschen – nichts außer vereinzelten Flicken von leuchtender Farbe, Teile des Bildes, die auf einer großen undeutlichen Leinwand oder einer ganzen Reihe von Leinwänden nicht verblaßt sind. Letztere sind Bilder von Szenen, die wir mit Erstaunen und Bewunderung angeschaut haben – Empfindungen, welche die patagonischen Öden nicht hervorrufen konnten –, aber die graue, eintönige Einsamkeit erweckte andere und tiefere Gefühle, und in dieser geistigen Verfassung wurde die Szene unauslöschlich im Gedächtnis eingeprägt.

Ich verbrachte den größeren Teil eines Winters an einer, siebzig oder achtzig Meilen vom Meer entfernten Stelle am Rio Negro, wo das Tal auf meiner Seite des Wassers etwa fünf Meilen breit war. Nur das Tal war bewohnbar; dort gab es Wasser für Mensch und Tier und ein dünnes Erdreich brachte Gras und Getreide hervor; es ist vollständig eben und endet jäh am Fuß des Abhangs oder der terrassenartigen Formation des höheren unfruchtbaren Plateaus. Es war meine Gewohnheit, jeden Morgen mit meinem Gewehr zu Pferde loszuziehen und, von einem Hund gefolgt, aus dem Tal heraus zu reiten; und sobald ich die Terrasse erklommen hatte und in das graue, allumfassende Dickicht eingetaucht war, fühlte ich mich vollständig allein und von jeglichem Blick und Laut menschlicher Besitzergreifung abgeschnitten, als ob mich fünfhundert anstatt fünf Meilen von dem verborgenen grünen Tal und dem Fluß trennen würden. Derart wild und einsam und abgelegen schien diese graue Öde, die sich in die Unendlichkeit dehnte, eine Öde, die vom Menschen nicht betreten wurde und wo die wilden Tiere so rar waren, daß sie keinen erkennbaren Weg in der Dornenwildnis gebahnt hatten. Dort hätte ich niedersinken und sterben können, und mein Fleisch wäre von den Vögeln gefressen und meine Knochen in Sonne und Wind gebleicht worden, und man hätte es vergessen, daß einer am Morgen losgeritten und nicht zurückgekehrt war. Oder wenn ich, wie die wenigen Wildtiere dort – Puma, Guanako und der hasenähnliche *Dolichotis* oder Darwins Nandu und das Schmucksteißhuhn aus dem Bereich der Vögel – in der Lage gewesen wäre, ohne Wasser zu existieren, dann hätte ich mir vielleicht eine Einsiedelei aus Gestrüpp gebaut oder mir eine Erdhöhle im Hang einer Klippe gegraben und dort geweilt, bis ich so grau geworden wäre wie die Steine und Bäume rings um mich, und keines Menschen Fuß wäre auf meinen Schlupfwinkel gestoßen.

Nicht einmal, zweimal oder dreimal kehrte ich zu dieser Einsamkeit zurück, sondern Tag für Tag ging ich morgens dorthin, als ob ich ein Fest erwarten würde und sie nur verließe, wenn Hunger und Durst und die untergehende Sonne mich dazu zwängen. Und doch hatte ich kein Ziel, wenn ich dorthin ging; denn obwohl ich ein Gewehr trug, gab es dort nichts zu jagen – das Jagdrevier war ganz und gar im Tal zurückgelassen worden. Manchmal kam mir ein *Dolichotis*, der durch mein Nahen aufgeschreckt war, für einen Moment blitzartig vor Augen, um im nächsten Moment in dem ununterbrochenen Dickicht zu verschwinden; oder eine Kette von Steißhühnern schoß wie eine Rakete in die Luft und entfloh mit langen, klagenden Lauten und lautem Flügelgeschwirr; oder auf einem fernen Berghang erschien als heller gelber Fleck ein Hirsch, der mich beobachtete, und verharrte zwei oder drei Minuten regungslos. Aber die Tiere waren rar, und manchmal verbrachte ich einen ganzen Tag, ohne ein einziges Säugetier zu sehen und vielleicht nicht mehr als ein Dutzend Vögel jedweder Größe. Zu dieser Zeit war das Wetter trostlos, im allgemeinen hing ein grauer

Wolkenschleier am Himmel und ein rauher Wind wehte, der oft kalt genug war, um meine Zügelhand ganz taub werden zu lassen. Darüber hinaus war es nicht möglich, sich an einem kurzen Galopp zu erfreuen; die Büsche standen so dicht zusammen, daß man im Schritt nicht durch sie hindurchkommen konnte, ohne sie zu streifen; und in dieser langsamen Gangart, die unter anderen Umständen unerträglich erschienen wäre, ritt ich dann stundenlang in einem fort. Die Szenerie selbst hatte nichts an sich, was das Auge erfreute. Überall durch die lockere graue Erde, grau wie Asche und aus der Asche unzähliger Generationen toter Bäume gebildet, traten, dort wo der Wind darauf geweht oder der Regen sie weggespült hatte, der darunterliegende gelbe Sand zutage und auch die alten, vom Ozean polierten Kiesel, mattrot und grau und grün und gelb. Wenn ich einen Hügel erreichte, dann ritt ich zu seinem Gipfel und hielt dort inne, um die Landschaft zu überblicken. Nach allen Seiten dehnte sie sich in großen Wellen aus; aber die wellenförmigen Bewegungen waren planlos und unregelmäßig, die Hügel waren gerundet und kegelförmig, sie erhoben sich einzeln und in Gruppen und Reihen; einige fielen sanft ab, andere waren kammartig und streckten sich zu meilenlangen Terrassen, denen weitere Terrassen folgten; und alle trugen gleichermaßen das graue, dauerhafte, dornige Pflanzenkleid. Wie grau alles war! kaum weniger grau ganz in der Nähe als am dunstverschleierten Horizont, wo die Hügel undeutlich waren und der Umriß in der Entfernung verschwamm. Manchmal sah ich den großen, adlerartigen, weißbrüstigen Agula, *Buteo erythronotus*, der eine halbe Meile entfernt auf dem Wipfel eines Busches saß; und solange er weiterhin regungslos vor mir seinen Platz einnahm, blieben meine Augen unwillkürlich auf ihn fixiert, ebenso wie jemand seinen Blick auf ein hell schimmerndes Licht in der Finsternis gerichtet hält; denn das Weiß des Bussards schien auf das Auge eine faszinierende Wirkung auszuüben, so ungemein hell war es durch den Kontrast inmitten dieses allgemeinen, ununterbrochenen Graus. Wenn ich von meinem Ausguck hinabstieg, nahm ich meine ziellosen Wanderungen wieder auf und besuchte andere Erhebungen, um von einem anderen Punkt auf dieselbe Landschaft zu starren; und Stunden lang so weiter, und nachmittags stieg ich dann vom Pferd und setzte mich hin oder legte mich für eine Stunde oder länger auf meinen zusammengefalteten Poncho. Bei diesen Streifzügen entdeckte ich eines Tages ein Wäldchen, das aus zwanzig bis dreißig etwa achtzehn Fuß hohen Bäumen bestand, welche die Bäume der Umgebung überragten. Sie wuchsen in geziemendem Abstand voneinander und waren offenbar für eine sehr lange Zeit regelmäßig von einer Herde Hirsche oder anderer Wildtiere aufgesucht worden, denn die Stämme waren durch vieles Reiben zu glasiger Glätte poliert, und der Boden darunter war zu einer Fläche aus sauberem, lockerem, gelbem Sand festgestampft. Dieses Wäldchen lag auf einem Hügel, der anders geformt war als die anderen Hügel in seiner Nähe, so daß es mir leicht fiel, ihn bei anderen Gelegenheiten zu finden; und nach einer Weile machte ich es mir zur Regel, ihn zu finden und jeden Tag nachmittags als Ruheplatz zu gebrauchen. Ich fragte mich nicht, warum ich ausgerechnet diesen einen Platz auswählte und manchmal um Meilen von meinem Weg abwich, um mich dort niederzusetzen, anstatt unter irgendeinem von den Millionen von Bäumen und Büschen, die das Land bedeckten, Platz zu nehmen oder auf irgendeinem anderen Hügel. Ich dachte überhaupt nicht darüber nach, sondern handelte unbewußt; erst danach, als ich mir die Sache durch den Kopf gehen ließ, schien es mir, daß, hatte ich dort erst einmal geruht, mein Wunsch, dort wieder zu ruhen, jedesmal mit dem

Bild dieser besonderen Baumgruppe verbunden war, mit polierten Stämmen und einem sauberen Sandlager darunter; und binnen kurzem entwickelte ich, gleich einem Tier, eine Gewohnheit der Wiederkehr, um an derselben Stelle zu ruhen. Es war vielleicht falsch zu sagen, daß ich mich niedersetzte und ruhte, da ich nie müde war: und wenn ich dies auch nicht war, erwies sich diese Nachmittagspause, während der ich eine Stunde lang regungslos dasaß, doch als sonderbar wohltuend. Den ganzen Tag über schien die Stille wohltuend, sie war vollkommen, ganz tief. Es gab keine Insekten, und der einzige Vogellaut – ein schwaches, warnendes Zirpen, das von einer kleinen, verborgen lebenden Zaunkönigart kam – war nicht öfter als zwei- oder dreimal in der Stunde zu vernehmen. Die einzigen Geräusche während meines Ritts waren die gedämpften Hufschläge meines Pferdes, das Kratzen von Zweigen an meinem Stiefel oder der Satteltasche und das leise Keuchen des Hundes. Und es schien eine Erleichterung zu sein, selbst diese Geräuschen zu vermeiden, wenn ich abstieg und mich niedersetzte; denn in binnen kurzem würde der Hund seinen Kopf auf seinen Pfoten ausstrecken und einschlafen, und dann gäbe es kein Geräusch mehr, nicht einmal das Rascheln eines Blatts. Denn in den kleinen, steifen, immergrünen Blättern gibt es keine flatternde Bewegung und kein Gesäusel, außer der Wind weht stark; und die Büsche standen ohne Regung da, als seien sie aus Stein gemeißelt. Als ich eines Tages der Stille lauschte, kam mir die Frage in den Sinn, welche Wirkung es hätte, wenn ich laut brüllen würde. Dies erschien mir augenblicklich als eine schreckliche Einflüsterung der Phantasie, als ein »zügelloser und launenhafter Gedanke«, der mich fast schaudern ließ, und ich war eifrig bemüht, ihn mir rasch aus dem Sinn zu schlagen. Doch während dieser einsamen Tage war es selten, daß mir überhaupt ein Gedanke durch den Kopf ging; Tiergestalten kamen mir nicht zu Gesicht oder Vogelstimmen bestürmten seltener mein Gehör. In diesem neuen Geisteszustand, in dem ich mich befand, war Denken unmöglich geworden. Woanders war ich immer in der Lage gewesen, auf dem Pferderücken höchst unbeschwert Gedanken nachzuhängen; und auf den Pampas, selbst an den einsamsten Orten, war mein Geist stets rege, wenn ich in einem schwingenden Galopp dahinzog. Dies war gewiß Gewohnheitssache; doch obwohl ich jetzt ein Pferd unter mir hatte, war ich zum Nachdenken untauglich geworden: mein Geist hatte sich plötzlich von einer Denkmaschine in eine Maschine für irgendeinen anderen unbekannten Zweck verwandelt. Denken glich dem In-Gang-Setzen eines geräuschvollen Geräts in meinem Gehirn; und es gab etwas, das mir gebot, still zu sein, und ich mußte gehorchen. Mein Zustand war der des *Stillstands* und der *Wachsamkeit:* aber ich hatte nicht die Erwartung, einem Abenteuer zu begegnen, und ich fühlte mich so frei von Furcht wie jetzt, wenn ich in einem Zimmer in London sitze. Die Veränderung bei mir war ebenso groß und wunderbar, als ob ich meine Identität gegen die eines anderen Menschen oder eines Tiers eingetauscht hätte; aber zu jener Zeit war ich außerstande, darüber erstaunt zu sein oder Spekulationen anzustellen; der Zustand schien mir eher vertraut zu sein als befremdlich, und obwohl er von einem starken Gefühl freudiger Erregung begleitet war, kannte ich es nicht – wußte ich nicht, daß etwas zwischen mich und meinen Verstand getreten war –, bis ich es verlor und zu meinem früheren Selbst zurückkehrte – zum Denken und dem alten schalen Dasein.

Solche Wechsel bei uns, wie kurz sie auch währen mögen, und in den meisten Fällen sind sie sehr kurz, die aber solange sie währen, uns bis auf die Wurzeln unseres Seins zu berühren scheinen und als eine große Überraschung kommen – als Offenbarung einer ungewohnten und unerwarteten verborgenen Natur unterhalb der Natur, der wir uns bewußt sind –, können einzig einer urplötzlichen Rückkehr zu den primitiven und gänzlich unzivilisierten Geisteszuständen zugeschrieben werden. Wahrscheinlich gibt es nicht viele Menschen, die sich nicht an ähnliche Fälle in ihrer eigenen Erfahrung erinnern könnten; doch es oft kommt vor, daß der wiederbelebte Instinkt in seinem Grundzug derart rein animalisch und abstoßend ist für unsere verfeinerten oder menschenfreundlichen Empfindungen, daß man ihn beharrlich verbirgt und seinen Impulsen widersteht. Bei den Heeres- und Meeresberufen und im Reise- und Abenteuerleben werden diese jähen und überraschenden Umkehrungen am häufigsten erlebt. Die Erregung der Männer, die in die Schlacht ziehen, Erregung, die sogar die zaghaft Veranlagten befällt und sie veranlaßt, einen unbekümmerten Wagemut und eine ihnen selbst erstaunliche Verachtung der Gefahr an den Tag zu legen, ist ein wohlbekanntes Beispiel. Der instinktive Mut ist mit Berauschung verglichen worden, doch verdunkelt jener nicht, wie der Alkohol, die Fähigkeiten eines Menschen: er ist im Gegenteil weitaus leidenschaftlicher aktiv in allem, was um ihn herum passiert, als derjenige, der vollkommen gelassen bleibt. Die Kräfte des Mannes, der im Kampf kalte Unerschrokkenheit zeigt, sind in ihrer üblichen Verfassung: die Kräfte des Mannes, der von instinktiver, freudiger Erregung entflammt in die Schlacht zieht, sind zu übernatürlicher Schärfe aufgestachelt.[1] Wenn der zaghaft

[1] In einem Artikel über »Mut« von Lord Wolseley in der *Fortnightly Review* für August 1889 findet sich die folgende Passage, die den von Menschen im Kampf erlebten Geisteszustand beschreibt: »Alle zum Wahnsinn reizenden Freuden scheinen in diesen sehr kurzen Zeitraum zusammengedrängt zu sein, und doch wird jede Empfindung, die in jenen flüchtigen Momenten erfahren wird, derart unauslöschlich dem Gehirn aufgeprägt, daß nicht einmal der banalste Vorfall im späteren Leben jemals vergessen wird:«

veranlagte Mensch eine Erfahrung dieser Art gehabt hat, blickt er auf den Tag zurück, der ihm diese als die glücklichste bescherte, die er je erlebt hat, eine Erfahrung, die sich hell abhebt und mit einer sonderbaren Pracht unter all seinen Tagen erstrahlt.

Wenn wir plötzlich irgendeiner schrecklichen Gefahr gegenüberstehen, ist die Veränderung des Wesens, der wir ausgesetzt sind, gleichermaßen groß. In manchen Fällen lähmt uns die Angst, und wie Tiere stehen wir reglos da, ohnmächtig, einen Schritt zur Flucht zu unternehmen oder eine Hand zur Verteidigung unseres Lebens zu erheben; und manchmal sind wir von Panik ergriffen und handeln wiederum mehr wie die tieferstehenden Tiere denn als vernünftige Wesen. Andererseits werden oftmals in Fällen plötzlicher äußerster Gefahr, denen man nicht durch Flucht entrinnen kann und denen man sich unverzüglich stellen muß, die zaghaftesten Menschen wie durch Wunder von dem notwendigen Mut erfüllt und sie sind zu scharfer, rascher Auffassungsgabe und schneller Entscheidung fähig. Dies ist ein in der Natur sehr verbreitetes Wunder; wenn der Mensch und ebenso die unter ihm stehenden Tiere sich dem fast sicheren Tod gegenüber sehen, »schöpfen sie Entschlußkraft aus der Verzweiflung.« Wir pflegen dies den »Mut der Verzweiflung« zu nennen; aber es kann wirklich keine Spur einer derart schwächenden Empfindung bei dem Menschen geben, der um das liebe Leben kämpft oder auf den Kampf vorbereitet ist. Zu solchen Zeiten ist der Geist klarer als er je gewesen war; die Nerven sind stählern; da empfindet man nichts anderes als Stärke und Wut und Wagemut. Wenn ich auf einige gefährliche Augenblicke in meinem eigenen Leben zurückblicke, erinnere ich mich mit einer Art Freude an sie; nicht daß es damals irgendeine freudige Erregung gab, sondern weil sie mir eine neue Erfahrung bescherten – eine neue Natur sozusagen –

und mich für einen Augenblick über mich selbst erhoben. Und doch stelle ich fest, wenn ich mich mit anderen vergleiche, daß mein Mut bei gewöhnlichen Ereignissen eher unter- als überdurchschnittlich ist. Und wahrscheinlich wird dieser instinktive Mut, der bei besonderen Gelegenheiten derart hell aufflammt, von einer sehr großen Mehrheit der männlichen Kinder bei ihrer Geburt ererbt; nur kommt im zivilisierten Leben das genaue Zusammentreffen von Umständen, das erforderlich ist, um diesen Mut in Aktion zu setzen, selten vor.

Beim Jagen wiederum treten die instinktiven Impulse sehr stark an die Oberfläche. Leech karikierte die gallische Unkenntnis der Fuchsjagd, als er seinen französischen Edelmann im Galopp über die Hunde hinaus ins Feld stürmen ließ, auf daß er den Fuchs selber fange; aber die Karikatur kann auch als eine komische Illustration eines Gefühls verstanden werden, das es bei jedem von uns gibt. Wenn irgendein Jäger unter meinen Lesern jemals einem wilden Tier gegenüberstand – einem Wildhund, einem Wildschwein oder einer Wildkatze – und er keine Feuerwaffe dabei hatte, um es auf die übliche zivilisierte Weise zu töten, und er es trotzdem, von einem plötzlichen unkontrollierten Impuls angetrieben, mit einem Jagdmesser oder irgend etwas, das ihm in die Finger kam, angriff und erfolgreich erlegte, so würde ich einen solchen fragen, ob dieser Sieg ihm nicht eine größere Genugtuung verschafft habe als alle seine anderen Heldentaten auf dem Feld? Danach käme ihm jede rechtmäßige Jagd unrechtmäßig vor, und ganze Hekatomben von Hasen und Fasanen und selbst größeren Tieren, die vor seinem Gewehr verendet waren, würden bei ihm nur ein Gefühl von Abscheu und Selbstverachtung erregen. Er würde wahrscheinlich über einen Kampf jener rohen Art Stillschweigen bewahren, doch trotzdem würde er sich gern daran erinnern, wie er plötzlich auf eine seltsame, unerklärliche Weise von dem Wagemut, der Schnelligkeit und Sicherheit erfüllt wurde, die nötig ist, um seinen schlauen, verzweifelten Gegner in Schach zu halten, seinen Fängen und Klauen zu entkommen und ihn schließlich zu besiegen. Vor allem würde er sich an das lebhafte Gefühl einer unbändigen Freude erinnern, das er bei dem Kampf erlebte. Dies würde alle gewöhnliche Jagd schal erscheinen lassen; eine Ratte auf irgendeine natürliche Weise zu töten erschiene ihm besser als Elefanten technisch auf eine sichere Entfernung umzubringen. Dieses Gefühl kommt gelegentlich in *The Story of my Heart* zum Ausbruch: »Mit einem Gewehr zu schießen ist nichts ... Gebt mir eine Eisenkeule, damit ich das wilde Tier zerschmettern und niederhämmern kann. Einen Speer, damit ich es durchbohren kann, so daß ich das Eindringen der langen Spitze und den Stoß des Schaftes verspüre.« Und weiteres im gleichen Stil, was vielleicht für manche zwar schockierend ist, doch zeigt, daß der sanfte Richard Jefferies ein paar der Grundbestandteile eines trefflichen Barbaren in sich hatte.

Doch in der Kindheit und der Knabenzeit liegen die Instinkte ganz dicht an der Oberfläche und sind auf dem Sprung, bei passender Gelegenheit in Aktion zu treten. Die ererbte zweite Natur ist dann am schwächsten; und die Gewohnheit ist noch nicht weit damit gekommen, ihr zartes Netzwerk hemmender Einflüsse über die primitive Natur zu weben. Das Netzwerk wird im Leben des Individuums fortwährend verstärkt und am Ende ist es wie die Raupe in einen undurchdringlichen Kokon eingehüllt; nur gibt es, wie wir gesehen haben, im Leben wunderbare Augenblicke, in denen sich der Kokon plötzlich auflöst oder durchsichtig wird, und es ist dem Individuum erlaubt, sich in seiner ursprünglichen Nacktheit zu sehen. Das Entzücken, das Kinder empfinden, wenn sie Wälder oder andere unbewohnten Stätten betreten, ist sehr groß; und dieses Gefühl, auch wenn es sich bei fortschreitendem Leben verringert, begleitet uns bis zuletzt. Gleichermaßen groß ist ihr Entzücken beim Auffinden von wildwachsenden Früchten, Honig und anderer natürlicher Nahrung; und selbst wenn sie nicht hungrig sind, werden sie diese mit sonderbarem Behagen verschlingen. Sie werden sich mit Freude an sauren, herben Früchten ergötzen, die, wären sie im Garten gepflückt und stünden sie auf dem Tisch, nur Abscheu erregen würden. Diese instinktive Suche nach Nahrung und das Entzücken, das bei ihrem Auffinden empfunden wird, kommt gelegentlich in sehr unerwarteter und überraschender Weise auf. »Beim Gang durch den Wald«, sagt Thoreau, »erblickte ich ein Waldmurmeltier, das vor mir über den Weg huschte, und ich empfand den seltsamen Schauer eines wilden Entzückens und war stark in Versuchung gebracht, es zu packen und roh zu verschlingen; nicht, weil ich damals hungrig war, sondern einfach nur wegen der Wildheit, die es verkörperte.«

In fast allen Fällen – dann, wenn die Gefahr, der man begegnet, und die Wut, die man erfährt, Ausnahmen darstellen – ist die Rückkehr zu einem instinktiven oder primitiven Gemütszustand von diesem Gefühl gehobener Stimmung begleitet, das bei den ganz Jungen zu einem starken Glück anschwillt und sie manchmal vor Freude verrückt werden läßt, wie Tiere, die gerade der Gefangenschaft entronnen sind. Und aus einem ähnlichen Grund stellt das zivilisierte Leben einen Zustand fortwährender Unterdrückung dar, wenn es auch nicht so scheinen mag, bis ein flüchtiger Blick auf die Wildheit der Natur, ein Geschmack des Abenteuers, ein Zwischenfall es plötzlich unsäglich verdrießlich erscheinen läßt; und in diesem Stadium spüren wir, daß der Verlust bei unserem Abschied von der Natur den Gewinn übersteigt.

Eine solche gehobene Stimmung, das Gefühl, das man bei der Rückkehr zu einer geistigen Verfassung verspürt, der wir entwachsen sind, erlebte ich in der Einsamkeit Patagoniens; denn ich war zweifelsohne *zurückgekehrt;* und dieser Zustand großer Wachsamkeit oder eher wacher Vorsicht, wobei die höheren geistigen Fähigkeiten außer Kraft gesetzt sind, stellte den Geisteszustand des reinen Wilden dar. Er denkt wenig, überlegt wenig und hat einen sichereren Ratgeber in seinem Instinkt; er lebt in vollkommener Harmonie mit der Natur und steht geistig nahezu auf einer Ebene mit den wilden Tieren, die er bejagt, und die ihrerseits manchmal Jagd auf ihn machen. Wenn die Ebenen Patagoniens einen Menschen auf diese Weise berühren, selbst in einem viel geringeren Maße als in meinem Fall, ist es nicht befremdlich, daß sie sich derart lebhaft ins Gedächtnis einprägen und frisch in der Erinnerung bleiben und oftmals wiederkehren; während eine andere Szenerie, wie großartig oder schön sie auch sein mag, allmählich verblaßt und schließlich vergessen ist. Bis zu einem geringen, in den meisten Fällen wahrscheinlich sehr geringen Grade, wirken alle natürlichen Anblicke und Geräusche in der gleichen Weise auf uns; aber die Wirkung ist oft vorübergehend und mit der ersten freudigen Erregung verschwunden, der in manchen Fällen eine tiefe und geheimnisvolle Schwermut folgt. Das Grün von Erde, Wald, Fluß und Hügel; der blaue Dunst und der ferne Horizont; Wolkenschatten, die über die sonnenüberflutete Landschaft jagen – dies alles zu sehen ist wie die Rückkehr zu einem Zuhause, das wahrhaftiger unser Zuhause ist als irgendeine uns bekannte Wohnstatt. Der Ruf des Wildvogels dringt uns bis ins Herz; wir haben diesen Ruf noch nie zuvor gehört, und er ist uns vertrauter als die Stimme unserer Mutter. »Ich hörte«, sagt Thoreau, »in der Ferne ein Rotkehlchen, das erste, das ich seit vielen tausend

Jahren gehört hatte, dünkte mich, dessen Gesang ich weitere abertausend Jahre nicht vergessen werde, – der gleiche süße und kraftvolle Gesang wie von einst. O du Abendrotkehlchen!« Hafis singt:

O Morgenbrise, weh' mir heran eine Erinn'rung an die alte Zeit;
Sollten nach tausend Jahren deine Düfte strömen über meine Reste,
Würd' mein Gebein vor lauter Glück aufstehn und tanzen in der Gruft!

Und wir selbst sind die lebenden Grüfte einer toten Vergangenheit – diese Vergangenheit, die schon so viele Tausende von Jahren die unsre war, bevor dieses Leben der Gegenwart begann; ihre alten Gebeine schlummern in uns – tot, und doch weder tot noch taub für die Stimmen der Natur; das geräuschvolle Brennen, das Tosen des Wasserfalls und das Donnern langer Wogen auf dem Strand und das Geräusch des Regens und der säuselnde Wind in der Vielzahl der Blätter bringen eine Erinnerung an die alte Zeit; und die Gebeine freuen sich und tanzen in der Gruft.

Bei Professor W. K. Parker, der in seinem Werk *On Mammalian Descent* über die in dieser Klasse von Lebewesen fast durchgängig vorhandene haarige Umhüllung spricht, heißt es: »Diese ist, wie jedermann weiß, beim Menschengeschlecht eine Gewohnheit geworden, und sie gibt im Augenblick in keiner Weise zu erkennen, daß sie außer Gebrauch käme. Überdies scheint diese anfängliche Wechselbeziehung, nämlich zwischen Milchdrüsen und einer haarigen Umhüllung, sogar in die Seele von Geschöpfen dieser Klasse Eingang gefunden zu haben und ebenso psychisch wie physisch geworden zu sein, denn bei dieser Spezies, die als einzige unter den Engeln steht, ist die Neigung zu dieser Art äußerlicher Bedeckung zu einer starken und unauslöschlichen Leidenschaft geworden.« Ich bin nicht sicher, daß diese Ansicht mit einigen Tatsachen in unserer Erfahrung und mit einigen instinktiven Empfindungen übereinstimmt, die wir alle haben. Wie Waterton habe ich festgestellt, daß die Füße sich sehr freundlich der Erde anschmiegen, wie heiß oder kalt sie auch sein mag, und daß Schuhe, nachdem man sie für eine kurze Zeit abgelegt hat, so unbequem erscheinen wie eine Maske. Das Gesicht ist immer unbedeckt; warum findet die vermutete Wechselbeziehung nicht auf diesen Körperteil Anwendung? Das Gesicht ist angenehm warm, wenn der allzu zarte Körper unter seiner Umhüllung vor Kälte zittert; und angenehm kühl, wenn die Sonne auf uns herab brennt. Wenn an einem heißen Tag oder bei starker körperlicher Anstrengung Wind auf uns trifft, ist das Gefühl für das Gesicht äußerst angenehm, aber ganz und gar nicht angenehm für den Körper, auf dem die Bekleidung ein rasches Verdunsten der Feuchtigkeit nicht erlaubt. Der Regenschirm hat noch nicht in die Seele Eingang gefunden – noch nicht; zwar ist es ein Jammer, im Regen naß zu werden, doch angenehm, den Regen im Gesicht zu spüren. »Ich bin ein einziges Gesicht«, sagte der nackte amerikanische Wilde, um zu erklären, warum er den rauhen Wind, der seinen zivilisierten Mitreisenden in seinen Fellen zittern ließ, nicht als unbehaglich empfand. Welch eine Erleichterung wiederum, welch ein Vergnügen, die Kleider abzuwerfen, wenn die Gelegenheit es gestattet. Leigh Hunt schrieb eine amüsante Abhandlung über die Freuden des Zubettgehens, wenn die Beine, lange voneinander getrennt durch unnatürliche Kleidung, sich entzückt aneinander reiben und ihre gegenseitige Bekanntschaft auffrischen. Jeder kennt das Gefühl. Wenn es schicklich wäre und wenn die Sitte nicht so tyrannisch herrschte, wären viele von uns froh, dem Beispiel von Benjamin Franklin zu folgen und aufzustehen, nicht um sich anzukleiden, sondern um sich bequem zur Morgenarbeit niederzulassen, ohne einen Faden am Leib. Wenn wir zum erstenmal in einer Gegend, wo sonst nichts als ein Feigenblatt »Eingang in die Seele gefunden hat«, Männer und Frauen nackt und ohne sich zu schämen umhergehen sehen, empfinden wir einen leichten Schock; doch es liegt mehr Vergnügen darin als Pein, obwohl wir widerstreben, das Vergnügen zuzulassen, wahrscheinlich weil wir die Natur des Gefühls verkennen. Wenn unsere neuen Freunde, nachdem wir sie ein paar Tage lang in ihrer natürlichen Unbefangenheit gesehen haben, vor uns bekleidet erscheinen, sind wir wiederum schockiert und diesmal in unangenehmer Weise; es ist, als sähen wir diese, die gestern noch frei und fröhlich waren, nun mit gefesselten Füßen und traurigen, niedergeschlagenen Gesichtern in Erscheinung treten.

Um diese Frage fallen zu lassen: was wirklich in unsere Seele Eingang gefunden hat und psychisch geworden ist, das ist unsere Umgebung – diese wilde Natur, in die und für die wir in einer unvorstellbar fernen Zeit geboren wurden und die uns zu dem gemacht hat, was wir sind. Es stimmt, daß wir in hohem Maße anpassungsfähig sind, daß wir eine Art neuer Harmonie geschaffen haben und in ihr leben, mit neuen Bedingungen, die sich vollständig von denen unterscheiden, an die wir ursprünglich angepaßt waren; aber die alte Harmonie war unendlich vollkommener als es die neue ist, und wenn es etwas wie ein geschichtliches Gedächtnis in uns gäbe, würde es nicht befremden, daß es keinen angenehmeren Augenblick in irgendeinem Leben gäbe, gleich ob er erfreulich oder fürchterlich ist, wenn die Natur sich ihm nähert und, indem sie ihr vernachlässigtes Instrument aufhebt, ein Stück einer alten Melodie spielt, die auf der Erde lange nicht gehört wurde.

Man kann fragen: Wenn die Natur zuzeiten diese eigentümliche Wirkung auf uns hat und unverzüglich die alte, verschwundene Harmonie zwischen Organismus und Umgebung wiederherstellt, warum sollte sie in der patagonischen Wüste in höherem Maße verspürt werden als an anderen einsamen Stätten – in einer Wüste, die ohne Wasser ist, wo die Stimmen von Tieren selten vernommen werden und wo die Vegetation grau statt grün ist? Ich kann nur einen Grund für diese Wirkung annehmen, die in meinem Fall um so viel größer ist. In subtropischen Wäldern und Dickichten und in den Urwäldern in den gemäßigten Gebieten werden die Sinne durch das erfreuliche Grün und die leuchtenden Farben von Blumen und Insekten, – wenn wir die Gewohnheit erworben haben, diese Dinge von nahem zu betrachten –, und durch die Melodien und Laute des Vogellebens angeregt; dort gibt es Bewegung und Pracht; neue Formen, tierische und pflanzliche, treten fortwährend in Erscheinung, Neugierde und Erwartung werden geweckt, und der Geist ist derart stark mit neuen Dingen beschäftigt, daß die Wirkung der wilden Natur darin gänzlich auf ein Minimum beschränkt ist. In Patagonien halten die Eintönigkeit der Ebenen oder die Ausdehnung niedriger Hügel das allenthalben herrschende ununterbrochene Grau und das Fehlen von Tiergestalten und Dingen, die neu für das Auge sind, den Geist offen und frei, so daß er einen Eindruck von der sichtbaren Natur als ein Ganzes empfangen kann. Man starrt auf die Landschaft wie auf das Meer, denn sie dehnt sich ohne Veränderung in die Unendlichkeit aus wie das Meer; doch hat sie nicht das Funkeln von Wasser, die Veränderungen der Farbe, die durch Schatten und Sonnenlicht und Nähe und Ferne hervorgebracht werden, hat nicht die Bewegung von Wellen und das weiße Aufblitzen der Gischt. Sie hat ein Aussehen von Altertum, von Trostlosigkeit und ewigem Frieden, von einer Wüste, die von alters her eine Wüste gewesen war und auf ewig eine Wüste bleiben wird; und wir wissen, daß ihre einzigen Bewohner ein paar umherziehende Wilde sind – die von der Jagd leben, wie es ihre Vorfahren seit Tausenden von Jahren getan haben. Andererseits ist es möglich, daß in fruchtbaren Savannen und Pampas kein Anzeichen menschlicher Besitzergreifung erscheint, der Reisende aber wohl weiß, daß schließlich die vorrückende Flut der Menschheit mit ihren Herden kommen wird und es dann die alte Stille und Verlassenheit nicht mehr gibt; und dieser Gedanke ist wie menschliche Gesellschaft und mildert die Wirkung der Wildheit der Natur auf den Geist. In Patagonien kann solch ein Gedanke oder Traum nahender Veränderungen, die durch menschliche Einwirkung verursacht werden, den Geist nicht berühren. Dort gibt es kein Wasser, der trockene Boden besteht aus Sand und Kies – Kieselsteine, durch das Wirken alter Meere gerundet, bevor es Europa gab; und nichts wächst, außer den öden Dingen, welche die Natur liebt – Dornen und ein paar holzige Kräuter und verstreute Büschel von steifem, bitterem Gras.

Zweifelsohne sind wir in der Einsamkeit nicht alle von der wilden Natur in gleichem Maße berührt; selbst in den patagonischen Einöden würden viele wahrscheinlich nicht derartige geistige Veränderungen erfahren, wie ich sie beschrieben habe. Andere haben ihre Instinkte dichter an der Oberfläche und werden von der Natur an jedwedem einsamen Ort tief bewegt; und ich denke mir, daß Thoreau einer von diesen war. Obwohl ihm auf alle Fälle die Darwinschen Erkenntnisse fehlten, über die wir verfügen, und obwohl diese Empfindungen für ihn immer »seltsam«, »geheimnisvoll«, »unerklärlich« waren, verhehlt er sie nicht. Das ist das »ein wenig Unheimliche bei Thoreau«, das denjenigen unerklärlich und erschreckend vorkommt, die durch die Natur nie erschreckt oder tief berührt wurden; das aber für andere seinen Schriften einen besonders köstlichen, aromatischen Duft verleiht. Es ist sein Verlangen nach einer ursprünglicheren Lebensweise, seine seltsame Selbstvergessenheit, wenn er die Wälder wie ein halb verhungerter Hund durchstöbert, und kein Bissen könnte wild genug sein für ihn; der Wunsch, das Leben kraftvoller anzupacken und mehr wie die Tiere zu leben; eine so starke Sympathie mit der Natur, daß sie ihm den Atem nimmt; das Gefühl, daß ihm alle Elemente geistesverwandt waren, wodurch ihm die wildesten Schauspiele unerklärlich vertraut wurden, so daß er sich mit einer sonderbaren Freiheit in der Natur bewegte. Nur einmal hatte er Zweifel und dachte, daß der menschliche Umgang wesentlich für das Glück sein könnte; aber gleichzeitig gewahrte er eine leichte Verrücktheit in seiner Gemütsverfassung; und bald wurde er wieder für die angenehme, wohltätige Gesellschaft der Natur empfänglich, für eine urplötzliche, unendliche und unerklärliche Freundlichkeit, gleich einer Lufthülle, die ihn trug.

Es ist unmöglich, in dem begrenzten Raum eines Kapitels mehr zu tun, als nur die Oberfläche eines derart umfangreichen Themas wie das der Instinkte und der Instinktreste, die in uns fortdauern, zu streifen. Dr. Wallace bezweifelt, daß es irgendwelche menschlichen Instinkte gibt, selbst beim ganz und gar Wilden; was befremdlich erscheint bei einem so scharfen Beobachter und bei einem, der so ausgiebig mit der Natur und unzivilisierten Menschen gelebt hat; aber man muß berücksichtigen, daß seine eigentümlichen Theorien im Hinblick auf den Ursprung des Menschen – den Erwerb umfangreicher Intelligenz, den unbehaarten Körper und die aufrechte Gestalt nicht wegen der natürlichen Auslese sondern trotz ihr – ihn für eine solche Sichtweise empfänglich machen. Meine eigene Erfahrung und Beobachtung haben mich zu einem entgegengesetzten Schluß geführt, und es ist meine Überzeugung, daß wir etwas lernen könnten, wenn wir stärker unter die verhärtete Kruste der Gewohnheit in den noch brennenden Kern schauen. Zum Beispiel scheint diese Erfahrung, die ich in Patagonien hatte – der neue, von mir beschriebene Geisteszustand – eine Antwort auf eine Frage zu bieten, die oft im Hinblick auf Menschen gestellt wurde, die in einem Naturzustand leben. Wenn wir in Betracht ziehen, daß unser Verstand, anders als derjenige der primitiveren Tiere, Fortschritte macht, wie wundervoll erscheint es dann, daß Gemeinschaften und Stämme von Menschen über lange Zeiten und Tausende von Jahren in einem Zustand reiner Barbarei existieren – »zu existieren bereit sind« sagen wir oft, als ob sie bei der Sache irgendeine Wahl hätten – und von der Hand in den Mund leben, den Extremen der Temperatur und häufig wiederkehrender Hungersnot selbst inmitten größter Fruchtbarkeit ausgesetzt sind, wenn ein wenig Vorausschau – »die kleinste Menge Verstand, die der primitivste Mensch besitzen kann«, sagen wir – ausreichen würde, ihre Lage unendlich zu verbessern. Wenn ihr Normalzustand im wilden, natürlichen Leben dem gleicht, in den ich zeitweise kam, dann erscheint es mir nicht mehr als seltsam, daß sie nicht an den nächsten Tag denken und nicht vom Fleck kommen und nur wenig von anderen Säugetieren entfernt sind, da ihre Überlegenheit in dieser Hinsicht nur ausreicht, um ihre körperlichen Nachteile aufzuwiegen. Dieser Instinktzustand des menschlichen Geistes, wenn die höheren Fähigkeiten, ein Zustand hoher Wachsamkeit und Bereitschaft, der den Menschen zwingt, zu beobachten und zu lauschen und sich still und verstohlen zu bewegen, anscheinend nicht vorhanden sind, muß demjenigen der primitiveren Tiere gleichen: das Gehirn ist dann wie ein blank polierter Spiegel, in dem die gesamte sichtbare Natur – jeder Hügel, jeder Baum, jedes Blatt – mit wunderbarer

Deutlichkeit wiedergegeben wird; und wir können uns vorstellen, daß für das Tier, wenn es denken und urteilen könnte, Denken überflüssig und ein Hindernis wäre, da es diese klare Wahrnehmung, auf der seine Sicherheit beruht, trüben würde.

Dies ist ein Teil, der kleinere Teil, der Lektion, die ich in der patagonischen Einsamkeit erhielt: der zweite, größere Teil muß abgekürzt werden; denn überall führt er zu weiteren Fragen, von denen einige wahrscheinlich »eher für kurios als erbauend« gehalten würden. Dieser verborgene feurige Kern ist uns näher als wir uns gemeinhin vorstellen, und seine Hitze durchdringt immerzu die Kruste, um uns warm zu halten. Dies ist zweifelsohne ein Grund zum Verdruß und sogar zum Kummer für die diejenigen, die angesichts der übertriebenen Langsamkeit der Natur ungeduldig werden; die wünschen, von einer solchen zugrundeliegenden rohen Energie ganz und gar unabhängig zu sein; auf einer kühlen Kruste zu leben und rasch zu Engeln zu werden. Aber wie die Dinge liegen, ist es vielleicht besser, noch eine Zeitlang ein wenig unterhalb der Engel zu stehen: wir sind gerade jetzt kaum in einer Lage, auf die nicht engelshaften Eigenschaften verzichten zu können, sondern sogar in diesem äußerst verwickelten Zustand, in dem wir augenscheinlich derart wirksam »vom Leid in die Enge getrieben werden.« Ich erinnere mich hier an einen Vorfall, den ein Freund von mir erlebte; ein Indianer, der von ihm und seinem Mitsoldaten verfolgt wurde, hätte ohne weiteres unverletzt entkommen können; aber als sein Gefährte durch den Sturz seines Pferdes auf die Erde geworfen wurde, machte der erste Indianer aus freien Stücken kehrt, sprang zu Boden und empfing, indem er regungslos dem anderen zur Seite stand, die Kugel des weißen Mannes. Nicht aus Liebe – es wäre widersinnig, so etwas anzunehmen – sondern von diesem wilden, instinktiven Widerstandsgeist erfüllt, der in manchen Fällen einen Menschen tatsächlich veranlaßt, von seinem Weg abzukommen, um den Tod zu suchen. Warum werden wir, Kinder des Lichts – des Lichtes, das uns zaghaft macht, – durch eine derart sinnlose und irrationale Tat wie diese so stark aufgewühlt und empfinden eine derart große Bewunderung, daß verglichen damit diejenige, die durch erhabenste Tugend oder durch die höchste Vollendung des Geistes hervorgerufen wird, als ein blasses, undeutliches Gefühl erscheint? Ist es, weil wir in unserer inneren Natur, unseren tiefsten Empfindungen immer noch eins mit dem Wilden sind. Wir bewundern einen Gordon weniger für seine gottähnlichen Eigenschaften – seine Geistigkeit, die kristallene Lauterkeit seines Herzens, seine Gerechtigkeit und Menschenliebe – als für jenen alten Adel, für diejenigen Eigenschaften, die er mit dem wilden Menschen von kindlichem Verstand gemeinsam hat, mit einem alten Wikinger, einem kämpfenden Oberst Burnaby, einem Kapitän Webb, der in wahnsinniger Weise sein Leben wegwirft, einem ungebildeten walisischen Berufsboxer, der in eine Höhle voll knurrender Löwen eintritt und sie vor sich her treibt wie eingeschüchterte Schafe. Dank dieses instinktiven wilden Geistes in uns, trotz unseres künstlichen Lebens und all dem, was wir getan haben, um uns von einem unbequemen Erbe zu befreien, sind wir zu sogenannten Heldentaten fähig und dazu, uns wohlgemut den größten Entbehrungen und Bedrängnissen auszusetzen, sie stoisch zu ertragen und dem Tod ohne Wanken entgegenzusehen, unser Leben sozusagen für die Sache der Menschlichkeit, der Geographie oder irgendeines anderen Zweiges der Wissenschaft zu opfern.

Es wird berichtet, daß ein hochbetagter englischer Premierminister einmal bei einem Empfang mehrere Stunden lang in einer drückenden Atmosphäre neben seinem Herrscher stand und wegen eines gichtkranken

Fußes quälende Schmerzen litt, sich aber nicht rührte und seine Qual unter einer lächelnden Miene verbarg. Es wurde uns gesagt, daß dieser seine gute Abstammung zeigte: weil er aus einer guten Familie kam und die Erziehung und die überkommenen Empfindungen eines Gentleman besaß, war er imstande, in dieser stillen Weise zu leiden. Diese hübsche Täuschung verschwindet rasch in einem chirurgischen Krankenhaus oder auf einem Schlachtfeld, das nach einem Kampf mit Verwundeten bedeckt ist. Aber der Wilde erträgt immer Schmerz stoischer als der Zivilisierte. Er ist

> Im Gleichgewicht gegen Zufälligkeiten,
> Wie es die Bäume und Tiere sind.

Wie groß auch die Leiden des gichtkranken Premiers gewesen sein mögen, sie waren jedenfalls geringer als diejenigen, denen sich ein Indianerjüngling in Guyana und Venezuela freiwillig unterwirft, bevor er es wagt, sich einen Mann zu nennen oder nach einer Frau zu verlangen. Diese vergleichbar geringen Schmerzen ertrug er nicht deswegen mit einem Lächeln, weil der überlieferte Stolz und andere Empfindungen eines Gentleman es ihm zu tun ermöglichten, sondern weil der ältere und edlere Stolz, der starke Instinkt der Leidensfähigkeit des Wilden, ihm zu Hilfe kam und ihn unterstützte.

Diese Dinge überraschen uns nicht oder sollten es jedenfalls nicht tun. Sie können nur diejenigen überraschen, denen der männliche Instinkt fehlt und die wegen ihrer Lebensumstände sich dessen nie bewußt werden. Einzig dann tritt Verwunderung ein, wenn der uns innewohnende starke, unbezähmbare Geist einen Menschen jemals unter irgendwelchen Umständen im Stich lassen sollte, wenn dieser Mensch gar auf dem Schafott oder wenn alle Welt gegen ihn ist, von Verzweiflung übermannt würde und in Tränen und Wehklagen ausbräche und in Gegenwart seiner Gefährten in Ohnmacht fiele. In einer der ausdrucksvollsten Passagen seines schönsten Werks beschreibt Herman Melville den uns innewohnenden männlichen Geist oder Instinkt und die Wirkung, die beim Anblick seines Scheiterns bei uns hervorgerufen wird, auf folgende Weise: »Menschen mögen abscheulich erscheinen wie Aktiengesellschaften und Staaten; Schurken, Narren und Mörder mag es geben; Menschen haben gemeine und hagere Gesichter; aber der Mensch im Idealfall ist so edel und so sprühend, ein solch großes und glänzendes Geschöpf, daß seine sämtlichen Gefährten über irgendeinen Schandfleck an ihm eilends ihre kostbarsten Gewänder werfen würden. Diese makellose Mannhaftigkeit, die wir in uns selbst verspüren – so tief in uns, daß sie unversehrt bleibt, obwohl das gesamte äußerliche Wesen verschwunden scheint – blutet in stärkstem Schmerz beim Anblick eines Menschen, dessen Tapferkeit zuschanden wurde. Und Mitleid selbst kann, bei solch einem beschämenden Anblick, seine Vorwürfe gegen die Gestirne, die dies erlauben, nicht vollständig ersticken. Aber diese erhabene Würde, mit der ich mich befasse, ist nicht die Würde von Königen und Roben, sondern die im Überfluß vorhandene Würde, die keine feierliche Amtseinsetzung mit Roben braucht. Du sollst sie in dem Arm erglänzen sehen, die eine Hacke schwingt und einen Nagel einschlägt; diese demokratische Würde, die allenthalben ohne Ende von Gott selbst ausstrahlt.«

Es bleibt noch etwas zugunsten dieser tierischen und primitiven Natur in uns zu sagen. Thoreau, obschon geistlich gesinnt, konnte dieser niederen Natur in sich, die ihn zum Bruder des Tiers machte, doch »Reverenz erweisen«. Er erfuhr und schätzte ganz und gar ihre stärkende Wirkung. Und bis wir eine bessere Zivilisation bekommen, die ihre wohltätige Wirkung gerechter auf alle Klassen verteilt – wofern es Klassen geben muß – und die besser erträglich, mag es ein Glück sein, daß es uns bisher nicht gelungen ist, den »Wilden« in uns auszulöschen – den »Alten Mann«, wie es manche vielleicht lieber nennen. Nicht ein respektabler Alter Mann, sondern ein gelegentlich sehr nützlicher, wenn wir seine Dienste bitter nötig haben und er uns unverzüglich und unaufgefordert zu Hilfe eilt.

KAPITEL XIV

Der Duft einer Nachtkerze

Manchmal spaziere ich in einem großen Garten umher, in welchem es der Nachtkerze gestattet ist zu wachsen, aber nur am äußersten Ende des Geländes, verstoßen sozusagen nach hinten, gegen den ungepflegten Rand mit seinem hübschen Gewirr aus Dornsträuchern, Brombeerranken und Geißblatt, um dort ein paar verstreuten Mohnpflanzen, Stockrosen, rotem und weißem Fingerhut und anderen gewöhnlichen und unkrautartigen Pflanzen Gesellschaft zu leisten, die auf dieser Seite allesamt eine Art buntscheckigen Horizont bilden für den Garten, einen passenden Hintergrund für die vornehmen, höher geschätzten Blüten. Die Nachtkerze macht einen vernachlässigten Eindruck, ihre hohen, verzottelten Stengel sind unzureichend mit Blättern bekleidet und neigen sich von der Hecke weg, um nicht mit ihr in Berührung zu kommen; eine Pflanze von einer etwas melancholischen Erscheinung, die ein phantasievolles Gemüt an ein Mädchen denken läßt, das ursprünglich von der Natur dazu ausersehen war, ihr vollkommenstes Symbol von Anmut und ätherischen Liebreizes darzustellen, das aber bald, samt der ganzen Schönheit der Gestalt, über seine Kräfte wuchs, und das nun umherstreift, unbekümmert um sein Erscheinungsbild, in einem verblichenen, fadenscheinigen Kleid, sein schönes gelbes Haar zerzaust, die traurigen Augen starr auf die Erde geheftet, worin es in Kürze sein wird.

Ich gehe nie an diesem unkrautartigen, blaß blühenden Fremdling vorbei, ohne mich herabzubeugen, um meine Nase zuerst in eine Blüte, dann in eine zweite und noch in eine weitere zu stecken, bis dieses Organ, wie eine fleißige Biene, dick bepudert ist mit dem goldenen Staub. Wenn ich mich nach einer Zwischenzeit wiederum an derselben Stelle befinde, wiederhole ich diese Verrichtung mit eben solcher Sorgfalt, als ob es sich um eine Art religiöser Zeremonie handeln würde, die man auf gar keinen Fall unterlassen darf; und stets gehe ich ungern vorbei, ohne der Blüte mit meiner Nase zu nahen, ebenso wie der große Dr. Johnson an keinem Prellstein vorbeigehen mochte, ohne ihn mit der Hand zu berühren. Mein Motiv ist jedoch weder ein abergläubisches noch stellt es bloß eine jener bedeutungslosen Gewohnheiten dar, welche die Menschen manchmal annehmen und deren sie sich kaum bewußt sind. Als ich die Nachtkerze zum erstenmal erlebte, dort, wo sie zugleich eine Wild- und Gartenblume ist und sehr häufig vorkommt, roch ich nicht oft an ihr, sondern fand Genüge daran, ihren zarten Duft aus der Luft einzusaugen. Und dies erinnert mich daran, daß sie in England die Luft nicht so mit Duft erfüllt, wie sie dies gewiß auf den Pampas von La Plata am frühen Morgen an Stellen tut, wo es sie in Hülle und Fülle gibt; hierin hat ihr Duft, obwohl in seinem Charakter unverändert, entweder weniger imstande, sich zu verflüchtigen, oder er ist von so geringer Menge, daß man erst dann spürt, daß diese Blume einen Wohlgeruch besitzt, wenn man ihr mit der Nase nahekommt.

Mein einziger Beweggrund, an der Nachtkerze zu riechen, ist das Vergnügen, das mir dies bereitet. Dieses

Vergnügen übersteigt bei weitem dasjenige, das ich durch andere Blüten erfahre, die für ihren Wohlgeruch weitaus berühmter sind, denn es ist in hohem Grade geistig und verdankt sich der Gedankenverbindung. Warum ist dieses Vergnügen derart lebhaft, so unermeßlich größer als das geistige Vergnügen, das durch den Anblick der Blüte bereitet wird? Die Bücher lehren uns, daß der Gesichtssinn, der bedeutsamste unserer Sinne, der am meisten verstandesmäßige sei; während der Geruchssinn, der unbedeutendste, beim Menschen der am meisten gefühlsmäßige Sinn sei; dies ist eine sehr kurze Darstellung des Sachverhalts; ich werde ihn nun anders und vollständiger darstellen.

Ich halte jetzt eine Nachtkerze in meiner Hand. In Wirklichkeit halte ich in diesem Augenblick nichts anderes als die Feder, mit der ich dieses Kapitel schreibe; aber ich versetze mich zurück in den Garten und halte die Blüte, die diesen Gedankengang zuerst anregte. Ich drehe und wende sie in alle Richtungen, und obwohl sie Gefallen erregt, entzückt sie mich nicht, bewegt sie mich nicht: gewiß habe ich keine sehr hohe Meinung von ihrer Schönheit, obgleich sie schön ist; stünde sie neben der Rose, der Fuchsie, der Azalee oder der Lilie, würde sie den Blick nicht auf sich ziehen. Durch eine Verbindung mit der Vergangenheit ruft sie mir verschwundene Szenerien ins Gedächtnis. Ich erkenne von neuem, daß die Pflanze, von der ich sie pflückte, eine große Anpassungsfähigkeit besitzt, eine Fähigkeit, die man ihr kaum zutrauen würde, sähe man sie nur in einem englischen Garten. So erinnere ich mich, daß ich sie zuerst als eine Gartenblume erlebte, daß die Blüte groß wurde und auf einer großen Pflanze wuchs, wie hier; daß ich es an Sommerabenden gewohnt war, ihre schmalen, fahlen, gelben, noch nicht entfalteten Blütenknospen zu betrachten und sie, wenn ich Spanisch sprach, mit ihrem sonderbaren einheimischen Namen »James of the Night«

zu bezeichnen und, auf Englisch, einfach »primrose«. Ich erinnere mich mit einem Lächeln daran, daß es für mein kindliches Gemüt ein Schock war zu erfahren, daß unsere »primrose«, die Nachtkerze (die vollständig »night primrose« heißt), nicht *die* »primrose« war, die Primel nämlich. Dann, entsinne ich mich, kam die Zeit, als ich Ausritte über die Ebene machen konnte; und es überraschte mich zu entdecken, daß diese Nachtkerze, anders als die Wunderblume und die Prachtwinde und andere Abendblumen in unserem Garten, außerdem eine Wildblume war. Ich erkannte sie an ihrem unverwechselbaren Duft, aber auf jenen Ebenen, wo das Gras vollständig abgeweidet war, war die Pflanze klein, nur ein paar Zoll hoch, und die Blüten waren nicht größer als Butterblumen. Danach begegnete ich ihr wieder in den sumpfigen Wäldern und Steppen längs des Plata-Flusses; und dort wurde sie groß und schoß ins Kraut, wuchs manchmal fünf oder sechs Fuß hoch und hatte große Blüten, die nur schwach dufteten. Später, als ich mich auf langen Forschungsreisen befand, traf ich sie auf den ebenen Pampas südlich des Salado River in ungewöhnlicher Fülle an; dort war sie eine hohe, schlanke Pflanze, grasartig inmitten der hohen Gräser, mit weit geöffneten Blüten von etwa einem Zoll Durchmesser, von denen nicht mehr als zwei oder drei auf jeder Pflanze waren. Schließlich entsinne ich mich, daß ich bei meiner ersten Landung in Patagonien an einem öden Teil der Küste, in der Zeit kurz nach Tagesanbruch, den vertrauten Duft in der Luft gewahrte und, als ich mich umblickte, eine Pflanze entdeckte, die auf dem trockenen Sand nicht sehr weit vom Meer entfernt wuchs; sie war niedrig und von buschiger Gestalt, hatte steife, waagrechte Stengel und eine Überfülle kleiner, symmetrischer Blüten.

All dies und noch viel mehr über die Pflanze, samt vielen Schauplätzen und Ereignissen der Vergangenheit, wird mir durch die Blüte in meiner Hand wieder in den Sinn gerufen; doch diese vergnügliche Erinnerung an Schauplätze und Ereignisse ist eine Art geistiges Vergnügen, das wir häufig erfahren und das von sehr geringem Umfang ist. Aber wenn ich die Blüte meinem Gesicht nahebringe und ihren Duft einatme, dann erfahre ich schlagartig ein starkes Vergnügen und eine derart große geistige Veränderung, daß dies wie ein Wunder ist. Für einen Zeitraum, der so kurz ist, daß er wahrscheinlich, könnte man ihn messen, für nicht länger als einen Sekundenbruchteil befunden würde, stehe ich nicht mehr in einem englischen Garten und erinnere mich dabei an diese verschwundene Vergangenheit und denke bewußt an sie, sondern während dieses kurzen Momentes scheinen Zeit und Raum ausgelöscht und die Vergangenheit ist jetzt. Ich bin wiederum auf den graswachsenen Pampas, wo ich unter den Sternen sehr tief geschlafen habe – wäre es nur so, daß ich jetzt unter einem Dach ebenso tief schlafen könnte! Es ist der Augenblick des Erwachens, wenn meine Augen sich gerade auf die makellose Wölbung des Himmels öffnen, der in seinem östlichen Teil von zarter Farbe gerötet ist; und in diesem Augenblick, da die Natur sich derart in ihrer Morgenschönheit und Frische meinem Blick offenbart, bin ich empfänglich für den zarten Nachtkerzenduft in der Luft. Die Blüten sind überall rings um mich, Meilen um Meilen auf dieser großen, planen Weite, als ob der Morgenwind sie aus diesem östlichen Himmel geweht und ihre blaßgelben Sterne zu Millionen über der Oberfläche dieses hohen, verdörrten Grases verstreut hätte.

Ich sage nicht, daß ich dieses plötzlich eintretende Vergnügen, das ich beschrieben habe, diese lebendige Wiederholung einer lange vergangenen Szene, jedesmal empfinde, wenn ich an der Blüte rieche; vollständig wird es nur in langen Zeitabständen empfunden, nach

Wochen und Monaten, wenn der Duft sozusagen neu für mich ist, und danach bei jeder Wiederholung in einem geringeren Grade, bis die Empfindung erschöpft ist. Wenn ich fortfahre, wieder und wieder an der Blume zu riechen, so tue ich das nur, um die Erinnerung anzuspornen; oder auch wenn ich es in mechanischer Weise tue, genau so wie jemand immer und ewig einen bestimmten Weg entlanggeht und seine Augen auf den Boden gerichtet hält und daran denkt, daß er dort einstmals einen wertvollen Gegenstand fallengelassen hatte, und er, obwohl er weiß, daß dieser unwiederbringlich verloren ging, immer noch den Boden nach ihm absucht.

Andere pflanzlichen Düfte berühren mich in ähnlicher Weise, doch in sehr viel geringerem Grade, sieht man von ein, zwei Fällen ab. So war die italienische Pappel einer der Bäume, die ich zuerst in meiner Kindheit kennenlernte, und seitdem war es stets ein Vergnügen für mich gewesen, sie zu erblicken; doch im Frühling, wenn ihre frisch entfalteten Blätter ihr eigentümliches Aroma ausströmen, bin ich, wenn ich es zum erstenmal rieche, für einen Augenblick wirklich wieder ein Junge inmitten dieser hohen Pappelbäume, ihrer unzähligen herzförmigen Blätter, die im heißen Novemberwind rascheln und wie Silber im strahlenden Sonnenschein funkeln. Mehr als das: in diesem visionären Moment bin ich hoch über der Erde, vierzig oder fünfzig Fuß vielleicht, und halte mich an den dünnen, senkrechten Zweigen fest; und gerade dort, wo ich aufgehört habe zu klettern, sehe ich in dem Spalt eines Astes und vor der weißen Borke das zierliche, kleine, becherförmige Nest, nach dem ich gesucht habe; und während ich in es hinabstarre, entzückt vom Anblick der kleinen perlfarbigen Eier, die es enthält, flattern die schwarzköpfigen, goldflügeligen Zeisige um meinen Kopf und geben ihre langgezogenen, kanarienartigen

Töne der Besorgnis von sich. Das alles kommt und geht blitzschnell, aber das Schauspiel, das enthüllt wurde, und die dazugehörige Empfindung, die vollständige Wiederentdeckung eines verlorenen Sinneseindrucks, sind auf wunderbare Weise wirklich. Nichts, was wir sehen oder hören, kann derart die Vergangenheit wiederherstellen. Der Anblick der Pappel, das in ihrem Sommerlaub durch den Wind hervorgerufene Geräusch, der Gesang der goldflügeligen Zeisige, wenn ich ihnen in Gefangenschaft begegne, lassen mir viele vergangene Szenen wieder in den Sinn kommen und unter anderem das Bild, das ich geschildert habe; aber es ist bloß ein Bild, bis der Geruch der Pappel auf den Geruchsnerv einwirkt, und dann ist es etwas mehr.

Ich zweifele nicht daran, daß meine Erfahrung der anderer gleicht, insbesondere solcher, die ein ländliches Leben geführt haben und deren Sinne durch ein früh erworbenes Verhalten der Aufmerksamkeit geschult wurden. Wenn wir bei Cuvier lesen (und andere haben das gleiche berichtet), daß der Geruch einer bescheidenen Blume oder eines Unkrauts, der ihm in der Knabenzeit vertraut war, ihn immer zu Tränen rühren würde, nehme ich an, daß die heftige Empfindung des Schmerzes – Schmerz wegen eines verschwundenen Glücks –, der zu Tränen führte, auf eine solch lebendige Wiedergabe der Vergangenheit folgte, wie ich sie beschrieben habe, und auf die ausschließlich erfreuliche Wiederentdeckung einer verschwundenen Empfindung. Nicht nur die Düfte von Blumen oder Aromen können diese machtvolle Wirkung hervorrufen; sie können durch irgendeinen Geruch verursacht werden, der nicht eindeutig unangenehm ist und der in irgendeiner Weise mit einer glücklichen Periode in einer frühen oder vergangenen Lebenszeit verbunden ist: zum Beispiel durch den Geruch von Torfrauch, einer Brauerei, einer Gerberei, von Kühen und Schafen und Schafhürden, von verbrennendem Unkraut, Reisig und Holzkohle; durch den dumpfigen Geruch von Sumpfland und dem »vergammelten und fischigen« Geruch, der sich im Umkreis vieler Städte und Dörfer an der Meeresküste hält; ebenso durch den Geruch des Meeres selbst und von verrottendem Tang und durch den staubigen Geruch von Regen im Sommer und den Geruch von frisch gemähtem Heu und von Ställen und von frisch gepflügter Erde, zusammen mit so vielen anderen, die jeder Leser aus seiner eigenen Erfahrung der Liste hinzufügen kann. Da dies eine so gewöhnliche Sache ist, mag man der Meinung sein, daß ich mich zu lange damit aufgehalten habe. Meine Entschuldigung muß lauten, daß manche Dinge gewöhnlich sind, ohne vertraut zu sein; auch daß einige gewöhnliche Dinge noch nicht erklärt worden sind.

Locke sagt irgendwo, daß unsere geistigen Bilder dessen, was wir gesehen haben, verblassen und schließlich verloren sind, außer wir frischen sie dadurch auf, daß wir uns deren Originale wieder anschauen. Bain scheint der gleichen Ansicht zu sein, jedenfalls sagt er: »Der einfachste Eindruck, der durch Geschmack, Geruch, Berührung, Sehen geweckt werden kann, bedarf der Wiederholung, um von sich aus Bestand zu haben.« Wahrscheinlich ist es eine Tatsache, daß irgendeine, noch nicht dem Gedächtnis entfallene Szenerie – ein Haus etwa –, wird sie nach einer langen Zwischenzeit wiedergesehen, kein neues Bild hervorbringt, das sich von dem alten und verblichenen unterscheidet – außer es wird in einem neuen Rahmen gesehen –, sondern das frühere, sozusagen prä-existente Bild abdeckt, und daher kann gesagt werden, daß es dieses auffrischt. Die meisten Eindrücke, die wir empfangen, sind zweifelsohne sehr kurzlebig, aber es ist sicherlich eine falsche Annahme, daß alle unsere geistigen Bilder, die nicht in der beschriebenen Weise aufgefrischt werden, verblassen und verschwinden; da jeder von uns die Erfahrung gemacht hat, daß viele geistige Bilder von Szenen, die nur einmal und in manchen Fällen nur für ein paar Augenblicke gesehen wurden, dauerhaft im Gedächtnis bleiben. Aber die erinnerten Szenen und Gegenstände zeigen sich, außer bei sehr seltenen Gelegenheiten, dem geistigen Auge niemals vollkommen und in ihren ursprünglichen lebendigen Farben; sie gleichen gewissen alten Gemälden, die stets dunkel und verdunkelt wirken, bis man mit einem feuchten Schwamm über sie streicht, worauf sie für eine kurze Zeit die Deutlichkeit des Umrisses und die Leuchtkraft der Farbe wiedererlangen. Bei der Erinnerung an die Vergangenheit spielt die Gefühlsregung die Rolle des feuchten Schwamms, und sie wird höchst kraftvoll in uns erweckt, wenn wir nach einer langen Zwischenzeit auf einen einst vertrauten Geruch treffen, der in irgendeiner Weise mit dem erinnerten Bild verbunden ist. Aber warum? Da ich die Antwort nicht in den Büchern finde, bin ich gezwungen, in der Wildnis meines eigenen Verstandes nach einer oder zweien zu suchen, gleich ob sie wahr oder falsch sind.

Der Grund, denke ich, ist der, daß Gerüche, auch wenn sie uns so viel bedeuten, nicht wie Gesehenes und Gehörtes in der Vorstellung wiedererzeugt werden können, sondern sofort vergessen sind. Es ist wahr, daß in den Büchern Geruch und Geschmack viel niedriger oder als weniger verstandesmäßig eingestuft werden als Sehen und Hören, und zwar aus dem Grund (kaum ein triftiger), daß es einen wirklichen Kontakt des Geruchsorgans mit dem gerochenen Gegenstand geben muß oder eine stoffliche Ausdünstung eines solchen Gegenstandes oder eines Teils davon, auch wenn der Gegenstand Meilen entfernt außerhalb des Blickfeldes oder sogar des Horizontes sein könnte. Der Gesichtspunkt der Natur reicht aus, um zu zeigen, wie falsch es ist, Geruch und Geschmack gemeinsam einer Klasse zu-

zuordnen, die viel niedriger steht und weiter entfernt ist von Sehen und Hören. Die äußerste Feinheit des Geruchsnervs erhebt den Geruch eher in den Rang eines geistigen Sinns und siedelt ihn sehr wenig unterhalb der beiden ersten und höheren Sinne ein. Und während Anblicke und Geräusche im Gedächtnis behalten und nach Belieben wiedererzeugt werden können und ihre geistigen Bilder wie die Wirklichkeit sind, hinterläßt ein Geruch dagegen kein geistiges Bild im Gehirn; oder, um ganz genau zu sein, das geistige Bild eines Geruchs oder seine Darstellung oder Wiedergabe ist so schwach und rasch verflogen, wenn irgendeine Anstrengung unternommen wird, ihn wiederzuerlangen, daß es, verglichen mit der deutlichen und bleibenden Darstellung von Anblicken und Geräuschen, ein Nichts ist. Stellen Sie sich zum Beispiel vor, daß sie Windsor Castle oft gesehen haben und recht viel darüber wissen, seine Geschichte, seine stattliche Erscheinung, die ihnen vertraut vorkommen wird, wenn Sie es wiedersehen und, wie in der Vergangenheit, angenehm von ihm berührt werden; und daß Sie es dennoch nicht mit dem geistigen Auge sehen könnten, sondern daß, wenn Sie nach einem jüngsten Besuch versuchten, es geistig zu sehen, nur ein gestaltloser, undeutlicher, weißlicher Flecken erschiene, nur um im Nu zu verschwinden und nie mehr wiederzukehren. Solch ein Fall würde unsere Lage im Hinblick auf selbst die stärksten und vertrautesten Gerüche darstellen. Doch trotz unserer Unfähigkeit, sich ihrer zu entsinnen, bemühen wir uns doch deutlich darum; und im Fall eines starken Geruchs, den wir jüngst eingeatmet haben, verspottet uns das Gedächtnis mit diesem schwachen Schemen eines geistigen Bildes; und diese nichtige oder fast nichtige Bemühung des Gedächtnisses scheint zu zeigen, daß Gerüche in einer vergangenen Periode unserer Geschichte sehr viel mehr für uns bedeuteten als jetzt, so daß sie lebendig wiedererzeugt werden konnten, und daß diese Fähigkeit verlorengegangen ist oder jedenfalls so abgeschwächt wurde, daß sie nicht mehr brauchbar ist.

Ich finde bei Bain, der in seinem Werk *The Senses and the Intellect* unterschiedliche und widersprüchliche Feststellungen zu diesem Gegenstand macht, den folgenden Satz, mit dem ich übereinstimme: »Durch eine große Anstrengung des Gedächtnisses können wir der Wiedererlangung eines Geruchs, mit dem wir ganz vertraut gewesen waren, sehr nahe kommen, wie zum Beispiel dem Geruch von Kaffee, und wenn wir von Geruchsvorstellungen abhängiger wären, könnten wir darin viel erfolgreicher sein.« Ein ganz großes *wenn* übrigens; aber es ist wahrscheinlich, daß einige Wilde und ein paar Individuen von uns, die einen sehr ausgeprägten Geruchssinn haben, darin viel erfolgreicher sind. Da dieser Sinn bei Hunden so viel stärker ausgeprägt ist als bei Menschen, ist es nicht verwunderlich, daß sie sich eher an Gerüche als an Anblicke erinnern und die Geruchsempfindung wiedererzeugen können, wie ihre beim Träumen zuckenden und schnuppernden Nasen zu zeigen scheinen.

Diese Annäherung an die Wiedererlangung eines starken oder vertrauten Geruches bei uns selbst, dieses undeutlichen weißen Fleckens, um metaphorisch zu sprechen, dieses Phantoms einer Geruchsvorstellung, scheint die Philosophen zu der Idee verleitet zu haben, daß wir Gerüche geistig wiedererzeugen könnten. Wie ich schon gesagt habe, widerspricht Bain sich selbst und muß deshalb, mit Ausnahme des von mir zitierten Satzes, denen zugerechnet werden, die gegen mich sind; und zu ihm gesellen sich McCosh, Bastian, Luys, Ferrier und andere, die über das Gehirn und das Gedächtnis schreiben. Schreiben sie voneinander ab? Es ist sehr seltsam, daß sie uns alle erzählen, wir wüßten sehr wenig über den Geruchssinn und durch Behauptung beweisen, wir könnten uns die durch Gerüche erzeugten Empfindungen ins Gedächtnis rufen, wobei sie mitunter den Dichter zitieren:

> Düfte, wenn süße Veilchen siechen,
> Leben im Sinn, den sie erregen durch Riechen.

Zu Beginn dieser Untersuchung war ich ernstlich beunruhigt, als ich bei McCosh las: »Wenn die Geschmacks- und Geruchsorgane, die von Ferrier im Hinterkopf vermutet werden, krank oder gestört sind, kann die Wiedergabe der entsprechenden Sinneswahrnehmungen undeutlich sein.« So undeutlich war die Wiedergabe in meinem eigenen Fall, selbst bei dem Geruch von Kaffee, daß ich nach der Lektüre dieser Stelle zu fürchten begann, daß mich mein eigenes Gehirn fehlgeleitet hatte und daher zog ich, um mir in diesem Punkt Gewißheit zu verschaffen, andere zu Rate, Freunde und Bekannte, die alle versuchten, sich die Empfindungen ins Gedächtnis zu rufen, die bei ihnen durch höchst vertraute Gerüche ausgelöst worden waren. Das Ergebnis ihrer Bemühungen hat meinen Seelenfrieden wiederhergestellt. Mit der Ausnahme von zwei oder drei Damen, die, mangels männlicher Verwandtschaft, die für sie entscheiden konnte, bekannten, daß sie immer noch im Zweifel seien, räumten alle ganz betrübt ein, daß sie sich selbst um eine Fähigkeit ärmer sähen, von der sie angenommen hatten, daß sie über sie verfügen würden; daß sie versuchten, sich an Gerüche zu erinnern, in dem Glauben, sie hätten die Fähigkeit dazu; und daß sie feststellten, daß sie es zuerst fast tun konnten, dann zu zweifeln begannen und es schließlich mit einem Gefühl der Ohnmacht oder der Verwirrung aufgaben.

Ein einfaches Gedankenexperiment mag dazu dienen, jeden, der es anstellt, davon zu überzeugen, daß sich die Geruchsempfindung selbst nicht im Geist wiedererzeugt. Wir denken an eine Rose oder an eine Lilie oder ein Veilchen, und eine Empfindung der Freude begleitet den Gedanken; aber daß diese Empfindung einzig durch das Bild verursacht wird, das für das Auge schön ist, wird offenbar, wenn wir dazu übergehen, an ein künstliches Parfüm oder einen Extrakt oder die Essenz einer Blüte zu denken. Der Extrakt bereitete uns, wie wir wissen, viel größeres Vergnügen als der geringfügige Duft der Blüte, aber es gibt keine Empfindung des Vergnügens, wenn wir an ihn denken: er ist nicht mehr als eine Idee in der Vorstellung. Wenn wir uns andererseits an eine äußerst schmerzhafte Szene erinnern, die wir erlebt haben, oder an ein Geräusch, das wir gehört haben und das Kummer und Angst ausdrückte, wird etwas von der bekümmerten Empfindung, die wir damals gehabt haben, in uns wiedererzeugt; und es ist ganz üblich, daß man Leute sagen hört: Es macht mich traurig oder verwirrt mich oder läßt mir das Blut in den Adern gefrieren, wenn ich daran denke; was buchstäblich wahr ist, weil sie es, wenn sie daran denken, (in einem gewissen Sinne) wieder sehen und hören. Aber an üble Gerüche zu denken, berührt uns überhaupt nicht: wir können in der Vorstellung Petroleumkanister öffnen und daran schnüffeln oder unsere Taschentücher mit Teufelsdreck oder Karbolsäure tränken oder hinter einem Müllkarren gehen oder durch stinkenden Schlamm in einem tropischen Morast waten oder irgendein übelriechendes Tier in Obhut nehmen wie den Skunk und es kraulen wie wir es mit einem Kätzchen tun würden, aber keine Beschwerde verspüren und kein Gefühl des Ekels. Wenn wir wollen, können wir alle angenehmen und abscheulichen Gerüche in der Natur heraufbeschwören, ebenso wie Owen Glendower Geister aus der gewaltigen Tiefe rief, aber, wie die Geister, weigern sie sich zu erscheinen;

oder sie kommen nicht als Gerüche sondern als Ideen, so daß Phosphorwasserstoff keine Beschwerde verursacht und Jasminparfüm kein Vergnügen. Wir wissen nur, daß es diese Gerüche gibt; daß wir sie grob als wohlriechend, aromatisch, frisch, ätherisch, stimulierend, ätzend, ekelerregend und giftig eingeordnet haben; daß jede dieser allgemeinen Bezeichnungen eine sehr große Zahl unterschiedlicher Gerüche umfaßt: wir kennen sie alle, weil der Geist vom unterschiedlichen Charakter aller und ihrer Wirkung auf uns Kenntnis genommen hat, nicht weil er einen Sinneseindruck in unserem Gehirn registriert hat, der nach Belieben reproduziert werden kann, wie in dem Fall von etwas, das wir gesehen oder gehört haben.

Es stimmt, daß wir gleichermaßen außerstande sind, uns an Geschmäcker zu erinnern. Bain räumt ein, daß »diese Sinneswahrnehmungen mangelhaft sind hinsichtlich ihrer Erinnerbarkeit«; doch weder deckte er den Sachverhalt selbst auf noch bestätigt er ihn aufgrund seiner eigenen Erfahrung, sondern sagt uns bloß, daß »Longet die Beobachtung macht.« Doch ist Geschmack kein gefühlsmäßiger Sinn. Ich weiß zum Beispiel, daß, sollte ich einst vertraute, lange nicht gekostete Speise zu mir nehmen, die etwa (für den englischen Gaumen) mit etwas so Abscheulichem wie Kreuzkümmelsamen oder Knoblauch gewürzt wäre; irgendein Gemüse oder irgendeine Frucht, wild oder kultiviert, dem ich in England nie begegne, würde es mich nicht so bewegen, wie ich durch einen Geruch bewegt wäre und würde mir vielleicht weniger Vergnügen bereiten als Erdbeeren mit Sahne. Denn beim Geschmack gibt es einen offenbaren Kontakt mit dem Geschmacksorgan; er ist grob und untrennbar verbunden mit dem Gegessenen, das ein körperliches Bedürfnis befriedigen soll und eine momentane und rein animalische Befriedigung verschafft; daher befindet er sich für den

Geist nicht in der gleichen Kategorie, sondern steht weit unter diesem unsichtbaren, unstofflichen Etwas, das uns zufliegt, nicht um uns nur ein sinnliches Vergnügen zu bereiten, sondern auch um uns zu leiten, zu warnen, zu unterweisen und strahlende Bilder von noch nie gesehenen Dingen vor dem geistigen Auge heraufzubeschwören. Infolgedessen wird unsere Unfähigkeit, uns an vergangene Gerüche zu erinnern, nicht als ein Verlust empfunden, und es wird keine Anstrengung unternommen, sie wiederzuerlangen; sie sind verloren und waren es nicht wert, aufbewahrt zu werden.

Dies ist also meiner Meinung nach der Grund dafür, daß Geruch in einem so großen Maße ein gefühlsmäßiger Sinn ist, verglichen mit den anderen Sinnen – nämlich weil er wie Sehen und Hören zwar ein verstandesmäßiger Sinn ist, aber weil, anders als bei Hören und Sehen, seine Sinneseindrücke vergessen werden; und wenn nach einer langen Zeitspanne ein vergessener Geruch, der einst vertraut war und innig verbunden mit der Vergangenheit, wieder angetroffen wird, berührt uns die jähe, unerwartete Wiederentdeckung einer verlorenen Empfindung in einer solchen Weise wie die zufällige Entdeckung eines Goldschatzes, den wir selbst in einer vergangenen Zeit unseres Lebens versteckt und dann vergessen haben; oder wie es uns berühren würde, wenn wir einem lieben Freund, der lange abwesend war und für tot gehalten wurde, von Angesicht zu Angesicht gegenüberständen. Diese plötzlich wiederentdeckte Sinneswahrnehmung ist für uns einen Augenblick lang mehr als eine bloße Sinneswahrnehmung; es ist wie die Wiederentdeckung einer unwiederbringlich verlorenen Vergangenheit. Wir sind nicht in dieser Weise berührt oder jedenfalls nicht annähernd in gleichem Maße, wenn wir Dinge sehen oder Geräusche hören, die mit vergangenen Szenen verbunden sind, und wir sie ins Gedächtnis rufen, einfach weil die alten, vertrauten Anblicke und Geräusche nie vergessen wurden; ihre geistigen Bilder waren stets im Gehirn vorhanden. Wenn ich zum Beispiel den Gesang eines Vogels höre, den ich in den letzten zwanzig Jahren nicht gehört habe, ist es nicht so, als ob ich ihn nicht wirklich gehört hätte, da ich ihm in der Zwischenzeit geistig tausendmal gelauscht habe, und er überrascht mich nicht und erscheint mir nicht als etwas, das verloren war und wiedergefunden wurde, und berührt mich infolgedessen nicht. Und ebenso ist es mit dem Gesichtssinn; ich kann nicht an irgendeine wohlriechende Blume denken, die in meiner fernen Heimat wächst, ohne sie zu sehen, so daß ihre Schönheit stets genossen werden kann; – aber ihr Wohlgeruch, ach, ist verschwunden und kehrt nicht wieder!

ANMERKUNGEN

S. 10: **Magellan:** dessen Chronist Pigafetta berichtete über die Begegnung mit den Ureinwohnern Patagoniens; Bruce Chatwin rezipiert und interpretiert in seinem Buch *In Patagonien* (Hamburg 1981) diesen Text: »Pigafetta sagt, daß sie schneller rannten als Pferde, ihre Pfeilspitzen mit Feuersteinen versahen, rohes Fleisch aßen, in Zelten hausten und ›wie Zigeuner‹ herumzogen. Es heißt weiter, Magellan habe ›Ha, Patagon!‹ gesagt und damit ›großer Fuß‹ gemeint, weil der Indianer große Mokassins anhatte. (...) Aber auch wenn pata im Spanischen ›Fuß‹ bedeutet, so hat das Suffix *gon* gar keine Bedeutung.« Chatwin verweist im folgenden auf den kastilianischen Ritterroman *Amadis von Gaula* (16. Jahrhundert), den Magellan mit sich führte und der ihn wohl zu dem Namen angeregt hatte. Darin wird die Fahrt zu einer Insel beschrieben. »Im Innern der Insel lebt ein Ungeheuer mit dem ›Kopf einer Dogge‹ und den Füßen eines Hirsches, das der ›Große Patagon‹ genannt wird (...)«

S. 16: **Viscacha-Kolonien:** *Brehms Tierleben* (Säugetiere II, Leipzig 1922, S. 132f) referertiert Hudson zu der Hasenmaus *Viscacia viscacia* (früher *Lagostomus trichodactylus*): »Nach W. H. Hudson lebt die Viscacha gewöhnlich in Gesellschaften von 20–40 Köpfen und bildet so die Viscacheras genannten Kolonien, die 12–15 Baue enthalten, manchmal aber auch das Doppelte und Dreifache. Solch eine Vischachera bedeckt 200–300 Quadratfuß (...) sie bildet einen Hügel durch die Erde, die die Tiere aus den Bauen hervorbringen. (...) Der Einzelbau hat gewöhnlich die Form eines Y.« (Vgl. auch W.H. Hudson, *The Naturalist in La Plata*, S. 284ff, London 1923)

S. 30: **Giftschlange:** Darwin beschreibt diese Schlange (die bei ihm *Trigonocephalus* heißt) in seiner *Reise eines Naturfor-*

schers um die Welt, (Stuttgart 1893: Übers. J. Victor Carus); Vgl. dort S. 104f; alle weiteren im Zusammenhang mit Darwin genannten Seitenzahlen beziehen sich auf dieses Werk.

S. 34: **... das herbstliche Sammeln der Purpurschwalben:** findet auf der Südhalbkugel im Februar statt

S. 35: **Welcher in machtvoller Sprache ...** : aus: James Thomson *The Seasons* (Spring)

S. 44: **Buffon:** Georges Louis Leclerc, Graf von Buffon (1707–1788), franz. Naturforscher, Verfasser des 44bändigen Werks »Histoire naturelle générale et particulière«

S: 49: **Wie wertvolle Steine ...:** Shakespeare *Sonette* (52)

S. 53: **Um die schöne Spitze ...:** ebenda

S. 71: **Der Krieg mit der Natur:** Eine frühere Fassung dieses Kapitels war 1880 unter dem Titel »The Settler's Recompense« in der literarischen Zeitschrift *Merry England* erschienen.

S. 76: **Hochlandgans:** eigentl. Magellangans

S. 81: **Vor ihm wie eine blutrote Flagge ...:** aus dem Gedicht *The Slave's Dream* von Longfellow

S. 87: **Leigh Hunt:** (1784–1859), engl. Schriftsteller und Essayist, zeitweise auch Theaterkritiker und Mitarbeiter von Lord Byron

S.88: **Die Kaiserlichen:** 1822 erklärte sich Brasilien von Portugal unabhängig, der Führer der Unabhängigkeitsbewegung wurde zum konstitutionellen Kaiser Peter I. ausgerufen.

S. 103: **Kingsley:** wahrscheinl. Mary Henrietta Kingsley (1862–1900), englische Reisende und Schriftstellerin

S. 103f: **In Herman Melvilles Roman:** der Untertitel von *Moby Dick* lautet einfach nur *The Whale;* Hudson zitiert das berühmte Kapitel 42 des Buchs »Die Weiße des Wals«) falsch; statt »elusive something« (»schwer faßliches Etwas«) schreibt er »elusive something« (»trügerisches Etwas«), vielleicht von seiner Idee geleitet, daß die Metaphysik der Farbe Weiß ein Trug sein könnte. Hudson zieht eine animistische Deutung vor, nähert sich mit ihr aber wieder fast der Metaphysik von Melville.

S. 106: **Weiße Böe:** »white squall« ist eine Sturmböe aus heiterem Himmel

S. 109: **Tylor:** Sir Edward Barnett Tylor (1832–1917), engl. Anthropologe

S.110: **In den »Wäldern von Westermain«:** *In The Woods of Westermain,* 1883 erschienener Gedichtband von George Meredith (1828–1909)
S. 110: **Vignoli:** Tito Vignoli (1828–1914), ital. Evolutionshistoriker, Schüler Darwins

S.115: **O Gottesgabe ...:** aus dem Gedicht *A Day of Sunshine* von Henry Wadsworth Longfellow

S. 120: **Tukotuko:** *Brehms Tierleben* (Säugetiere, Bd. 2, Leipzig 1922) zitiert Hudson, der, nach Darwin, diese Kammrattenart beschrieben hat: »Man sieht ihn nicht, aber man hört ihn. Tag und Nacht ertönt seine Stimme laut hallend gleich einer Reihe von Hammerschlägen: wie wenn die Zwerge tief unter der Erde am Amboß arbeiteten, erst mit starken, gemessenen Schlägen, dann heller und härter.« (Vgl. W.H. Hudson *The Naturalist in La Plata,* London 1923; S. 13f)

S. 122: **per fas et nefas:** auf jede erlaubte und unerlaubte Weise

S. 128: **Spallanzani:** ital. Biologe und kath. Geistlicher (1729–1799), zahlreiche Tierversuche, wies experimentell die Befruchtung von Eiern durch Spermien nach und führte die erste künstliche Befruchtung (bei Hunden) durch.

S. 132f: **Darwin:** das Zitat findet sich in seiner »Reise eines Naturforschers«, a.a.O., S. 58f. Einer der vielen Seitenhiebe in Hudsons Werk gegen Darwin. Hudson greift die rein utilitaristische Sicht der Evolution der Arten an. Für sind der Gesang und das farbenprächtige Gefieder der Vögel nicht funktional im Bezug auf geschlechtliche Auswahl zu sehen, sondern werden als eine Art Überschuß der Lebenskraft interpretiert, der das Wesen der Schönheit berührt.

S. 133: **Calandria-Spottdrossel:** Der erste Teil des Namens bedeutet »Lerche«; so nannten die ersten Siedler am Rio de la Plata diesen Vogel (Vgl. W.H. Hudson: *Birds of La Plata*, S. 5ff).

S. 138: **John Burroughs** (1837–1921): amerikan. Schriftsteller und Naturforscher

S. 139: **Mr. im Thurn:** Everard Ferdinand Im Thurn: *Notes on British Guaiana*, London 1883; **Bates:** Henry Walter Bates (1825–1892), brit. Naturforscher; veröffentlichte 1863 *The Naturalist on the River Amazons*

S. 142: **Azara:** Felix de Azara (1746–1811): *Apuntamientos para la Historia natural de los Paxaros del Paraguay y Rio de la Plata*, Madrid 1802–05; *Reise nach Südamerika*, Wien 1811; Azara war span. Offizier mit dem Spezialauftrag, in Südamerika die Grenzen zwischen den span. und portugiesischen Kolonien festzulegen. Während seiner 20jährigen Tätigkeit verbrachte er einen Großteil seiner Zeit im Urwald, wobei er seine Beobachtungen der Tierwelt niederschrieb.

S. 143: **Hauszaunkönig:** »House-Wren« war die Bezeichnung, welche die englischen Siedler dem gewöhnlichen argentinischen Zaunkönig gaben (Vgl. Hudson *Birds in La Plata,* S. 13ff) **D'Orbigny:** Alcide Dessalines d'Orbigny (1802–1857), franz. Naturforscher

S. 145: **Wallace:** Alfred Russel Wallace (1823–1913), brit. Naturforscher in der Nachfolge Darwins

S. 157: **Carancho:** *polyborus tharus,* auch Caracara, Traro oder Trarú (nach seinem Schrei) genannter Geierfalke, der sich sowohl von lebendigen Tieren als auch Aas ernährt.

S. 163: Giovanni **Pelleschi:** *Eight Months on the Gran Chaco of the Argentine Republic,* London 1886

S. 166: **Mr. Gould:** John Gould (1804–1881) engl. Ornithologe, veröffentlichte das 5bändige Werk *Birds of Europe* (1832–37); Gould hatte seine umfangreiche Kolibri-Sammlung zwischen 1827 und 1972 mehrfach im British Museum präsentiert, das sie nach seinem Tod erwarb.

S. 176: **Tennysons Gedicht:** *The Lotus-Eaters*
S. 176: **Humpty Dumpty:** Figur aus *Alice hinter den Spiegeln* von Lewis Carroll, die in der 1963 erschienenen Übersetzung von Christian Enzensberger *Goggelmoggel* heißt.

S. 177: **Dr. Paul Broca** (1824–1880): franz. Hirnforscher

S. 181: **gefiederte Bonnivards:** François de Bonnivard (1493–1570) war Schweizer Patriot, von 1530–36 Gefangener im Schloß von Chillon, wurde von Lord Byron in dem Gedicht *Prisoner of Chillon* besungen.

S. 182: **dessen Rand ...**: aus dem Gedicht *Ulysses* von Alfred Tennyson

S. 198: **Leech:** John Leech (1817–1864), für die humoristische Zeitschrift »Punch« arbeitender Karikaturist

S. 199: **Richard Jefferies:** brit. Schriftsteller (1848–1887); *The Story of my Heart* erschien 1883

S. 200: **Thoreau:** Hudson zitiert im folgenden aus *Walden*, dem Hauptwerk von Henry David Thoreau (1817–1862); von mir nach dem Original übersetzt

S. 202: **W. K. Parker:** William Kitchen Parker (1823–1890), brit. Arzt und vergleichender Anatom; Hudson referiert hier Parkers Werk über die Abstammung der Säugetiere

S. 211f: **Herman Melville:** das Zitat stammt aus Kapitel 26 von *Moby Dick* und wurde von mir übersetzt. Melville war zur Zeit der Abfassung von *Idle Days in Patagonien* bereits wieder in Vergessenheit geraten, und es ist Hudsons Verdienst, nochmals auf ihn aufmerksam gemacht zu haben.

S. 215: **Ich halte jetzt eine Nachtkerze in der Hand ...**: wenn Hudson von »jetzt« und »hier« spricht, meint er England, wohin er 1874 von Argentinien auswanderte.

S. 224: **Düfte ...**: aus dem Gedicht *Music, When Soft Voices Die* von Percy Bysshe Shelley

S. 225: **Owen Glendower:** eigentl. Owain Glyndw^r (1359–1416), von Shakespeare in *Heinrich IV* porträtierter Magier

NOTIZ DES ÜBERSETZERS
(Pirsch und Poesie)

William Henry Hudson ist ein Kind der südamerikanischen Pampa. Er wurde am 4. August 1841 in Quilmes, etwa zehn Meilen von der damals noch bescheidenen Stadt Buenos Aires entfernt, in einer einfachen Estancia geboren. Hudsons Eltern waren Einwanderer aus Nordamerika und ihre Vorfahren stammten wiederum aus England und Irland. Im Alter von sechs Jahren ritt der Junge schon aus und teilte das Leben der Gauchos. Da er sich als Heranwachsender ein rheumatisches Fieber zuzog, das sein Herz bedrohte, mußte Hudson Vorsicht üben und verlegte sich auf die Tätigkeit des geduldigen Naturbeobachters. Insbesondere hatte es ihm die Vogelwelt Südamerikas angetan. Er wandelte gleichsam auf den Spuren von Charles Darwin, dessen Werk *Origin of Species* zu seiner ersten Lektüre zählte. Doch eine weitere frühe Lektüre unterwarf ihn einem anderen Einfluß: es war *The Seasons* von James Thomson, ein von hoher Musikalität geprägter Hymnus auf die Natur und ihre Schönheiten im Wechsel der Jahreszeiten. Hudsons ornithologische Kenntnisse sprachen sich herum; von den 1860iger Jahren an sandte er Bälge von selbst erlegten Vögeln zuerst an die Smithonian Institution in Washington, dann an die Zoological Society in London, und sorgte so für erste Einkünfte. Seine ornithologischen Studien gipfelten in der 1888/89 zusammen mit P.L. Slater und R.H. Porter herausgegebenen *Argentine Ornithology* (sein Anteil erschien 1920 unter dem Titel *Birds of La Plata*). Als »field naturalist« (praktischer Naturforscher) ohne akademische Ausbildung verachtete er den Stubengelehrten wie den Vivisekteur; er betrachtete die von ihm beobachteten Tiere nie als distanzierte Objekte, sondern als Mitspieler in einem belebten und beseelten Ganzen (er nannte das »Animismus«). In seinen lebendigen Beschreibungen, die auch in »Brehms Tierleben« eingegangen sind, treten Pirsch und Poesie in eine enge Verbindung. Die Beispiele in *Müßige Tage in Patagonien* zeigen, wie der Naturforscher oft genug von den beschlichenen Vögeln zum Tölpel, zum Gimpel gemacht wird. Schöner kann man sich die Umkehrung eines Wissenschaftsmodells nicht vorstellen: der Forscher selbst wird zum Versuchskaninchen seiner Forschungsobjekte, die ihn zu verspotten scheinen. Und hier, in dieser poetischen Annäherung an Naturvorgänge, liegt die Differenz zu Darwin, das Dauerzerwürfnis mit ihm, begründet. Hudson bestreitet nicht die Tatsache der Evolution, doch weist er die Reduktion der »natürlichen Auslese« auf rein funktionale oder utilitaristische Vorgänge zurück. Das prachtvolle Gefieder eines Vogels oder sein betörender Gesang dient für ihn nicht allein dem Zweck einer optimalen Partnerwahl, sondern ist Ausdruck eines Überschusses an natürlicher Lebensenergie und hat eine poetische Dimension. Somit vertritt er eine Anschauung, die nicht den Mangel zum Ausgangspunkt des Lebens nimmt sondern die Fülle. Die Entstehung der Arten ergäbe sich aus Kettenreaktionen dieser vitalen Überschüsse. Hudson entdeckte immerhin zwei neue Vogelarten, die nach ihm benannt wurden: es sind Weißflankendunkeltyrann (*thaeotriccus hudsoni*) und der Nördliche Flügelspiegelcanastero (*asthenes hudsoni*). Als Forscher, der sich von seinem Forschungsgegenstand affizieren läßt, huldigt Hudson der Schönheit des Vogelgesangs und macht sich Gedanken darüber, ob sich für diese Töne eine Notenschrift finden ließe. Ein Komponist des 20. Jahrhunderts, Oliver Messiaen, wird diese Frage der Übersetzbarkeit von Naturmusik in notierte Musik zum Ausgangspunkt eines weit verzweigten musikalischen Werks machen.

Für Hudson war das Hören der originalen Vogelmusik vielleicht köstlich genug.

1870 hatte sich Hudson einen lang gehegten Wunsch erfüllt und den Boden Patagoniens betreten. Dem Landgang war allerdings ein Schiffbruch vorangegangen, wie wir in diesem Buch nachlesen können; und die weitere Reise gestaltete sich auch nicht wie geplant. Durch sorgloses Hantieren mit einem Revolver jagte sich unser tolpatschiger Forscher eine Kugel ins Bein, die sich partout nicht auffinden und entfernen lassen wollte. Wohin sie gewandert ist, erfahren wir in dem Buch nicht, wohl aber, daß der Autor durch diesen Streich wochenlang lahmgelegt war und seinen Gedanken nachhing. Man könnte diese absurde Geschichte für einen dramaturgischen Einfall halten, der es Hudson ermöglichte, seine manchmal weit ausschweifenden Reflexionen einzuflechten, die bei Mückentänzen beginnen, dann über die Weiße des erstmals erlebten Schnees führen und bei physiologischen Themen enden, die sich mit der Sehkraft der Wilden, der Farbe der Augen und mit der Frage befassen, ob Gerüche erinnerlich sind. In diesen Ausführungen, die manchmal ihre eigene Logik aus dem Blick verlieren, legt sich der Verfasser mit Koryphäen wie Darwin, Melville und Humboldt an (und huldigt ihnen indirekt).

Was hat nun diesen Naturburschen veranlaßt, zum Kunstburschen zu werden, seiner geliebten Pampa-Heimat mit ihren Gerüchen und Witterungen auf immer den Rücken zu kehren und sich 1874 der nebligen Zivilisation der Stadt London zuzuwenden? Der Tod der Eltern kann allenfalls als vordergründiger Anlaß gelten. Suchte Hudson vielleicht eine »frühere« Heimat wieder, deren Lockungen in den von ihm verehrten Dichtern Thomson, Shelley, Tennyson vorgezeichnet waren? Ein romantischer Irrtum? Nun lebte er Jahrzehnte unter ärmlichen Verhältnissen ein von ihm gehaßtes Stadtleben, führte eine »keusche« Ehe mit der Betreiberin eines Logierhauses, dessen niedrige Räume ihn als Zweimetermann stets zu einer gebückten Haltung zwangen. Er begann sein freiwillig aufgegebenes Land der Kindheit und Jugend durch Schreiben heraufzubeschwören, wobei er sein Englisch verbesserte, das noch stark vom Duktus des argentinischen Spanisch beeinflußt war. 1885 erschien sein erstes Buch *The Purple Land that England Lost* (man könnte auch lesen: »... that Hudson Lost«), 1887 der Zukunftsroman *A Crystal Age*, 1893 *Idle Days in Patagonia,* daneben zahlreiche Bücher über die Vogelwelt und die Landschaften Englands. Ruhm und Erfolg erlangte er allerdings erst durch seine 1904 veröffentlichte Fiktion *Green Mansions;* vor allem in Amerika wurde die Geschichte des »Vogelmädchens« Rima zu einem Bestseller und half Hudson aus der Zone absoluter Ärmlichkeit. Seine Werkausgabe, die 1923, ein Jahr nach seinem Tod, erschien, umfaßt 24 Bände. Neben zahlreichen ornithologischen Schriften enthält sie auch Gedichte, verstreute Zeitschriftenartikel und Erzählungen, darunter das meisterliche *El Ombú,* das bereits 1902 in einer Einzelausgabe erschienen war, ohne Beachtung zu finden. Gerade diese Geschichte zeigt, daß seine Stärke nicht in der Ausarbeitung eines kunstvollen Stils liegt (wie etwa bei Henry James), sondern in einer Erzählhaltung, die gleichsam einer inneren Stimme folgt, einem Parlando, das einem naiven Sprecher in den Mund gelegt wird und das die Bewegungen, Schwingungen und Zeitläufte der umgebenden Welt genau und unerbittlich registrieren kann. Solche Qualitäten mögen bewirkt haben, daß Schriftsteller wie Joseph Conrad, Ford Madox Ford, Jorge Luis Borges, D.H. Lawrence und Ezra Pound ihrem sonder- und wunderbaren Kollegen ihre Reverenz erwiesen.

Die Arbeit an *Idle Days in Patagonia* hatte Hudson wahrscheinlich schon nach seiner Ankunft in England begonnen (1880 war das Kapitel »Der Krieg mit der Natur« in einer früheren Fassung, als »The Settler's Recompense«, in einer englischen Literaturzeitschrift erschienen). Dieses Buch bildet, zusammen mit dem 1918 veröffentlichten autobiographischen Werk *Far Away and Long Ago. A History of My Early Life* das Kernstück seiner Erinnerungsarbeit. Die Umkehrung der Sehnsucht, die sich nun auf die verlorene Heimat Argentinien projiziert, wird besonders im letzten Kapitel des Patagonien-Buches deutlich, das vom Duft einer Nachtkerze handelt (einer weltweit verbreiteten Pflanze); für Hudson war dieser Duft in Patagonien ungleich aromatischer als in England (und mit dieser Erinnerung widerspricht er seiner These, daß Düfte nicht erinnerlich seien).

Unerreichbare und doch immer wieder, durch die Mittel der Poesie, erreichte Welt. Fülle auch in dem künstlich und ohne erkennbare Not geschaffenem Mangel. Die Pirsch hat sich nun, wider willen, an den Schreibtisch verlagert, aber ihr papiergewordener Fang atmet immer noch die Würze des Wirklichen.

Deutschsprachige Ausgaben von W. H. Hudson:

The Purple Land erschien 1930 bei Zsolnay unter dem deutschen Titel *Roman in Uruguay* (übersetzt von Ellinor Drösser).
Die Erzählung *El Ombú* erschien 1956 unter dem spanischen Autorennamen Guillermo Enrique Hudson und unter dem deutschen Titel *Ein Ombù-Baum* (übersetzt von Gerda Theile-Bruhns) bei Manesse in der von Albert Theile herausgegebenen Anthologie *Unter dem Kreuz des Südens. Erzählungen aus Mittel- und Südamerika.*
Green Mansions. A Romance of the Tropical Forest hieß auf Deutsch zunächst *Rima. Die Geschichte einer Liebe aus dem Tropenwald* (in der Übersetzung von Kuno Weber 1958 bei Manesse); dieselbe Übersetzung gab 1980 Klett-Cotta unter dem Titel *Das Vogelmädchen. Eine Geschichte aus dem Tropenwald* heraus.
Im Anschluß an die hier vorgelegte deutsche Ausgabe von *Idle Days in Patagonia* werden im Herbst 2007 Erzählungen von Hudson (in meiner Übersetzung) unter dem Titel *El Ombú* in der Friedenauer Presse, Berlin, erscheinen.
Eine deutsche Übersetzung von *Far Away and Long Ago* bereite ich vor.

R.G.S.

INHALT

1. Endlich Patagonien! 7
2. Wie ich ein Mann mit Muße wurde 22
3. Tal des Schwarzen Flusses 34
4. Ansichten des Tals 44
5. Ein Hund in Verbannung 57
6. Der Krieg mit der Natur 71
7. Leben in Patagonien 88
8. Schnee und die Eigenschaft von Weiße 102
9. Müßige Tage 114
10. Vogel-Musik in Süd-Amerika 131
11. Sehkraft bei Wilden 147
12. Im Hinblick auf Augen 166
13. Die Ebenen Patagoniens 187
14. Der Duft einer Nachtkerze 213

Anmerkungen 228
Notiz des Übersetzers 234